【臺灣現當代作家
研究資料彙編】30

陳秀喜

國立台灣文學館
出版

部長序

　　文學既是社會縮影也是靈魂核心，累積研究論述及文獻史料，不僅可厚實文學發展根基，觀照當代人文的思想脈絡，更能指引未來的社會發展。臺灣文學歷經數百年的綿延與沉澱，蓄積豐沛的能量，也呈現生氣盎然的多元創作面貌。近一甲子的臺灣現當代文學發展，就是華文世界人文心靈最溫暖的寫照。

　　緣此，國立臺灣文學館自 2010 年啟動《臺灣現當代作家研究資料彙編》，鉅細靡遺進行珍貴的文學史料蒐集研究，意義深遠。這項計畫歷時三年多，由文學館結合學界、出版社、作家一同參與，組成陣容浩大的編輯群與顧問團隊，梳理臺灣文學長河裡的各方涓流，共匯集 50 位臺灣現當代重要作家的生平、年表與作品評論資料，選錄其代表性的評論文章，彙編成冊，完整呈現作家的人文映記、文學成就及相關研究，成果豐碩。

　　由於內容浩瀚、需多所佐證，本套叢書共分三階段陸續出版，先是 2011 年推出以臺灣新文學之父賴和為首的 15 位作家研究資料彙編，接著於 2012 年完成張我軍、潘人木等 12 位作家的研究資料彙編；及至 2013 年 12 月，適逢國立臺灣文學館十周年館慶之際，更纂輯了姜貴、張秀亞、陳秀喜、艾雯、王鼎鈞、洛夫、余光中、羅門、商禽、瘂弦、司馬中原、林文月、鄭愁予、陳冠學、黃春明、白先勇、白萩、陳若曦、郭松棻、七等生、王文興、王禎和、楊牧共 23 位作家的研究資料，皇皇巨著，為臺灣文學之巍巍巨觀留下具里程碑的文字見證。這套選粹體現了臺灣文學研究總體成果中，極為優質的論述著作，有助於臺灣文學發展的擴展化與深刻化，質量兼具。在此，特別對參與編輯、撰寫、諮詢的文學界朋友們表達謝意，也向全世界愛好文學的讀者，推介此一深具人文啟發且實用的臺灣現當代文學工具書，彼此激勵，為更美好的臺灣人文環境共同努力。

文化部部長　龍應台

館長序

　　所有一切有關文學的討論，最終都得回歸到創作主體（作家）及其創作文本（作品）。文本以文字書寫，刊載在媒體上（報紙、雜誌、網站等），或以印刷方式形成紙本圖書；從接受端來看，當然以後者為要，原因是經過編輯過程，作者或其代理人以最佳的方式選編，常會考慮讀者的接受狀況，亦以美術方式集中呈現，其形貌也必然會有可觀者。

　　從研究的角度來看，它正是核心文獻。研究生在寫論文的時候，每在緒論中以一節篇幅作「文獻探討」，一般都只探討研究文獻，仍在周邊，而非核心。所以作家之研究資料，包括他這個人和他所寫的作品，如何鉅細靡遺彙編一處，是研究最基礎的工作；其次才是他作品的活動場域以及別人如何看待他的相關資料。前者指的是發表他作品的報刊及其他再傳播的方式或媒介，後者指的是有關作家及其作品的訪問、報導、著作目錄、年表、文評、書評、專論、綜述、專書、選編等，有系統蒐輯、編目，擇其要者結集，從中發現作家及其作品被接受的狀況，清理其發展，這其實是文學經典化**真正的**過程；也必須在這種情況下，作家研究才有可能進一步開展。

　　針對個別作家所進行的資料工作隨時都在發生，但那是屬於個人的事，做得好或不好，關鍵在他的資料能力；將一群有資料能力的學者組織起來，通過某種有效的制度性運作，想必能完成有關作家研究資料彙編的人文工程，可以全面展示某個歷史時期有關作家研究的集體成就，這是國立臺灣文學館從 2010 年啟動「臺灣現當代

作家研究資料彙編」（50 冊）的一些基本想法，和另外兩個大計
畫：「臺灣文學史長編」（33 冊）、「臺灣古典作家精選集」（38 冊），
相互呼應，期能將臺灣文學的豐富性展示出來，將「臺灣文學」這
個學科挖深識廣；作為文化部的附屬機構，我們在國家文化建設的
整體工程中，在「文學」作為一個公共事務的理念之下，我們紮紮
實實做了有利文化發展的事，這是我們所能提供給社會大眾的另類
服務，也是我們朝向臺灣文學研究中心理想前進的努力。

　　我們在四年間分三批出版的這 50 本臺灣現當代作家研究資料彙
編，從賴和（1894～1943）到楊牧（1940～），從割臺之際出生、活
躍於日據下的作家，到日據之末出生、活躍於戰後臺灣文壇的作
家；當然也包含 1949 年左右離開大陸，而在臺灣文壇發光發熱的作
家。他們只是臺灣作家的一小部分，由承辦單位組成的專業顧問群
多次會商議決；這個計畫，我們希望能夠在精細檢討之後，持續推
動下去。

　　顧問群基本上是臺灣文學史專業的組合，每位作家重要評論文
章選刊及研究綜述的撰寫者，都是對於該作家有長期研究的專家。
這是學界人力的大動員，承辦本計畫的臺灣文學發展基金會長期致
力臺灣文學史料的蒐輯整理，具有強大的學術及社會力量，本計畫
能夠順利推動且如期完成，必須感謝他們組成的編輯團隊，以及眾
多參與其事的學界朋友。

國立臺灣文學館館長　李瑞騰

編序

◎封德屏

緣起

1995 年 10 月 25 日，在臺灣師範大學教育大樓的 201 室，一場以「面對臺灣文學」為題的座談會，在座諸位學者分別就臺灣文學的定義、發展、研究，以及文學史的寫法等，提出宏文高論，而時任國家圖書館編纂張錦郎的「臺灣文學需要什麼樣的工具書」，輕鬆幽默的言詞，鞭辟入裡的思維，更贏得在座者的共鳴。

張先生以一個圖書館工作人員自謙，認真專業地為臺灣這幾十年來究竟出版了多少有關臺灣文學的工具書，做地毯式的調查和多方面的訪問。同時條理分明地針對研究者、學生，列出了十項工具書的類型，哪些是現在亟需的，哪些是現在就可以做的，哪些是未來一步一步累積可以達成的，分別做了專業的建議及討論。

當時的文建會二處科長游淑靜，參與了整個座談會，會後她劍及履及的開始了文學工具書的委託工作，從 1996 年的《臺灣文學年鑑》起始，一年一本的編下去，一直到現在，保存延續了臺灣文學發展的基本樣貌。接著是《中華民國作家作品目錄》的新編，《臺灣文壇大事紀要》的續編，補助國家圖書館「當代文學史料影像全文系統」的建置，這些工具書、資料庫的接續完成，至少在當時對臺灣文學的研究，做到一些輔助的功能。

2003 年 10 月，籌備多年的「台灣文學館」正式開幕運轉。同年五月《文訊》改隸「財團法人台灣文學發展基金會」，為了發揮更大的動能，開

始更積極、更有效率地將過去累積至今持續在做的文學史料整理出來，讓豐厚的文藝資源與更多人共享。

於是再次的請教張錦郎先生，張先生認為文學書目、作家作品目錄、文學年鑑、文學辭典皆已完成或正在進行，現在重點應該放在有關「臺灣現當代作家評論資料目錄」的編輯工作上。

很幸運的，這個計畫的發想得到當時臺灣文學館林瑞明館長的支持，於是緊鑼密鼓的展開一切準備工作：籌組編輯團隊、召開顧問會議、擬定工作手冊、撰寫計畫書等等。

張錦郎先生花了許多時間編訂工作手冊，每一位作家的評論資料目錄分為：

（一）生平資料：可分作者自述，旁人論述及訪談，文學獎的紀錄。

（二）作品評論資料：可分作品綜論，單行本作品評論，其他作品（包括單篇作品）評論，與其他作家比較等。

此外，對重要評論加以摘要解說，譬如專書、專輯、學術會議論文集或學位論文等，凡臺灣以外地區之報刊及出版社，於書名或報刊後加註，如中國大陸、香港、新加坡等。此外，資料蒐集範圍除臺灣外，也兼及中國大陸、香港、新加坡、日本、韓國及歐美等地資料，除利用國內蒐集管道外，同時委託當地學者或研究者，擔任資料蒐集工作。

清楚記得，時任顧問的學者專家們，都十分高興這個專案的啟動，但確定收錄哪些作家名單時，也有不同的思考及看法。經過充分的討論後，終於取得基本的共識：除以一般的「文學成就」為觀察及考量作家的標準外，並以研究的迫切性與資料獲得之難易度為綜合考量。譬如說，在第一階段時，作家的選擇除文學成就外，先考量迫切性及研究性，迫切性是指已故又是日治時期臺籍作家為優先，研究性是指作品已出土或已譯成中文為優先。若是作品不少而評論少，或作品評論皆少，可暫時不考慮。此外，還要稍微顧及文類的均衡等等。基本的共識達成後，顧問群共同挑選出 310 位作家，從鄭坤五、賴和、陳虛谷以降，一直到吳錦發、陳黎、蘇

偉貞，共分三個階段進行。

　　張錦郎先生修訂的編輯體例，從事學術研究的顧問們，一方面讚嘆「此目錄必然能成為類似文獻工作的範例」，但又深恐「費力耗時，恐拖延了結案時間」，要如何克服「有限時間，高度理想」的編輯方式，對工作團隊確實是一大挑戰。於是顧問們群策群力，除了每人依研究領域、研究專長認領部分作家外（可交叉認領），每個顧問亦推薦或召集研究生襄助，以期能在教學研究工作外，為此目錄盡一份心力。

　　「臺灣現當代作家評論資料目錄」專案計畫，自 2004 年 4 月開始，至 2009 年 10 月結束，分三個階段歷時五年六個月，共發現、搜尋、記錄了十餘萬筆作家評論資料。共經歷了三位專職研究助理，近三十位兼任研究助理。這些研究助理從開始熟悉體例，到學習如何尋找資料，是一條漫長卻實用的學習過程。

接續

　　「臺灣現當代作家評論資料目錄」的專案完成，當代重要作家的研究，更可以在這個基礎上，開出亮麗的花朵。於是就有了「臺灣現當代作家研究資料彙編暨資料庫建置計畫」的誕生。為了便於查詢與應用，資料庫的完成勢在必行，而除了資料庫的建置外，這個計畫再從 310 位作家中精選 50 位，每人彙編一本研究資料，內容有作家圖片集，包括生平重要影像、文學活動照片、手稿及文物，小傳、作品目錄及提要、文學年表。另外每本書分別聘請一位最適當的學者或研究者負責編選，除了負責撰寫八千至一萬字的作家研究綜述外，再從龐雜的評論資料中挑選具有代表性的評論文章，平均 12～14 萬字，最後再附該作家的評論資料目錄，以期完整呈現該作家的生平、創作、研究概況，其歷史地位與影響。

　　由於經費及時間因素，除了資料庫的建置，資料彙編方面，50 位作家分三個階段完成。第一階段出版了 15 位作家，第二階段出版了 12 位作家，此次第三階段則出版了 23 位作家資料彙編。雖然已有過前兩階段的實

務經驗，但相較於前兩階段，此次幾乎多出版將近一倍的數量，使工作小組在編輯過程中，仍然面臨了相當大的困難與挑戰。

　　首先，必須掌握每位編選者進度這件事，就是極大的挑戰。於是編輯小組在等待編選者閱讀選文的同時，開始蒐集整理作家生平照片、手稿，重編作家年表，重寫作家小傳，尋找作家出版品的正確版本、版次，重新撰寫提要。這是一個極其複雜的工程。還好有認真負責的雅嫻、箕婷、欣怡，以及編輯老手秀卿幫忙，讓整個專案延續了一貫的品質及進度。

　　在智慧權威、老練成熟的學者專家面前，這些初生之犢的年輕助理展現了大無畏的精神，施展了編輯教戰手冊中的第一招——緊迫盯人。看他們如此生吞活剝地貫徹我所傳授的編輯要法，心裡確實七上八下，但礙於工作繁雜，實在無法事必躬親，也只好讓他們各顯身手了。

　　縱使這些新手使出了全部力氣，無奈工作的難度指數仍然偏高，雖有前兩階段的經驗，但面對不同的編選者，不同的編選風格，進度仍然不很順利，再加上此次同時進行 23 位作家的編纂作業，在與各編選者及各冊傳主往來聯繫的過程中，更是有許多龐雜而繁瑣的細節。此時就得靠意志力及精神鼓舞了。我對著年輕的同仁曉以大義，告訴他們正在光榮地參與一個重要的文學工程，絕對不可輕言放棄。

成果

　　雖然過程是如此艱辛，如此一言難盡，可是終究看到豐美的成果。每位編選者雖然忙碌，但面對自己負責的作家資料彙編，卻是一貫地認真堅持。他們每人必須面對上千或數百筆作家評論資料，挑選重要或關鍵性的評論文章，全面閱讀，然後依照編選原則，挑選評論文章。助理們此時不僅提供老師們所需要的支援，統計字數，最重要的是得找到各篇選文作者，取得同意轉載的授權。在第一階段進度流程初估時，我們錯估了此項工作的難度，因為許多評論文章，發表至今已有數十年的光景，部分作者行蹤難查，還得輾轉透過出版社、學校、服務單位，尋得蛛絲馬跡，再鍥

而不捨地追蹤。有了第一階段的血淚教訓，第二階段關於授權方面，我們更是如臨深淵、如履薄冰，希望不要重蹈覆轍，第三階段也遵循前兩階段的經驗，在面對授權作業時更是戰戰兢兢，不敢懈怠。

　　除了挑選評論文章煞費苦心外，每個作家生平重要照片，我們也是採高標準的方式去蒐集，過世作家家屬、友人、研究者或是當初出版著作的出版社，都是我們徵詢的對象。認真誠懇而禮貌的態度，讓我們獲得許多從未出土的資料及照片，也贏得了許多珍貴的友誼。許多作家都協助提供照片手稿等相關資料，如王鼎鈞、洛夫、余光中、羅門、瘂弦、司馬中原、林文月、鄭愁予、黃春明及其子黃國珍、白先勇及與其合作多年的攝影師許培鴻、白萩及其夫人、陳若曦、七等生、王文興、楊牧及其夫人夏盈盈。已不在世的作家，其家屬及友人在編輯過程中，也給予我們許多協助及鼓勵，如姜貴的長子王為鎌、張秀亞的女兒于德蘭、艾雯的女兒朱恬恬、陳秀喜的女兒張瑛瑛、商禽的女兒羅珊珊、陳冠學的後輩友人陳文銓與郭漢辰、郭松棻的夫人李渝、王禎和的夫人林碧燕，藉由這個機會，與他們一起回憶、欣賞他們親人或父祖、前輩，可敬可愛的文學人生。此外，還有張默、岩上、閭純德、李高雄、丘彥明、朱雙一、吳姍姍、鄭穎、舊香居書店吳雅慧等作家及研究者，熱心地幫忙我們尋找難以聯繫的授權者，辨識因年代久遠而難以記錄年代、地點、事件的作家照片，釐清文學年表資料及作家作品的版本問題，我們從他們身上學習到更多史料研究可貴的精神及經驗。

　　但如何在規定的時間內，完成第三階段 23 本資料彙編的編輯出版工作，對工作小組來說，確實是一大考驗。每一冊的主編老師，都是目前國內現當代台灣文學教學及研究的重要人物，因此每位主編都十分忙碌。有鑑於前兩階段的經驗，以及現有工作小組的人力，決定分批完稿，每個人負責 2～4 本，三位組長的責任額甚至超過 4～5 本。每一本的責任編輯，必須在這一年多的時間內，與他們所負責資料彙編的主角——傳主及主編老師，共生共榮。從作家作品的收集及整理開始，必須要掌握該作家一生

作品的每一次的出版，以及盡量收集不同的版本；整理作家年表，除了作家、研究者已撰述好的年表外，也必須再從訪談、自傳、評論目錄，從作品出版等線索，再做比對及增刪。再來就是緊盯每位把「研究綜述」放在所有進度最後一關的主編們，每隔一段時間提醒他們，或順便把新增的評論目錄寄給他們（每隔一段時間就有新的相關論文或學位論文出現），讓他們隨時與他們所主編的這本書，產生聯想，希望有助於「研究綜述」撰寫的進度。

以上的工作說起來，好像並不十分困難，身為總策劃的我起初心裡也十分篤定的認為，事情儘管艱困，最後還是應該順利完成。然而，這句雲淡風輕的話，聽在此次身歷其境參與工作的同仁耳中，一定會恨得牙癢癢的。「夜長夢多」這個形容詞拿來形容這件工作，真是太恰當也沒有了。因為整個工作期程超過一年，在這段漫長的歲月中，因等待、因其他人力無法抗拒的因素，衍伸出來的問題，層出不窮，更有許多是始料未及的。譬如，每本書的的選文，主編老師本來已經選好了，也經過授權了，為了抓緊時間，負責編輯的助理們甚至連順序、頁碼都排好了，就等主編老師的大作了，這時主編突然發現有新的文章、新的資料產生：再增加兩三篇選文吧！為了達到更好更完備的目標，工作小組當然全力以赴，聯絡，授權，打字，校對，重編順序等等工作，再度展開。

此次第三階段共需完成 23 位作家研究資料彙編，年齡層較上兩個階段已年輕許多，因此到最後的疑難雜症，還有連主編或研究者都不太清楚的部分，譬如年表中的某一件事、某一個年代、某一篇文章、某一個得獎記錄，作家本人絕對是一個最好的諮詢對象，於是幾乎我們每本書都找到了作家本人，對解決某些問題來說，這是一個好的線索，但既然看了，關心了，參與了，就可能有不同的看法，選文、年表、照片，甚至是我們整本書的體例。於是又是一場翻天覆地的大更動，對整本書的品質來說，應該是好的，但對經過一年多琢磨、修改已近入完稿階段的編輯團隊來說，這不啻是一大挑戰。

　　1990 年開始，各地縣市文化中心（文化局），對在地作家作品集的整理出版，以及台灣文學館成立後對日治時期作家以迄當代重要作家全集的編纂，對臺灣文學之作家研究，也有了很好的促進作用。如《楊逵全集》、《林亨泰全集》、《鍾肇政全集》、《張文環全集》、《呂赫若日記》、《張秀亞全集》、《葉石濤全集》、《龍瑛宗全集》、《葉笛全集》、《鍾理和全集》、《錦連全集》、《楊雲萍全集》、《鍾鐵民全集》等，如雨後春筍般持續展開。

　　經過近二十年的努力，臺灣文學的研究與出版，也到了可以驗收或檢討成果的階段。這個說法，當然不是要停下腳步，而是可以從「臺灣現當代作家評論資料目錄」所呈現的 310 位作家、10 萬筆資料中去檢視。檢視的標的，除了從作家作品的質量、時代意義及代表性去衡量外、也可以從作家的世代、性別、文類中，去挖掘還有待開墾及努力之處。因此在這樣的堅實基礎上，這套「臺灣現當代作家研究資料彙編」，每位編選者除了概述作家的研究面向外，均有些觀察與建議。希望就已然的研究成果中，去發現不足與缺憾，研究者可以在這些不足與缺憾之處下功夫，而盡量避免在相同議題上重複。當然這都需要經過一段時間去發現、去彌補、去重建，因此，有關臺灣文學研究的調查與研究，就格外顯得重要了。

期待

　　感謝臺灣文學館持續支持推動這兩個專案的進行。「臺灣現當代作家評論資料目錄」的完成，呈現的是臺灣文學研究的總體成果；「臺灣現當代作家研究資料彙編」套書的出版，則是呈現成果中最精華最優質的一面，同時對未來的研究面向與路徑，做最好的建議。我們可以很清楚的體會，這是一條綿長優美的臺灣文學接力賽，我們十分榮幸能參與其中，我們更珍惜在傳承接力的過程，與我們相遇的每一個人，每一件讓我們真心感動的事。我們更期待這個接力賽，能有更多人加入。誠如張恆豪所說「從高音獨唱到多元交響」，這是每一個人所期待的。

編輯體例

一、本書編選之目的，爲呈現陳秀喜生平、著作及研究成果，以作爲臺灣
　　文學相關研究、教學之參考資料。

二、全書共五輯，各輯內容及體例說明如下：

　　　　輯一：圖片集。選刊作家各個時期的生活或參與文學活動的照片、著
　　　　　　　作書影、手稿（包括創作、日記、書信）、文物。

　　　　輯二：生平及作品，包括三部分：

　　　　　　　1.小傳：主要內容包括作家本名、重要筆名，生卒年月日，籍
　　　　　　　　貫，及創作風格、文學成就等。

　　　　　　　2.作品目錄及提要：依照作品文類（論述、詩、散文、小說、
　　　　　　　　劇本、報導文學、傳記、日記、書信、兒童文學、合集）及
　　　　　　　　出版順序，並撰寫提要。不收錄作家翻譯或編選之作品。

　　　　　　　3.文學年表：考訂作家生平所進行的文學創作、文學活動相關
　　　　　　　　之記要，依年月順序繫之。

　　　　輯三：研究綜述。綜論作家作品研究的概況，並展現研究成果與價值
　　　　　　　的論文。

　　　　輯四：重要文章選刊。選收國內外具代表性的相關研究論文及報導。

　　　　輯五：研究評論資料目錄。收錄至 2013 年 6 月底止，有關研究、論述
　　　　　　　臺灣現當代作家生平和作品評論文獻。語文以中文爲主，兼及
　　　　　　　日文和英文資料。所收文獻資料，以臺灣出版爲主，酌收中國
　　　　　　　大陸、香港、日本和歐美國家的出版品。內容包含三部分：

　　　　　　　1.「作家生平、作品評論專書與學位論文」下分爲專書與學位
　　　　　　　　論文。

　　　　　　　2.「作家生平資料篇目」下分爲「自述」、「他述」、「訪談」、
　　　　　　　　「年表」、「其他」。

　　　　　　　3.「作品評論篇目」下分爲「綜論」、「分論」、「作品評論目
　　　　　　　　錄、索引」、「其他」。

目次

輯一◎圖片集

影像◎手稿◎文物

1926年，五歲的陳秀喜。（翻攝自
《陳秀喜評傳》，春暉出版社）

1938年，陳秀喜與弟弟陳坤德合影。（翻攝自《陳秀喜評傳》，
春暉出版社）

1938年，17歲的陳秀喜。（翻攝自《陳
秀喜詩全集》，新竹市文化局）

1940年，19歲的陳秀喜。（翻攝自《陳
秀喜評傳》，春暉出版社）

1939年，陳秀喜（後排左二）擔任住吉女子青年團團長，與團員合影。
（翻攝自《陳秀喜全集資料卷》，新竹市立文化中心）

1940年，陳秀喜（後排左二）與好友們合影。（翻攝自《陳秀喜評傳》，春暉出版社）

1941年，陳秀喜（前排右二）擔任新興國民學校教員。（翻攝自《陳秀喜
全集資料卷》，新竹市立文化中心）

1941年，陳秀喜（後排右）與養父母、弟弟合影。
（翻攝自《陳秀喜評傳》，春暉出版社）

1941年，陳秀喜、張以謨結婚照，攝於新竹神社。
（翻攝自《陳秀喜評傳》，春暉出版社）

1956年，陳秀喜（後排左）於新竹老家慶祝養父生日。（翻攝自《陳秀喜評傳》，春暉出版社）

1958年，陳秀喜（右二）全家福。（翻攝自《陳秀喜評傳》，春暉出版社）

1960年，陳秀喜攝於基隆自宅。（翻攝自《陳秀喜評傳》，春暉出版社）

1962年，陳秀喜與友人（左）合影。（翻攝自
《陳秀喜評傳》，春暉出版社）

1960年，陳秀喜（後排右）與家人合影。（翻
攝自《陳秀喜評傳》，春暉出版社）

1969年6月15日，出席笠詩刊社五週年紀念會。前排左起：林宗源、吳瀛濤、巫永福、黃騰輝、陳千武、
葉笛、陳秀喜、趙天儀；後排左起：徐和鄰、林煥彰、拾虹、杜潘芳格、李魁賢、喬林、陳明台、施善
繼、羅明河、古添洪。（翻攝自《陳秀喜全集資料卷》，新竹市立文化中心）

1970年，陳秀喜接任笠詩社社長。（翻攝自《陳秀喜評傳》，春暉出版社）

1970年，陳秀喜於臺北關帝廟前留影。（翻攝自《陳秀喜詩全集》，新竹市文化局）

1971年，陳秀喜（中）與兒子張仲良、張仲全合影。（翻攝自《陳秀喜評傳》，春暉出版社）

1972年11月12～15日，陳秀喜（前排右三）出席於臺北圓山大飯店舉辦的「第二屆
世界詩人大會」。（翻攝自《陳秀喜全集資料卷》，新竹市立文化中心）

1972年，笠詩社同仁宴請邱永漢，攝於臺北三條通千賀餐廳。前排左起：巫永
福、邱永漢、郭水潭；後排左起：吳建堂、佚名、趙天儀、李魁賢、陳秀喜、黃
荷生、黃騰輝。（翻攝自《陳秀喜全集資料卷》，新竹市立文化中心）

1972年，陳秀喜（前排右一）全家福。（翻攝自《陳秀喜評傳》，春暉出版社）

1974年7月21日，笠詩社成立十週年，詩社同仁合
影。前排左三起：林亨泰、鍾肇政、陳秀喜；前
排右起：吳濁流、郭水潭、巫永福。（國立臺灣
文學館提供）

1976年12月11日，與文友攝於日月潭。左起：蔡
瑞洋、張文環、陳秀喜。（張玉園提供）

1977年，陳秀喜與席德進（左）合影。（翻攝自
《陳秀喜評傳》，春暉出版社）

約1970年代，陳秀喜（中）與女兒張瑛瑛、張玲玲合影。（翻攝自《陳秀喜評傳》，春暉出版社）

約1970年代，與文友合影。左起：林亨泰、非馬、陳秀喜。（翻攝自《陳秀喜評傳》，春暉出版社）

約1970年代，陳秀喜（右一）與郭水潭（左二）、陳逸松（左一）等人合影。（翻攝自《陳秀喜評傳》，春暉出版社）

約1970年代，與短歌會同仁合影。前排蹲者巫永福；後排左二吳濁流、左三林
衡道、左五郭水潭、左六陳秀喜。（翻攝自《陳秀喜評傳》，春暉出版社）

1981年8月2日，出席鹽分地帶文藝營。左起：黃春明、楊逵、陳秀喜。（翻攝
自《陳秀喜評傳》，春暉出版社）

1982年6月，陳秀喜攝於笠園。（翻攝自《陳秀喜評傳》，
春暉出版社）

1982年，出席於臺中市文化中心舉辦的笠詩刊社第18屆年會。前排左起：月中泉、林清文、陳秀喜、郭水潭、羅浪、黃明城；中排左起：陳坤崙、蔡榮勇、龔顯榮、林亨泰、陳千武、白萩、林宗源；後排左起：蔡信德、李魁賢、利玉芳、陳明台（後立左）、李敏勇（後立右）、鄭烱明。（翻攝自《陳秀喜評傳》，春暉出版社）

1983年，出席於高雄美濃舉辦的「鍾理和紀念館落成典禮」。左起：林清文、郭水潭、葉石濤、林芳年、陳秀喜。（文學臺灣基金會提供）

1984年8月9日，與文友合影於笠園。左起：楊翠、楊逵、陳秀喜。（楊逵文物數位博物館提供）

1984年，文友來訪，攝於笠園。左起：張玲玲、佐藤薰、佐藤幸代、陳秀喜。（翻攝自《陳秀喜全集資料卷》，新竹市立文化中心）

1987年6月7日，出席笠詩刊社第23屆年會。前排左起：陳秀喜、林宗源、錦連、巫永福，
右一趙天儀；第二排右三白萩；第三排左一鄭烱明，左三起陳明台、詹冰、李魁賢；最
後一排左一陳千武，右二林亨泰。（翻攝自《陳秀喜評傳》，春暉出版社）

約1980年代，陳秀喜與蕭蕭（右）攝於笠園。（翻攝
自《陳秀喜評傳》，春暉出版社）

1990年7月8日，出席於臺大校友會館舉辦的「笠
詩刊社第26屆年會暨《臺灣詩庫》出版紀念
會」。（翻攝自《陳秀喜評傳》，春暉出版社）

1975年11月25日，陳秀喜手稿。（國立臺灣文學
館提供）

陳秀喜〈你的愛——獻給故李双澤義人〉手稿。
（國立臺灣文學館提供）

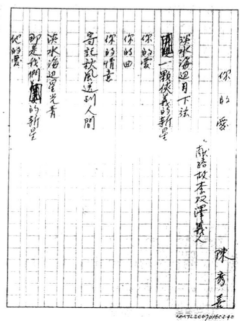

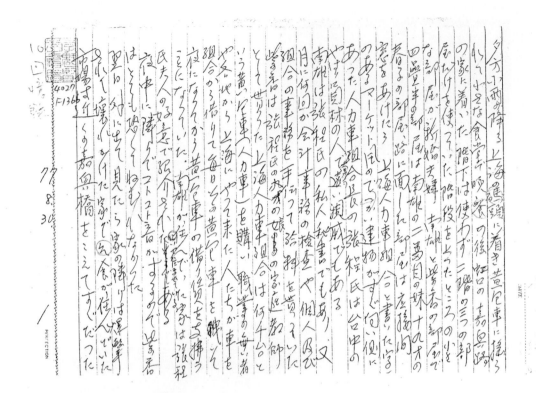

陳秀喜〈多方小雨〉手稿（國立臺灣文學館提供）

陳秀喜致楊逵信函。（楊逵文物數位博物館提供）

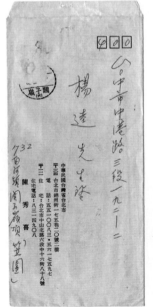

輯二◎生平及作品
小傳◎作品◎年表

小傳

陳秀喜 （1921～1991）

　　陳秀喜，女，籍貫臺灣新竹。1921 年 12 月 15 日生，1991 年 2 月 25 日辭世，享年 70 歲。

　　日據時期新竹女子公學校畢業，後跟隨家庭教師學習漢文，至戰後又自修中文，頗具語言和文學天分。1940 年曾代表新竹市前往日本參加女子青年大會，返臺後擔任新竹市黑金日語講習所講師、新興國民小學校代用教員。1967 年 6 月經由吳瀛濤介紹加入笠詩社，後於 1971 年起擔任笠詩社社長；1987 年加入臺灣筆會，為創會會員。曾獲美國國家詩集出版協會國際詩獎，詩人節徵詩比賽優勝獎、第三屆世界詩人會議優秀詩人獎、菲律賓國際桂冠詩人協會傑出獎。

　　陳秀喜為戰後跨語言一代的作家，也是臺灣第一位女詩人。早期以日文寫作，作品涵蓋日本傳統詩俳句、短歌，乃至現代詩，1967 年加入《笠》詩社後，開始重新學習中文，並嘗試使用中文創作。陳秀喜創作文類主要為詩作，兼及小說、雜文與翻譯。其詩作風格清朗易懂、意象鮮明、情感充沛，大多以自然草木或日常生活為素材，富有濃厚的鄉土情懷，往往流露出真摯的情感與強烈的民族意識。內容大致上可分五類：其一為女性意識，由於受到傳統社會對於女性的限制與壓迫，在婚姻、生活上屢遭坎坷，其創作時常探討女性自我意識的覺醒，如〈棘鎖〉、〈連影作三個我〉、〈假像的我〉等；其二為母性精神，童年時期備受養父母疼愛，

使陳秀喜心中也充滿母性之愛，此種精神也反映在其作品中，如〈初產〉、
〈覆葉〉、〈嫩葉〉等；其三爲日常生活感思，如〈榕樹啊，我只想念你〉、
〈關帝廟晨陽〉、〈關子嶺夜雨〉等；其四爲情感的追求，如〈愛情〉、〈憐
惜這一小片的春〉、〈盼望〉等；其五爲對臺灣鄉土、社會、政治與人民的
關懷，如〈我的筆〉、〈臺灣〉、〈耳環〉等。李魁賢曾說「總之，陳秀喜保
持著一貫以愛心爲出發點的精神立場，她以溫柔敦厚的筆觸寫鄉土之愛、
寫事物之愛，或出之於呵護，或形之於責難，均歸於愛心的源泉。」

　　陳秀喜是臺灣詩壇的代表性人物，她跨越了戰後語言的隔閡，一生致
力於詩的創作與交流，用心推廣笠詩社，並且大力提攜文壇後進，因此被
譽爲大家的「陳姑媽」，其人其詩其文皆深深影響眾多文友與後輩詩人。

作品目錄及提要

【詩】

斗室
東京：早苗書房
1970 年 8 月，32 開，194 頁
からたち叢書第 8 篇

本書為作者第一本日文詩集。全書收錄 1967～1970 年間創作的短歌 41 題共 290 則。正文前有陳秀喜照片、巫永福〈序〉、陳秀喜〈後記〉。

覆葉
臺北：笠詩刊社
1971 年 12 月，32 開，151 頁
笠叢書

本書為作者第一本中文詩集。全書收錄〈嫩葉〉、〈重逢〉、〈趕路〉等 30 首。正文前有趙大儀〈覆葉的語言〉，正文後附錄翻譯〈想詩的心〉（高田敏子詩作）及歌詞〈雨中思情〉、〈瀟灑的你〉，另有林煥彰〈覆葉的光輝〉、施善繼〈媒人〉、陳秀喜〈後記〉。

樹的哀樂
臺北：笠詩刊社
1974 年 12 月，32 開，142 頁
笠叢書

全書收錄〈樹的哀樂〉、〈臺灣〉、〈薔薇不知〉、〈常青樹〉等 37 首。正文後有附錄一：大野芳〈詩人陳秀喜女士的詩〉、林鍾隆〈〈魚〉賞析〉、林煥彰〈陳秀喜的〈耳環〉〉、嶋岡晨詩作〈臺北的砧板〉、幾瀬勝彬〈給編製著笠的人〉；附錄二：〈中秋思女〉、〈望月抒懷〉。

陳秀喜詩集／大野芳譯
東京：陳秀喜來日記念詩集刊行會
1975 年 4 月，11x20.8 公分，84 頁

本書集結《覆葉》、《樹的哀樂》之詩作，並譯爲日文。全書
收錄〈覆葉〉、〈復活〉、〈初產〉、〈憐惜這一小片的春〉、〈父
母心〉等 44 首。正文前有中河與一〈序〉，正文後有大野芳
〈後記〉。

灶
高雄：春暉出版社
1981 年 12 月，32 開，172 頁

全書收錄〈離別的緘默〉、〈灶〉、〈渴望〉、〈醜石頭〉、〈含羞
草〉等 41 首。正文前有陳秀喜畫像、陳秀喜照片，正文後
附錄評介共 12 篇。

嶺頂靜觀
臺北：笠詩刊社
1986 年 2 月，32 開，94 頁
臺灣詩人選集 3

本書節選《覆葉》、《樹的哀樂》、《灶》三書之詩作。全書收
錄〈我的筆〉、〈花絮〉、〈爹！請您讓我重述您的故事〉、〈耳
環〉等 35 首。正文後附錄趙天儀〈愛的探索者〉。

陳秀喜集／莫渝編
臺南：國立臺灣文學館
2008 年 12 月，25 開，134 頁
臺灣詩人選集 7

全書收錄〈嫩葉〉、〈思春期〉、〈愛的鞭〉、〈農曆五月十九夜
之月〉、〈復活〉等 47 首。正文前有陳秀喜影像、陳秀喜小
傳，正文後有〈解說〉、〈陳秀喜寫作生平簡表〉、〈閱讀進階
指引〉、〈陳秀喜已出版詩集要目〉。

陳秀喜詩全集／李魁賢編

新竹：新竹市文化局
2009 年 7 月，25 開，390 頁

全書收錄〈嫩葉〉、〈思春期〉、〈愛的鞭〉、〈農曆五月十九
夜之月〉、〈希望〉等 134 首。正文前有林政則〈市長序——
——因爲愛與詩而常存〉、林松〈局長序——她的詩，如天使
的歌聲〉、李魁賢〈編者弁言〉、陳秀喜照片 20 張，正文候
有陳玉玲〈臺灣女性的內在花園——陳秀喜新詩研究〉、
〈陳秀喜年表〉。

【合集】

玉蘭花

高雄：春暉出版社
1989 年 3 月，25 開，120 頁

全書分三輯：「詩」收錄〈玉蘭花〉、〈紫陽花〉、〈除草記〉
等 20 首；「小說」收錄〈母親的願望〉一篇；「散文」收錄
〈養母的摯愛〉、〈楊逵先生與大鄧伯花〉等 10 篇。正文前
有陳秀喜照片七張、趙天儀〈笠園山莊的風采——陳秀喜
詩文集「玉蘭花」前記〉，正文後有〈年表〉。

陳秀喜全集／李魁賢編

新竹：新竹市立文化中心
1997 年 5 月，25 開

各卷書卷首均有收錄照片、新竹市長童勝男〈市長序〉、新竹市立文化中心主任
洪惠冠〈文化中心主任序〉、李魁賢〈《陳秀喜全集》編輯感言〉。

陳秀喜全集 1——詩集一
新竹：新竹市立文化中心
1997 年 5 月，25 開，200 頁

全書收錄〈關於陳秀喜女士〉一文及〈嫩葉——一個母親講給兒女的故事〉、〈思春期〉、〈愛的鞭〉、〈農曆五月十九夜之月〉、〈希望〉等 84 首。正文前有童勝男〈市長序〉、洪惠冠〈文化中心主任序〉、李魁賢《陳秀喜全集》編輯感言〉。

陳秀喜全集 2——詩集二
新竹：新竹市立文化中心
1997 年 5 月，25 開，201 頁

全書收錄〈強風中的稻〉、〈探訪烏腳病人記〉、〈你的存在〉、〈偶感〉、〈時間給與我的愛〉等 50 首。正文前有童勝男〈市長序〉、洪惠冠〈文化中心主任序〉、李魁賢《陳秀喜全集》編輯感言〉，正文後附錄趙天儀〈覆葉的語言〉、林煥彰〈覆葉的光輝〉、施善繼〈媒人〉、陳秀喜《覆葉》後記〉、林煥彰〈真實的世界〉、陳芳明〈祝福一株不老的樹〉、陳秀喜《樹的哀樂》後記〉、李魁賢《灶》序〉、趙天儀〈愛的探索者〉、趙天儀〈笠園山莊的風采〉。

陳秀喜全集 3——譯詩集
新竹：新竹市立文化中心
1997 年 5 月，25 開，179 頁

全書收錄〈倖〉、〈人間的連絆〉、〈十勝野幻想〉、〈過分的美夢〉、〈飛往雪山的雪〉等 61 首。正文前有童勝男〈市長序〉、洪惠冠〈文化中心主任序〉、李魁賢《陳秀喜全集》編輯感言〉。

陳秀喜全集 4——文集
新竹：新竹市立文化中心
1997 年 5 月，25 開，217 頁

全書分四輯：「小說」收錄〈母親的願望〉一篇；「雜文」收錄〈欣賞觀感〉、〈悼念吳瀛濤先生〉、〈龍族的衝動〉等 27 篇；「遊記」收錄〈東瀛紀行〉、〈東京航訊〉兩篇；「譯文」收錄高田敏子著〈想詩的心〉。正文前有童勝男〈市長序〉、洪惠冠〈文化中心主任序〉、李魁賢〈《陳秀喜全集》編輯感言〉。

陳秀喜全集 5——歌集
新竹：新竹市立文化中心
1997 年 5 月，25 開，225 頁

全書分三輯，「短歌」收錄〈端午詩人節〉、〈胡適博士の墓〉、〈金蘭之盟〉、〈春〉、〈旅情〉等 112 首；「歌詞」收錄〈雨中思情〉、〈瀟灑的你〉等九首；「俳句」收錄 29 則。正文前有童勝男〈市長序〉、洪惠冠〈文化中心主任序〉、李魁賢〈《陳秀喜全集》編輯感言〉。

陳秀喜全集 6——書信集
新竹：新竹市立文化中心
1997 年 5 月，25 開，191 頁

本書收錄陳秀喜與文友往返之書信共 103 封。正文前有童勝男〈市長序〉、洪惠冠〈文化中心主任序〉、李魁賢〈《陳秀喜全集》編輯感言〉。

陳秀喜全集 7——外譯詩集
新竹：新竹市立文化中心
1997 年 5 月，25 開，262 頁

全書分「日譯」、「韓譯」、「英譯」三輯，收錄〈覆う葉〉、〈復活〉、〈初產〉、〈小さな春を惜しむ〉、〈父母心〉等 109 首。正文前有童勝男〈市長序〉、洪惠冠〈文化中心主任序〉、李魁賢〈《陳秀喜全集》編輯感言〉。

陳秀喜全集 8──評論集
新竹：新竹市立文化中心
1997 年 5 月，25 開，458 頁

本書集結多位作家學者對於陳秀喜生平事蹟與文學作品相
關的評論文章。全書分「詩人論」、「作品論」兩輯，收錄
郭成義〈媽媽三種〉、大野芳〈詩人陳秀喜女士的事〉、林
煥彰〈陳秀喜的畫像〉、穆無天〈詩情斗室‧人間風土〉、
李魁賢〈賀陳秀喜榮獲國際詩獎〉等 59 篇。正文前有童勝
男〈市長序〉、洪惠冠〈文化中心主任序〉、李魁賢〈《陳秀
喜全集》編輯感言〉。

陳秀喜全集 9──追思集
新竹：新竹市立文化中心
1997 年 5 月，25 開，235 頁

本書集結多位作家與親友們對於陳秀喜的追思文章。全書
分兩輯：「悼詩」收錄詹冰〈戴「笠」昇天吧〉、林亨泰
〈走上永恆〉、錦連〈會者常離〉等 23 首；「悼文」收錄李
翠瑩〈陳秀喜──現代詩壇「臺灣精神」典範〉、葉石濤
〈悼秀喜女士〉、鄭烱明〈一個洋溢著母性光輝的詩人〉、
莊金國〈清香如故〉等 38 篇。正文前有童勝男〈市長
序〉、洪惠冠〈文化中心主任序〉、李魁賢〈《陳秀喜全集》
編輯感言〉。

陳秀喜全集 10──資料集
新竹：新竹市立文化中心
1997 年 5 月，25 開，296 頁

本書分「自傳」、「回憶錄」、「陳秀喜詩獎」、「陳秀喜年
表」、「陳秀喜全集總目」五部分。正文前有童勝男〈市長
序〉、洪惠冠〈文化中心主任序〉、李魁賢〈《陳秀喜全集》
編輯感言〉。

文學年表

1921 年 （大正 10 年）	12 月	15 日，生於新竹。生父爲陳買，生母爲施滿；後被陳金來、李璧夫婦領養。
1929 年 （昭和 4 年）	本年	就讀新竹女子公學校。
1934 年 （昭和 9 年）	本年	新竹女子公學校畢業，隨家庭教師學習漢文。
1936 年 （昭和 15 年）	本年	開始創作，發表文章於《竹風》。 因動員令被強制加入新竹市住吉女子青年團，擔任團長。
1940 年 （昭和 20 年）	2 月	11 日，代表新竹市出席日本全國女子青年大會。
	本年	擔任新竹黑金日語講習所講師，兼任新竹新興國民小學校代用教員。
1942 年 （昭和 17 年）	本年	與張以譔結婚，因丈夫任職於中國上海三井洋行，婚後即隨同丈夫遷居上海。
1943 年 （昭和 18 年）	10 月	隨同丈夫赴杭州。
	12 月	長子張豐志出生。
1944 年 （昭和 19 年）	本年	長子夭折。
1945 年 （昭和 20 年）	11 月	次子張仲良出生。
1946 年	2 月	搭乘美軍運輸船返臺，暫居新竹娘家。
	10 月	丈夫返臺，任職於華南銀行。
1947 年	9 月	隨夫調職，移居彰化。

	10 月	9 日，長女張瑛瑛出生。
1948 年	本年	隨夫調職，自彰化移居臺北。
1949 年	8 月	30 日，次女張玲玲出生。
1950 年	本年	隨夫調職，自臺北移居基隆。
1951 年	11 月	30 日，三男張仲全出生。
	本年	隨夫調職，自基隆移居臺北。
1954 年	本年	隨夫調職，自臺北移居豐原。
1958 年	本年	重新學習中文。
1959 年	本年	隨夫調職，自豐原移居基隆。
1967 年	6 月	經吳瀛濤引介，加入笠詩刊社。
	7 月	22 日，出席笠詩刊社於黃騰輝宅舉辦的「桓夫、吳瀛濤詩集合評會」。
		發表詩作〈嫩葉〉於《葡萄園》第 21～22 期合刊。
		參加日本東京「からたち」短歌社臺北支部。
	8 月	發表詩作〈思春期〉、〈愛的鞭〉於《笠》第 20 期。
	10 月	發表詩作〈給農曆 5 月 19 夜之月〉於《笠》第 21 期。
1968 年	1 月	參加臺北短歌研究會。
	2 月	發表詩作〈希望〉於《笠》第 23 期。
	3 月	17 日，出席於杜潘芳格宅舉辦的笠詩刊社第四屆年會。寫歌詞「雨中思情」和「瀟灑的你」，由雙燕姐妹演唱。
	6 月	發表詩作〈白色康乃馨〉於《笠》第 25 期。
	8 月	發表詩作〈復活〉於《笠》第 26 期。
	10 月	發表詩作〈重逢〉於《笠》第 27 期。
	12 月	發表詩作〈趕路〉於《笠》第 28 期。
	本年	隨夫調職，自基隆遷居桃園。
1969 年	年初	由桃園遷居臺北。

2 月　發表詩作〈一杯咖啡中拾到的寶石〉於《笠》第 29 期。

4 月　發表詩作〈生日禮物〉於《青溪》第 22 期。

6 月　發表詩作〈歸來〉於《笠》第 31 期。

8 月　發表詩作〈鄉里之樹〉於《笠》第 32 期。

10 月　發表詩作〈關帝廟晨陽〉於《笠》第 33 期。

　　　養父陳金來逝世。

11 月　發表詩作〈透視〉於《青溪》第 29 期。

1970 年　2 月　發表詩作〈父母心〉於《笠》第 35 期。

3 月　發表詩作〈爹！請您讓我重述您的故事——獻給去世的父親〉於《青溪》第 33 期。

4 月　發表詩作〈火車〉於《笠》第 36 期。

7 月　出席於臺中豐原舉辦的笠詩社第六屆年會，獲選為社務委員。

8 月　發表詩作〈今年掃墓時〉、〈美妙的戲言〉於《笠》第 38 期。

　　　詩集《斗室》由東京早苗書房出版。

10 月　發表詩作〈等候〉於《笠》第 39 期。

1971 年　1 月　10 日，出席笠詩刊社於臺北明星咖啡廳舉辦的紀弦〈狼的獨步〉作品合評會。

3 月　7 日，出席笠詩刊社於天母舉辦的余光中〈雙人床〉作品合評會。

4 月　15 日，應笠詩刊社發行人黃騰輝之邀擔任笠詩刊社社長，自《笠》第 42 期起。

6 月　發表詩作〈曬壽衣的母親——獻給去世的母親〉、〈小皮球〉、〈捲心茱〉於《笠》第 43 期。

7 月　18 日，出席於臺北舉辦的笠詩社第七屆年會。

	8 月	翻譯高田敏子〈想詩的心〉於《笠》第 44 期。
	10 月	發表詩作〈茉莉花〉、〈無形的禮物〉，翻譯池田克己詩作〈詩人路易士〉於《笠》第 45 期。
	12 月	發表〈悼念吳瀛濤先生〉、詩作〈愛情〉於《笠》第 46 期。
		詩集《覆葉》由臺北笠詩刊社出版。
	本年	參加臺北俳句社。
1972 年	2 月	發表詩作〈魚〉於《笠》第 47 期。
	3 月	29 日，發表詩作〈覆葉〉於《噴泉》第 29 期。
	4 月	發表詩作〈我的筆〉、〈蟬的舊衣〉於《笠》第 48 期。
	6 月	發表詩作〈目擊拓寬公路〉於《笠》第 49 期。
	7 月	30 日，出席笠詩刊社第八屆年會。
	8 月	發表詩作〈盼望〉於《笠》第 50 期。
	10 月	發表詩作〈牽牛花〉於《笠》第 51 期。
	11 月	12～15 日，應邀出席於臺北圓山大飯店舉辦的「第二屆世界詩人會議」。
	12 月	發表詩作〈小堇花〉，並翻譯日本兒童詩作四首於《笠》第 52 期。
1973 年	2 月	發表詩作〈梅花戀春聯而開〉於《笠》第 53 期。
	4 月	發表詩作〈薔薇不知〉、〈常青樹〉、〈微笑〉，翻譯林彩變詩作〈早晨的笑容〉、〈一株白菊〉、〈我在睡眠中有夢〉於《笠》第 54 期。
	6 月	發表詩作〈按摩者〉、〈樹的哀樂〉，翻譯村上抒子詩作〈離別〉與親井修詩作〈短唱〉、〈隻語〉於《笠》第 55 期。
	7 月	7 日，發表詩作〈花絮〉於《布穀鳥》第 14 期。

	8 月	發表詩作〈泥土〉於《笠》第 56 期。
	12 月	發表詩作〈玫瑰〉於《笠》第 58 期。
1974 年	2 月	翻譯井上瑛子詩作〈過分的美夢〉、村上抒子詩作〈夜的女人〉、嶋岡晨詩作〈路標〉於《笠》第 59 期。
	4 月	發表詩作〈連影成三個我〉、〈人造花〉於《笠》第 60 期。
	6 月	發表詩作〈花絮〉、〈山與雲〉、〈你的手〉，翻譯嶋岡晨詩作九首於《笠》第 61 期。
	7 月	21 日，出席於桃園舉辦的笠詩刊社第十屆年會。
	8 月	發表詩作〈心燈〉、〈竹筍〉、〈須臾的美〉、〈耳環〉於《笠》第 62 期。
	10 月	發表詩作〈編造著笠——給嶋岡晨先生的信〉、〈市場〉於《笠》第 63 期。
	12 月	發表詩作〈逍遙——於翠碧岩寺〉於《笠》第 64 期。詩集《樹的哀樂》由臺北笠詩刊社出版。
1975 年	2 月	發表詩作〈棘鎖〉，翻譯堀口大學詩作〈兒子的真珠〉、〈我的冥利〉於《笠》第 65 期。
	4 月	發表〈東瀛紀行——旅日・韓日記抄〉、詩作〈託木犀花〉，翻譯高田敏子詩作〈驢子〉、〈椅子〉、〈幸福〉，翻譯森田幸子詩作〈他〉、〈上午〉，翻譯泉谷田鶴子詩作〈樂天者〉，於《笠》第 66 期。19 日，出席於日本東京三笠會館舉辦的《陳秀喜詩集》出版紀念會。《陳秀喜詩集》（大野芳日譯）由東京陳秀喜來日記念詩集刊行會出版。
	5 月	上旬，赴日本東京參加「日本詩的祭典」與野火詩社郊遊會。

		15 日，赴北海道帶廣市接受裸族詩社同仁招待。
		23 日，赴東京參加地球詩社 25 週年紀念會。
	8 月	10 日，出席於臺中寶覺寺舉辦的笠詩社第 11 屆年會。
	10 月	發表詩作〈給牡丹花〉於《笠》第 69 期。
	12 月	發表詩作〈醜石頭〉、〈含羞草〉，翻譯堀口大學詩作〈某個挽歌〉、〈由來語言是〉於《笠》第 70 期。
		發表詩作〈凋謝的曇花〉於《綠地》創刊號。
		應邀至成功大學演講「漫談現代詩」。
1976 年	1 月	與林煥彰合編《我的母親》，由臺北巨人出版社出版。
	2 月	發表詩作〈渴望〉，翻譯中河與一詩作〈飛往雪山的雪〉、田口佐知子詩作〈自從那一天〉和南旅人詩作〈那個早晨〉於《笠》第 71 期。
	4 月	發表詩作〈鳥兒與我〉於《笠》第 72 期。
	5 月	5 日，發表詩作〈灶〉於《龍族》第 16 期。
	6 月	6 日，出席於成功大學文學院舉辦的笠詩刊社第 12 屆年會。
		發表詩作〈最後的愛〉於《笠》第 73 期。
		22〜27 日，應邀出席於美國巴鐵摩爾市舉辦的「第三屆世界詩人會議」，獲優秀詩人獎。
	11 月	1〜2 日，應邀至高雄醫學院阿米巴詩社演講「現代詩」。
	12 月	發表詩作〈玫瑰色的雲〉、〈秋夜沉思〉，翻譯北原政吉詩作〈《候鳥》詩抄〉三首於《笠》第 76 期。
	本年	列名於《國際詩人名錄》。
1977 年	2 月	發表詩作〈鄰居的愛——贈池田敏雄先生〉，翻譯千葉宣一詩作〈人間的條件〉於《笠》第 77 期。
		詩作〈薔薇不知〉、〈常青樹〉、〈思春期〉、〈愛

情〉、〈山與雲〉收錄於《中國現代情詩》,由臺中曾
文出版社出版。

3 月　發表詩作〈友愛〉於《臺灣文藝》第 54 期。

4 月　發表詩作〈強風中的稻〉,翻譯林憲〈詩選四首〉於
《笠》第 78 期。

6 月　發表詩作〈探訪烏腳病人記〉、〈你的存在〉、〈偶
感〉於《笠》第 79 期。

19 日,出席於臺中市立文化中心舉辦的笠詩社第 13 屆
年會。

8 月　發表詩作〈時間給與我的愛〉於《笠》第 80 期。

9 月　18 日,出席笠詩刊社舉辦的「現代詩的批評」座談會。

10 月　發表詩作〈關愛的手掌——贈葉香小姐〉於《笠》第 81
期。

12 月　發表詩作〈望月抒情〉、〈美軍紀念公墓(馬尼拉)〉
於《笠》第 82 期。

1978 年　1 月　1 日,發表詩作〈你的愛——獻給故李雙澤義人〉於
《夏潮》第 22 期。

2 月　發表詩作〈影子與梔子花〉於《笠》第 83 期。

4 月　1 日,發表詩作〈時間終於向你屈服——獻給故張文環
先生〉於《夏潮》第 25 期。

發表〈悼念張文環先生〉、詩作〈你是滾心漢——贈故
張文環先生〉於《笠》第 84 期。

6 月　10 日,出席於臺中市立文化中心舉辦的笠詩社第 14 屆
年會。

14 日,獲選為中華民國新詩學會第五屆監事。

發表詩作〈蚊子與我〉於《笠》第 85 期。

發表詩作〈榕樹啊,我只想念你〉於《臺灣文藝》第 59

		期。
		詩作〈魚〉獲全省詩人節新詩活動詩創作競賽第三名。
	7 月	與丈夫離婚。
	8 月	17 日，出席笠詩刊社舉辦的「鄉土與自由——臺灣詩文學的展望」座談會。
	10 月	發表〈也許是一首詩的重量〉於《笠》第 87 期。
		發表詩作〈假像不是我〉於《臺灣文藝》第 60 期。
	11 月	遷居至臺南縣白河鎮關仔嶺，將寓所取名為「笠園」。
	12 月	發表〈菩提樹的聯想〉於《笠》第 88 期。
	本年	詩作〈我的筆〉英譯獲美國詩人協會國際詩競賽第二名。
1979 年	2 月	日譯詩作〈樹的哀樂〉、〈醜石頭〉、〈編造著笠〉、〈魚〉收錄於北原政吉編《臺灣現代詩集》，由日本熊本もぐら書房出版。
	4 月	發表〈敬悼蔡瑞洋先生〉、詩作〈你是詩、你是愛——獻給故蔡瑞洋先生〉於《笠》第 90 期。
	6 月	詩作〈魚〉、〈耳環〉、〈心燈〉、〈最後的愛〉、〈臺灣〉、〈探訪烏腳病人記〉、〈我的筆〉、〈花絮〉、〈樹的哀樂〉、〈小菫花〉收錄於《美麗島詩集》，由臺北笠詩社出版。
	7 月	應邀出席於韓國漢城舉辦的「第四屆世界詩人會議」。
	8 月	19 日，於關仔嶺笠園自宅舉辦笠詩刊社第 15 屆年會。
		25 日，於關仔嶺笠園自宅舉辦臺北歌壇南部秋季歌會。
	12 月	發表詩作〈靜觀〉於《笠》第 94 期。
1980 年	4 月	詩作〈榕樹阿，我只想念你〉收錄於《臺灣詩選》，由北京人民文學出版社出版。

詩作〈樹的哀樂〉收錄於《中國新詩選》，由臺北長安出版社出版。

詩作〈也許是一首詩的重量〉、〈含羞草〉、〈醜石頭〉、〈薔薇不知〉、〈覆葉〉收錄於《當代中國新文學大系》，由臺北天視出版公司出版。

	8 月	28～31 日，應邀出席第二屆鹽分地帶文藝營「詩的座談會」，與談者有高隼、郭楓、陳秀喜、何瑞雄、林宗源、巖上、趙天儀、鄭烱明、謝武彰、林仙龍、陳寧貴、杜皓暉等人。
	10 月	發表詩作〈一隻鳥發出苦嘆的聲音〉於《笠》第 99 期。
	11 月	24 日，出席日本地球詩社於東京舉辦的「世界詩人會議」。
	12 月	14 日，於臺中市立文化中心舉辦「《笠》發行 100 期紀念會」，擔任主持人。
		發表詩作〈花賊與我〉於《笠》第 100 期。
1981 年	1 月	前夫張以謨逝世。
	2 月	發表詩〈仙丹花〉於《笠》第 101 期。
		獲菲律賓國際桂冠詩人協會傑出獎。
	8 月	23 日，出席於臺中市文化中心舉辦的笠詩刊社第 18 屆年會。
		31 日，發表詩作〈溪魚的話〉於《時報詩學月誌》第 2 號。
	12 月	發表詩作〈關仔嶺夜雨〉於《笠》第 106 期。
		詩集《灶》由高雄春暉出版社出版。
1982 年	1 月	15 日，出席於臺北舉辦的「中日韓現代詩人會議」，擔任籌備委員。

發表〈母親的願望〉（鍾肇政譯）於《文學界》第 1
期。

於臺北大陸餐廳舉行詩集《灶》出版紀念會。

5 月　發表詩作〈造訪禪寺〉於《臺灣文藝》第 76 期。

6 月　發表詩作〈稀客〉於《笠》第 109 期。

1983 年　6 月　發表詩作〈相見恨晚〉於《臺灣詩季刊》創刊號。

1984 年　4 月　15 日，出席笠詩刊社於高雄舉辦的「性、愛與詩」座談
會，擔任主持人。

9 月　21 日，發表詩作〈紫陽花〉於《商工日報》。

1985 年　1 月　6 日，出席「詩創作的意識與藝術表現」座談會。

17 日，發表詩作〈望友誼更溫馨〉於《臺灣時報》。

4 月　15 日，應邀出席「詩創作的意識與藝術表現」座談會。

8 月　發表詩作〈他是誰？賣什麼藥？〉於《笠》第 128 期。

1986 年　2 月　發表詩作〈也許是一首詩的重量〉於《笠》第 131 期。

詩集《嶺頂靜觀》由臺北笠詩刊社出版。

7 月　23 日，發表詩作〈赴約〉於《臺灣時報》。

8 月　發表詩作〈少女與哈雷彗星〉於《笠》第 134 期。

9 月　發表〈楊逵先生與大鄧伯花〉於《臺灣文藝》第 102
期。

1987 年　1 月　5 日，發表詩作〈未完成的故事更神奇〉於《臺灣時
報》。

2 月　15 日，臺灣筆會成立，為創會會員。

3 月　18 日，發表歌詞〈自由民主鐘響亮〉於《臺灣時報》。

4 月　2 日，發表詩作〈除草記〉於《臺灣時報》。

發表詩作〈除草記〉，翻譯堀口大學詩作〈乳房〉於
《笠》第 138 期。

5 月　8 日，發表詩作〈她是我的知音〉於《臺灣時報》。

1988 年	1 月	14〜17 日，應邀出席於臺中文英館舉辦的「亞洲詩人會議」。
	4 月	3 日，發表詩作〈鬱金香遇險記〉於《臺灣時報》。
	5 月	22 日，出席於臺南神學院舉辦的笠詩刊社第 24 屆年會。
		25 日，發表詩作〈堅持盼望〉於《臺灣時報》。
	11 月	發表詩作〈泥土欲言無語〉於《臺灣文藝》第 114 期。
	本年	身體不適，四處求醫。
1989 年	3 月	發表詩作〈不速客的傑作〉於《臺灣文藝》第 116 期。
		詩集《玉蘭花》由高雄春暉出版社出版。
	7 月	16 日，出席於高雄舉辦的笠詩刊社第 25 屆年會。
1990 年	1 月	身體不適，疑患癌症。
	7 月	8 日，出席於臺大校友會館舉辦的笠詩刊社第 26 屆年會暨《臺灣詩庫》出版紀念會。
	12 月	22 日，出席於臺北陳林法學基金會舉辦的臺灣筆會年會暨臺灣文學會議。
1991 年	1 月	因 C 型肝炎入住石牌榮民總醫院。
	2 月	15 日，翻譯九谷元子詩作〈倖〉於《笠》第 161 期。
		25 日，病逝於社頭醫院。
	3 月	24 日，於臺北第一殯儀館舉辦告別式。
	4 月	《笠》第 162 期製作「哀悼與追思——陳秀喜女士紀念專輯」。
		《詩雙月刊》第 11 期製作「陳秀喜逝世紀念特輯」。
1992 年	3 月	長女張瑛瑛及女婿潘俊彥設立陳秀喜詩獎基金會，於每年母親節頒發陳秀喜詩獎，以紀念母親，由李敏勇擔任執行祕書。

4 月　18 日，陳秀喜詩獎基金會舉辦「第一屆陳秀喜詩獎」，
　　　由白萩、李魁賢、李元貞、呂興昌、李敏勇擔任評審委
　　　員，得獎人為杜潘芳格，於 5 月 6 日在環亞大飯店頒
　　　獎。

5 月　列名於王景山主編《臺港澳暨海外華文作家辭典》。

1993 年　4 月　25 日，陳秀喜詩獎基金會舉辦「第二屆陳秀喜詩獎」，
　　　　　　由杜潘芳格、錦連、李魁賢、李敏勇、鄭炯明擔任評審
　　　　　　委員，得獎人為利玉芳，於 5 月 5 日在環亞大飯店頒
　　　　　　獎。

1994 年　4 月　17 日，陳秀喜詩獎基金會舉辦「第三屆陳秀喜詩獎」，
　　　　　　由林亨泰、李魁賢、吳潛誠、李敏勇、利玉芳擔任評審
　　　　　　委員，得獎人為江自得，於 5 月 7 日在臺大校友會館頒
　　　　　　獎。

5 月　列名於古繼堂主編《臺港澳暨海外華文新詩大辭典》。

1995 年　4 月　23 日，陳秀喜詩獎基金會舉辦「第四屆陳秀喜詩獎」，
　　　　　　由李魁賢、李敏勇、陳芳明、吳潛誠、江自得擔任評審
　　　　　　委員，選出得獎人瓦歷斯・諾幹，於 5 月 6 日在臺大校
　　　　　　友會館頒獎。

1996 年　4 月　21 日，陳秀喜詩獎基金會舉辦「第五屆陳秀喜詩獎」，
　　　　　　由李魁賢、李敏勇、吳潛誠、利玉芳、瓦歷斯・諾幹擔
　　　　　　任評審委員，得獎人為詹澈，於 5 月 8 日在國賓大飯店
　　　　　　頒獎。

1997 年　5 月　李魁賢主編《陳秀喜全集》（共 10 冊），由新竹市立
　　　　　　文化中心出版。

6 月　1 日，於新竹市立文化中心舉辦《陳秀喜全集》新書發
　　　　表會，並展出部分遺物、著作及手稿。

20 日，陳秀喜詩獎基金會舉辦「第六屆陳秀喜詩獎」，由杜潘芳格、李魁賢、李敏勇、吳潛誠、詹澈擔任評審委員，得獎人為李元貞，於 5 月 3 日在臺大校友會館頒獎。

1998 年	1 月	7 日，《陳秀喜全集》獲行政院新聞局圖書著作金鼎獎。
	3 月	29 日，《陳秀喜全集》獲臺灣筆會票選為 1997 年度本土好書，於臺大校友會館舉辦頒獎典禮。
	4 月	26 日，陳秀喜詩獎基金會舉辦「第七屆陳秀喜詩獎」，由李魁賢、李敏勇、鄭炯明、吳潛誠、江自得擔任評審委員，得獎人為林建隆，於 5 月 3 日在臺大校友會館頒獎。
	11 月	1 日，新竹市立文化中心舉辦「陳秀喜作品討論會」。
1999 年	4 月	10 日，陳秀喜詩獎基金會舉辦「第八屆陳秀喜詩獎」，由李魁賢、李元貞、李敏勇、吳潛誠、林建隆擔任評審委員，得獎人為江文瑜，於 5 月 8 日在臺大校友會館頒獎。
2000 年	4 月	30 日，陳秀喜詩獎基金會舉辦「第九屆陳秀喜詩獎」，由李魁賢、李敏勇、江文瑜擔任評審委員，得獎人為張芳慈，於 5 月 14 日在臺北市客家藝文中心頒獎。
2001 年	4 月	30 日，陳秀喜詩獎基金會舉辦「第十屆陳秀喜詩獎」，由李魁賢、李敏勇、張芳慈擔任評審委員，得獎人為蔡秀菊，於 5 月 12 日在臺大校友會館頒獎。
2008 年	12 月	莫渝主編《陳秀喜集》，由臺南國立臺灣文學館出版。
2009 年	7 月	李魁賢主編《陳秀喜詩全集》，由新竹市立文化中心出版。
2010 年	8 月	劉維瑛著《陳秀喜評傳》，由高雄春暉出版社出版。

參考資料：

・李魁賢，《陳秀喜全集》（10 冊），新竹：新竹市立文化中心，1997 年 5 月。

・李魁賢，《陳秀喜詩全集》，新竹：新竹市文化局，2009 年 7 月。

・劉維瑛，《陳秀喜評傳》，高雄：春暉出版社，2010 年 8 月。

・《臺灣文學年鑑》（1996〜2010），臺南：國立臺灣文學館。

・新聞知識庫網站。

・國家圖書館——當代文學史料系統網站、臺灣期刊論文索引系統網站。

・華文文學資訊平臺網站。

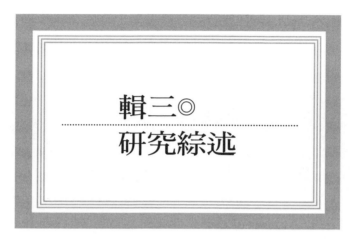

輯三◎
研究綜述

母性、女性與國族

陳秀喜研究資料綜述

◎阮美慧

一、前言

　　陳秀喜（1921～1991）爲「跨越語言一代」詩人，且爲臺灣詩壇早期女性詩人代表之一，最早她曾寫過日本短歌、俳句；中年之後才開始學習中文，因此，她的詩極爲樸實無華，沒有過多的修辭與技法。由於，她身處在傳統與現代觀念的思維中，詩中時常表現親情與倫理的主題，同時，又介於女性與母性的掙扎與矛盾之中，她常以這樣的糾葛心情，去鏤刻她詩的紋理，使讀者能從其詩作中去辨識她的風格。此外，對於曾歷經殖民時代的她，堅持根植於斯土斯民的創作精神，也使她在臺灣早期女性作品有其特出之處，書寫出對家國、民族認同的詩作。在創作上，她先後出版了日文短歌集《斗室》（1970 年）、日譯詩集《陳秀喜詩集》（1975 年），中文詩集有：《覆葉》（1971 年）、《樹的哀樂》（1974 年）、《灶》（1981 年）、詩文集《玉蘭花》（1989 年），另外，由景翔英譯詩集 *THE LAST LOVE*。1997 年李魁賢編纂《陳秀喜全集》十冊，爲目前有關陳秀喜研究資料較全面性的一次整理，此次，文訊雜誌社策畫執行的「臺灣現當代作家研究資料彙編」，更擇其精要，重新整理臺灣現當代作家的資料，其意義不凡，不僅能饗宴對現當代文學的愛好者；同時，也能爲現當代文學研究，留下珍貴的基礎資料。

　　歷來有關陳秀喜的研究資料，最顯而易見者，大多集中探討陳秀喜的殖民經驗與女性（母性）身分，這二個部分構築了陳秀喜一生的文學情

緣，也使她在臺灣文（詩）學中一枝獨秀，進而被編寫進文學史或詩史之
中。另一方面，也緣於時代環境的丕變，1970 年代之後，熱切對臺灣主體
性的追尋與建立，在政治、民主運動的推波助瀾下，先前的威權體制、中
心思想遭受空前的挑戰，許多邊緣論述，都因中心結構的崩解，而得到了
更大的書寫空間。此時，陳秀喜在「跨越語言一代作家」及「女性詩人」
二個端點凸出，使得 1980 年代的臺灣文學研究，在本土及女性文學的論述
架構下，將她納入其研究的範疇之內，而占有一席之地。

　　另外，有關陳秀喜作品的主題，大多介於女性與母性雙重身分，其文
學生命也以此二端輻射、擴散，擺盪在自我與家庭之中，此外，做為一位
臺灣的詩人，她也不時深思其家國／民族的命運，揉合出男性詩人對家國
之思所沒有的情懷，以女性的意象來書寫大敘述的詩作，具有其獨特性。
其作品，大抵就母性、女性與國族這三者，構築其一生及其作品的面向。
以下，則針對陳秀喜在臺灣文學／女性詩人／家國、民族等脈絡中的發
展，分別爬梳其近年來的研究概況，及其文學史上的意義。

二、文學史中的身分、認同與研究歷程

（一）文壇之母──扮演社長與姑媽的角色

　　陳秀喜參與臺灣最深的文學社團，應為「笠」詩社（以下簡稱
「笠」），她在 1968 年（47 歲）正式加入該社，1971 年（60 歲）開始擔任
社長，直到 1991 年逝世為止，前後擔任「笠」的社長職務長達二十年之
久。由於，陳秀喜生性「具磁性和魅力，任誰見了都為之吸引和傾倒」[1]，
因而發揮了她的優勢，廣結善緣，使「笠」結交到許多社外的朋友與社
團，也促使《笠》詩刊（以下簡稱《笠》）在各項發展上能持續平穩，李魁
賢曾說：「參加笠詩刊後，她做了許多推廣和募捐工作，有一段時間，

---

[1]陳若曦，〈詩人陳姑媽〉，收入李魁賢編《陳秀喜全集 9・追思集》（新竹：新竹市立文化中心，
　1997 年）， 頁 89。（以下引自《陳秀喜全集》資料者，一律簡稱《全集》）。

《笠》的出版費用是她最大的支援」[2]。另外，1979 年，陳秀喜子女合資購買下臺南關仔嶺的別墅贈與母親，陳秀喜親自將此命名為「笠園」，以紀念與「笠」的詩緣，而「笠園」也在 1980 年代成為各地文友會聚的地方，開拓了「笠」詩社對外的交流平臺。王昶雄曾追憶說：

> 她大部分時間都住在關仔嶺頂明清別墅的「笠園」，環周草木扶疏，青翠奪目，園景也清麗而不落俗。不時有朋友拜訪，涵蓋老少男女、認識與不認識、海內與海外的交友，……一般詩壇晚輩都暱稱她為「陳姑媽」。[3]

由此可見，做為「笠」長達二十年的社長，陳秀喜發揮了女性親和的特長，凝聚了社內外同仁，共同推動「笠」的發展，故詩人大多私下稱她為「姑媽」，且不分男女老幼，張彥勳曾說：

> 我也跟年輕詩人一樣稱她一聲『陳姑媽』，……因為在我的印象中陳女士是位女強人，稟性豪爽，為人慷慨，樂以助人，充分地表現了她的『姑媽』本色。她的家中經常高朋滿座，那些訪客中固然有不少文藝界的朋友，但更有許多慕名而來的年輕人。他們熱情的稱呼她「姑媽」，虛心的向她請教許多問題。[4]

此外，從 1980 年代海外年輕學子給予陳秀喜的書信[5]，也可再次看到年輕詩人不僅直接稱呼她為「姑媽」，同時，她與青年詩人的關係頗佳，甚而她自己在〈姑媽的話〉一文中表明：「許多年輕人稱呼我『姑媽』，如果笠園

---

[2]李魁賢，〈懷念臺灣奇女子──詩人陳秀喜〉，收入《全集》9，頁 153。
[3]王昶雄，〈無限淒冷悼秀喜〉，收入《全集》9，頁 143。
[4]張彥勳，〈「姑媽」本色──悼念陳秀喜女士〉，《笠》第 162 期（1991 年 4 月）。收入《全集》9，頁 175～176。
[5]陳芳明曾於 1983 年 4 月，於《文學界》第 6 集，刊登〈給秀喜姑媽的信〉，對陳秀喜表明心中對詩及對鄉土的眷戀。可見，陳秀喜在年輕一輩的詩人之中受到尊重與喜愛，同時，也展現她親和的力量。

客廳是人生小小的舞臺，來客是扮演姪兒的角色，我也以扮成年輕朋友們姑媽為樂。」[6]如她對 1971 年「龍族」詩社的創刊與期待，曾為文〈龍族的衝勁——我對《龍族詩刊》的看法與期待〉，指出：「寫詩的年輕朋友中，《龍族》詩刊的同仁們，有許多人以『阿姑』親暱的稱謂呼喚我。在這人生的過程中，人海茫茫，人情如薄紙的時下，能得到『以文會友』是幸福的」[7]，由此可見，陳秀喜社長任內，的確發揮了她的親和力，拉近了「笠」與社外的文友。尤其，是年輕的詩人，與她的關係親近，在《陳秀喜研究資料彙編》，從陳芳明〈給秀喜姑媽的信〉、王浩威〈我的記憶隨著您的死亡而展開——懷念陳秀喜姑媽〉等幾篇文章可見，「姑媽」此一稱呼，幾乎是陳秀喜在文壇中，對年輕作家而言的身分象徵。王浩威在追思文中追憶說：

> 我幾乎忘記自己二十歲的青春是怎樣的姿態，只記得嚴肅的志業誘使得心情變得沈重而早熟。您的幽默、調侃和坦然卻讓我的信心動搖了。突然之間，自己那種「以天下為己任」的盔甲，在您日常的舉止言談之間遭到暫的顛覆了。我開始困擾：寫〈美麗島〉的詩人，為甚麼也是快樂無憂的〈曼波姑娘〉詞人？[8]

可見陳秀喜在年輕詩人的心目中，爽朗大方，與其人生遭遇或作品內涵不俟，這緣於她對人生的一種體悟，這些也正是她在文壇上，一直受到喜愛與敬重的關鍵之一，她發揮了無比的母性包容與樂觀態度。在向陽〈美麗島的玉蘭花——陳秀喜的人生與詩作〉，曾追憶說：

---

[6]陳秀喜，〈姑媽的話〉，原載於《臺灣時報》副刊，1989 年 7 月 30 日，收入於《全集》4，頁114。

[7]陳秀喜，〈龍族的衝勁——我對《龍族詩刊》的看法與期待〉，原載於《笠》第 49 期（1972 年 6 月），收入於《全集》4，頁41。

[8]王浩威，〈我的記憶隨著您的死亡而展開——懷念陳秀喜姑媽〉，收入《全集》9，頁219。

1978 年初，陳姑媽因婚姻生活發生變故，一時想不開，在天母寓所以粗鐵線上吊自殺，後來獲救，卻因及聲帶，導致說話沙啞；事件發生後，我利用假期去看她，她緊拉著我的手，笑著說：「沒事了，只是頸子這有道很長的勒痕，以後會消失的，悲哀也會消失的。」她的談笑中，帶著一些無奈，但總之，她還是以慣有的幽默化解了。[9]

因此，誠如陳千武所言，陳秀喜「非組織者的才女，未曾提拔過後繼女詩人出頭天，一直以詩壇『姑媽』，演出善良的人性感化角色，保持著笠詩社社長的尊嚴而已」[10]。縱使這樣，但她的親和性，也為「笠」創造了一定的凝聚力，使《笠》的文學精神和表現意識，能夠和詩壇有對話的機會，而成為戰後的具代表的社團之一。

因此，1970 年代，陳秀喜不僅扮演前輩詩人的角色，照顧許多年輕詩人們，同時，她也深受到不同世代詩人的尊敬，這從 1991 年陳秀喜病逝，來自各界的眾多追悼詩、追悼文[11]，如悼詩：錦連〈會者常離〉、利玉芳〈化妝的玉蘭〉；悼文：巫永福〈安息吧！秀喜妹〉、陳若曦〈詩人陳姑媽〉、李魁賢〈懷念臺灣奇女子〉、紀弦〈陳秀喜二三事〉等，可見一斑。

（二）以女（母）性之姿，被寫入詩史研究中

除了個人的親和力之外，陳秀喜在 1960 年代，開始以中文嘗試詩的創作，其作品散在《葡萄園》[12]、《笠》[13]、《青溪》[14]等詩刊雜誌上。換言之，從 1960 年代開始，她開始涉入詩壇，一方面從事文藝行政的工作，擔任「笠」社長，凝聚與推動詩社的活動；另一方面，初步嘗試中文詩寫

---

[9]向陽，〈美麗島的玉蘭花——陳秀喜的人生與詩作〉，收入《文訊雜誌》第 330 期（2013 年 4 月），頁 15。

[10]桓夫，〈稀有女詩人〉，收入《全集》9，頁 157。

[11]追悼陳秀喜的紀念文稿，皆收入在《全集》9「追思集」之中，共有悼詩 23 首，悼文 38 篇。

[12]陳秀喜第一首中文詩〈嫩葉——一個母親講給兒女的故事〉，即刊登於《葡萄園》第 21～22 合刊本，1967 年 7 月及 10 月。

[13]陳秀喜於《笠》發表的第一次作品為〈思春期〉、〈愛的鞭〉，於《笠》第 20 期（1967 年 8 月）。

[14]陳秀喜第一次刊登於《青溪》的作品為〈生日禮物〉，於《青溪》第 22 期（1969 年 4 月）。

作，發揮其女性／本土詩人的創作能力。在社長與詩人二重角色的扮演中，陳秀喜逐漸受到矚目，而正式被編寫入文學（詩）史之中。

　　然而，陳秀喜真正被寫進文學史上，以較具篇幅介紹她的，是鍾玲的女性詩人評論集——《現代中國繆司——臺灣女詩人作品析論》（1989年），而非男性撰寫的臺灣文學史，如葉石濤《臺灣文學史綱》（1987年）、彭瑞金《臺灣新文學運動 40 年》（1991 年）、陳芳明《臺灣新文學史》（2011 年）等，這些男性所撰述的文學史，都對陳秀喜沒有太多的著墨。易言之，陳秀喜在詩壇上，最先受到矚目的焦點是「女性詩人」的身分。在鍾玲《現代中國繆司——臺灣女詩人作品析論》中，將陳秀喜列於1950 年代的女性詩人行列，與張秀亞、李政乃、彭捷、沈思等人並列，這樣的結果，是以女性詩人的出生世代爲劃分標準，但對陳秀喜的創作而言，1950 年代，她的中文詩還未正式登場，1950 年代的創作，主要仍是日文的短歌或俳句。陳秀喜正式發表的第一首中文作品〈嫩葉——一個母親講給兒女的故事〉，發表於《葡萄園》第 21～22 期合刊本（1967 年 7 月及10 月），隨著 1970、1980 年代，臺灣政治運動的興起與勃發，使得原本性別與本土等「邊緣論述」，漸次挪移位階，備受關注，此時，陳秀喜身兼「女性」、「本土」、「跨越語言一代」等多重角色的詩人，也逐漸浮出地表，得到空前的論述機會，進而成爲戰後臺灣代表詩人之一。此由鍾玲《現代中國繆司——臺灣女詩人作品析論》一書，對陳秀喜的評價中可以得到印證：

> 陳秀喜的詩，多以臺灣的鄉土之情爲其主題。……鄉土詩寫好相當難，因爲容易流於濫情與淺顯。陳秀喜有些詩卻能落實於生活，表現真切的體驗；……陳秀喜是第一代女詩人之中，鄉土詩潮流的代表人物。[15]

---

[15] 鍾玲，《現代中國繆司——臺灣女詩人作品析論》（臺北：聯經出版公司，1989 年），頁 196～199。

鍾氏對陳秀喜的評價重點，在於針對陳秀喜的性別與作品主題，指出：她是「第一代女詩人」以寫作「鄉土詩」爲主，這樣的論述的面向，正與當時的社會脈絡與關注的議題若合符節。繼鍾玲的研究基礎後，將陳秀喜做爲專門的研究對象者，則有李元貞及陳玉玲二位女性學者，她們分別就「母親」及「女性」二個剖面，來論述陳秀喜及其詩作，其中，李元貞對陳秀喜的論述，從她身爲真正的母親的關愛與掙扎之外；更擴及她對臺灣母土的家國之愛，這樣研究基調，也成爲日後研究陳秀喜的重要脈絡：

> 〈樹的哀樂〉是陳秀喜歷經做女人（一朵花至一棵樹，比喻從年輕女人到中老年女人）生涯後自我認同的好詩，脫離了父權社會看女人的觀點（一朵花是美麗女性之形象，一棵樹是母親形象）。在詩中，陳秀喜的自我認同不在於女性和母性的認同了，所以認清「光與影的把戲」而變成心安的自己。她從〈覆葉〉、〈棘鎖〉、〈臺灣〉三首詩中母親意象的認同和詮釋，走向自我之認識，……將自己與土地結合，有著認同本土的自我精神。[16]

　　換言之，李氏的研究，更進一步將陳秀喜作爲「女性」與「母性」之間的糾葛與矛盾揭露，顯現此一主題的能動性與複雜性，不只是靜態地以「鄉土詩」涵蓋，如此，反而稀薄化了詩中的深刻義涵。此外，李氏也擴大陳秀喜詩作中的視野，揭示其鄉土、家國的關注面，印證其詩不僅只拘泥在個人的親情之間，也具有較宏通的關照，此說，可謂奠定了陳秀喜的研究主軸。到了陳玉玲之後，更完整以較大的篇幅去爬梳、論述陳秀喜詩作中的女性議題，在〈臺灣女性的內在花園──陳秀喜新詩研究〉一文，分別就「花語與心情──自我的影像」、「捧花與荊棘──婚姻之路」、「覆

---

[16]李元貞，〈陳秀喜詩中的母親形象〉，原載於《新竹風》第 3 期，1991 年 1 月 15 日。後收入氏著《女人詩眼》（臺北：臺北縣立文化中心，1995 年），以及李魁賢編《全集》，前揭書，頁 210～211。

葉與嫩葉——人母的悲歡」、「榕樹與泥土——追尋與回歸」等小節,勾勒
陳秀喜女性內心的思路轉折,其結論云:

> 以「臺灣女性的內在花園」作為陳秀喜新詩的分析,主要在凸顯作者內
> 在真實自我的聲音,而這也正是臺灣跨越日本時代與戰後時期傳統女性
> 的真實心聲。陳秀喜是臺灣第一位女性詩人,加上跨越語言一代的歷史
> 地位,使得她在臺灣文學上具有重要的地位。[17]

　　陳氏的研究,仔細地將陳秀喜詩作中女性心境的轉變軌跡,一一展
開、鋪陳,使陳秀喜詩作的研究價值更往上提升,建立陳秀喜在女性詩人
中的位置。另外,鄭慧如〈陳秀喜詩中的倫理與自我〉(2002 年),分別從
情欲、倫理、自我等面向,去爬梳陳秀喜作為一位女性詩人的作品內涵,
在結論之處,鄭氏曰:

> 她在倫理題材的詩作中自抑以求全,演示了為人妻女、為人母親、為人
> 兒媳的誠惶誠恐,以致讀者幾乎忘了她也有過渴望愛情的懷春期。……
> 陳秀喜的倫理詩作的直線敘述快人快語,既與特定的情境合拍,也忠於
> 生活的表現,為她自己的詩風打上鮮明的烙印;而隨之展開的自我,也
> 因強韌的生命力令人動容。[18]

　　因此,陳秀喜緊咬著「倫理」的規矩,作為自己敗北婚姻、失落的人
生的另一種救贖,藉此肯定自我的實存意義,同時,隨著作為「跨越語言
一代」及時代之聲的發言者,她也將寫作轉向從「家」轉向了「國」,從
「小我」晉升到「大我」,於此,我們對陳秀喜的研究視角也有所調整,回

---

[17]陳玉玲,〈臺灣女性的內在花園——陳秀喜新詩研究〉,原載《竹塹文獻》第 4 期(1997 年 7
月),頁 6〜25,收錄氏著《臺灣文學的國度——女性、本土、反殖民論述》(臺北:博陽文化公
司,2000 年),頁 35〜36。
[18]鄭慧如,〈陳秀喜詩中的倫理與自我〉,刊載《竹塹文獻》第 13 期(2002 年 1 月),頁 34、37。

歸到本土文的脈絡上，重新界定她在文學史上的另一個定位。

（三）擺盪於自我與國族之間——回歸本土文學的脈絡研究

　　隨著臺灣民主運動的勃興，以及建立臺灣主體性的企望，陳秀喜作為「跨越語言一代」詩人的身分，以及她走過殖民體制的歷史記憶，再度重新被開啟，成為極受關注的焦點。阮美慧《笠詩社跨越語言一代詩人研究》（1997 年），即是將陳秀喜置於臺灣歷史的發展脈絡中，將她與「笠」第一代「跨越語言一代詩人」，如巫永福（1913～2008）、吳瀛濤（1916～1971）、詹冰（1921～2004）、陳千武（1922～2012）、林亨泰（1924～）、張彥勳（1925～1995）、羅浪（1927～）、杜潘芳格（1927～）、錦連（1928～2013）等並置，凸顯陳秀喜在臺灣文學上，具有本土性、歷史性的意義，其中分析其詩作的特色為：語言風格明朗、現實精神體現、本土意識濃厚、殖民歷史的辯證等[19]，使她除了是女性詩人之外，也彰顯她為臺灣重要的本土詩人之一。歷來有關陳秀喜的國家論述，大抵會指出〈臺灣〉、〈我的筆〉、〈耳環〉等詩，李元貞在〈臺灣現代女詩人作品中的國家論述〉，特別提到這幾首作品，剖解陳秀喜在女性／國族（父權）這兩大主軸中，具批判又弔詭性的存在：

　　　　陳秀喜善用女人的身物來比喻「被殖民過的悲愴」。在一般情況下，大家較易領會到國家統治的殖民意義，不易領會父權社會要女人畫眉、塗唇、穿耳洞也有女人身體被父權體制殖民的意義，陳秀喜在〈我的筆〉一詩較藏著這種雙重被殖民的意義，而在〈臺灣〉、〈耳環〉二詩中，卻以母親的奶香、女人耳朵的針洞（女人的身物）來抵抗國家被殖民的現實，也就無法同時抵抗父權體制對女人身物的殖民了，這常是女人在愛國中得放棄被自己國家欺壓的矛盾和痛苦，也是自覺的女人們得兩面作戰的現實。[20]

---

[19]阮美慧，《笠詩社跨越語言一代詩人研究》（臺中：東海大學中文研究所碩士論文，1997 年）。
[20]李元貞，〈臺灣現代女詩人作品中的國家論述〉，收入氏著《女性詩學——臺灣現代女詩人集體研

是以，1990 年代之後，由於，陳秀喜是「跨越語言一代」，其生命經驗與創作歷程，在臺灣文學史上具有其獨特的歷史意義，她和同為「跨越語一代」的作家，走過被殖民的悲慘歲月，同樣是「跨越語一代」的葉石濤，也感同身受：

> 陳秀喜女士和我都是走過殖民地時代的艱辛日子活過來的。我們有共同的歷史性記憶，因而思考性、生活態度都有相同之處。秀喜女士同我們一樣，也是從日文轉到中文的過程中備嘗苦楚的一個人。說實在的，秀喜女士的詩，保持著濃厚的日本傳統詩歌的抒情是無可否認的。[21]

因此，自 1990 年代之後，陳秀喜的研究主軸大抵確立，其重點，大多聚焦在她「女性」（母性）與「本土」之間，此一研究歷程：可從鍾玲在 1980 年代末，將她置於「早期女性詩人」、「鄉土詩」的思考脈絡，雖然，當時「鄉土」一詞的義涵與 1990 年代的「本土」相距甚遠；但基本上也凸出了陳秀喜，在 1950 年代，與多數從大陸來臺的女詩人的特質不同，1990 年代之後，陳秀喜的研究，大抵以「臺灣本土」「女性」詩人為定調，此一研究脈絡，開展出陳秀喜生命的經歷與作品的獨特風格。如：洪淑苓〈家·笠園·臺灣——陳秀喜作品中的空間文本與身分認同〉（2005 年），即是從文本空間，展演了陳秀喜如何從女性到本土詩人的追索與認同，層次的剖析更加細緻鮮明。對陳秀喜的研究，洪氏指出：

> 從空間的角度解析陳秀喜的作品，確實使我們看到一位女詩人多重的身分與文化位置。陳秀喜身為女兒、妻子、母親，詩人、詩社社長、女詩人、中國人、臺灣人的身分與角色扮演，以及她與自我、他人、社群、國族的關係，都在她所隸屬的生活空間顯現，也在她作品中的空間文本體現。[22]

究 1951～2000》（臺北：女書文化公司，2000 年），頁 38。
[21]葉石濤，〈悼秀喜女士〉，收入《全集》，頁 62。
[22]洪淑苓，〈家·笠園·臺灣——陳秀喜作品中的空間文本與身分認同〉，刊載《臺灣詩學學刊》第

　　晚近，對陳秀喜的研究，雖然，仍鎖定在她多重身分及認同的論調上，但已有了新的切入視角，如洪氏從文本空間的轉換，來梳理陳秀喜及其詩作的演變，使我們獲得一個新的路徑，去探尋陳秀喜詩的花園。另外，撰寫《陳秀喜評傳》（高雄：春暉出版社，2010 年）的劉維瑛，在其〈關仔嶺的肥沃花園——陳秀喜與笠園〉（收入《臺灣文學館通訊》，2010年 12 月，頁 112～128），也以「笠園」作爲爬梳陳秀喜文學的沃土，以此培育出詩的花朵。

　　1998 年 11 月 1 日，新竹市立文化中心更在李魁賢主編《陳秀喜全集》十冊後（1997 年），舉辦「陳秀喜作品討論會」，邀請相關學者與會，使陳秀喜的研究更完整進入到學術研究的範疇，江文瑜〈我渴望一根火柴——陳秀喜的女性告白詩及其歷史意義〉、曾琇琼〈笠園開出一蕊寂寞的花——詩人陳秀喜〉、顏芳姿〈一個臺灣母親生命的奮進〉、王昶雄〈生命與詩的接合〉、莫渝〈詩的療傷，療傷的詩〉等，由於，透過《全集》編纂、整理，使得研究文獻更加的完備，而可直接開啓陳秀喜及其作品的能見度，其後學者在此論述主軸上，各自發揮其敏銳的詩心，從不同的視角去探索陳秀喜的詩學世界，一時研究成果蔚爲大觀。

三、陳秀喜詩作的主題分析研究

　　根據上述，陳秀喜的文學史地位，從迷霧到見日的過程，可以推知，其詩作表現的主題設限。她曾說自己的詩觀是：「一首詩完成的過程，是感觸、感動的餘韻帶進思考讓它醞釀。思考是集中精神在語言的鍵盤上彈出心聲。」[23]因此，她的詩常從她個人的人生經驗與生命歷程萃取，就身分的認同上，她做爲女性的多重角色，以及本土詩人的代表，常以此去思索她的創作，故其主題表現清晰而明確，大抵，評論者對她詩作的閱讀及研究，有如下幾項：

---

　　6 期，2005 年 11 月，頁 72～73。
[23]陳秀喜，〈詩觀〉，收入《全集》，頁 90。

（一）為人之母的堅忍與執愛

在陳秀喜的生平與研究資料中，最常被關注的焦點即是「母性」這個議題，從〈初產〉時，描寫生育時的艱辛與劇痛：「如爆發前的火山／子宮硬要擠出溶岩石／痛苦的極點她必須和子宮合作／忍耐疼痛／忍耐灼熱／忍耐最長的一刻」（《全集》1，頁 75），到第一本中文詩集《覆葉》（1971年）出版，以「覆葉」為重要意象，象徵母親如大樹一般庇護著子女等，顯見此一主題的鮮明性。在陳秀喜重要評論選輯中，評論者對此關注也屢見不鮮，如：陳鴻森〈因愛而頑強——評陳秀喜詩集《覆葉》〉（《笠》第47 期，1972 年 2 月），李敏勇〈覆葉與嫩葉——悼念陳秀喜女士，抒記她的詩〉（《笠》第 162 期，1991 年 4 月）、鄭烱明〈一個洋溢著母性光輝的詩人〉（《笠》第 162 期，1991 年 4 月），甚有學者專章討論，如陳明台〈嫩葉——一個母親講給女兒的故事〉（《笠》第 25 期，1968 年 6 月）、李元貞〈陳秀喜詩中的母親意象〉（原收入《女人詩眼》，臺北：臺北縣立文化中心，1995 年）等。其中陳明台談到：

> 作者寫詩是有感而發的，從詩中所表現的我們可以發現作者苦口婆心，極為婉轉的一種告誡，以一個慈祥母親的真性情灌注於此詩中企圖對兒女發生某些有效的安慰或啟示，該是作者寫此詩一個重要的動機吧！[24]

但有關「母親」的身分與扮演，陳秀喜並非只呈現溫婉、慈愛的情感，而是感到一種憂喜交雜的心境，其詩作〈覆葉〉[25]與〈嫩葉〉[26]向來被

---

[24] 陳明台，〈嫩葉——一個母親講給女兒的故事〉，《笠》第 25 期（1968 年 6 月），頁 18。

[25] 〈覆葉〉一詩：「繫棲在細枝上／沒有武裝的一葉／沒有防備的／全曝於昆蟲饑餓的侵食／任狂風摧殘／也無視於自己的萎弱／緊抓住細枝的一點／成為翠簾遮住炎陽／成為屋頂抵擋風雨／倘若　　生命是一株樹／不是為著伸向天庭／只為了脆弱的嫩葉快快茁長」，《全集》1，頁 72～73。行文中引陳秀喜詩作，皆引自李魁賢編《陳秀喜全集》（新竹：新竹市立文化中心出版，1997 年）。以下簡稱《全集》。

[26] 〈嫩葉〉一詩：「風雨襲來的時候／覆葉會抵擋／星閃爍的夜晚／露會潤濕全身／催眠般的暖和是陽光／摺成縐紋睡著／嫩葉知道的　只是這些——／當雨季過後／柚子花香味乘微風而來／嫩

視為陳秀喜展露親情的佳作，二首可互為參照，揭示「母親」與「兒女」之間情感的質詰，在〈嫩葉〉一詩標題下，陳秀喜特別標註「一個母親講給兒女的故事」，其用意昭然若揭。而歷來對這二首詩作也多有評論者撰述，如朱沈冬〈真摯的詩──讀〈覆葉〉有感〉（收入《讀書小品》，高雄：中外圖書公司，1987 年，頁 21～25）、林煥彰〈〈覆葉〉的象徵──讀陳秀喜的詩〉（收入《善良的語言》，宜蘭：宜蘭縣文化中心，1992 年，頁 97～100）；蔡榮勇〈〈嫩葉〉賞析〉，收入《笠》第 165 期，1991 年 10 月，頁 105～107）等，足見這二首詩的傳播性大，使一般的讀者，能夠初步認識到陳秀喜詩作的風格。

　　然而，陳秀喜的母親形象，卻也隱含了對父權的挑戰，在李元貞的研究中，特別以女性主義的論述，解讀其詩，她指出：

> 她以母親意象的慈愛來諷刺權力伸展的男性社會現象，使〈覆葉〉這首詩除了將女性生命伸展的歷程展現細緻外，增強其批判父權社會的用意。[27]

　　因此，可以看到陳秀喜在書寫「母親」意象時的多重性，既在傳統社會中流露母愛的至親，同時又深具女性主體的自覺，使這一平凡但深遠的意象，可以更豐富。但在母親的角色扮演下，陳秀喜也無法逃脫傳統道德觀，不時給予子女愛的鞭策，在女兒追求戀愛自由時，仍叮嚀女兒謹守禮教的約束，不可逾越本分，在鄭慧如的研究中指出，陳秀喜「在重視人情的傳統社會裡盡人之道，尤其看重天倫親情的實踐，而對於夫婦關係，無

葉像初生兒一樣／恐惶慄慄底伸了腰／／啊！　多麼奇異的感受／怎不能縮回那安詳的夢境／又伸了背　伸了首／從那覆葉交疊的空間探望／／看到了比夢中更美而俏麗的彩虹／嫩葉知道了歡樂　知道自己長大了數倍／更知道了不必摺皺紋緊身睡著／然而嫩葉不知道風吹雨打的哀傷／也不知道蕭蕭落葉的悲嘆／只有覆葉才知道　夢痕是何等的可愛／只有覆葉才知道　風雨要來的憂愁」，《全集》1，頁 3～4。
[27]李元貞，〈陳秀喜詩中的母親意象〉，收入《全集》，頁 207。

論是割捨的猶疑或是追求超越的意念，都爲了順應世情」[28]，顯示「母親」的職責大於「妻子」的角色，成爲陳秀喜詩作中矛盾、掙扎的主要緣由。因此，有關親情與自我之間，陳秀喜常陷入兩難之間，彼此相互撞擊，對自我女性的角色，陳秀喜不惜割裂恬靜、婉約的女性形象，以直陳清晰的方式揭露自我的不堪，捍衛其生存的權利；然而，她在母親的角色扮演下，反而逆反她的女性意識，恪守最舊式的概念，以「道德倫常」綁架「愛情」與「自由」，此說，吳達芸也曾提出相同的意見：

> 抬出『母愛如海』的大帽子，以愛之名鞭打，要已訂婚的女兒孝順，不可逆己，要以愛鞭喚她重回母親的懷抱；覆葉犧牲的愛至此一變而爲鞭撻掌控的愛，其間脈絡是如此口吻自然，這儼然是某一種我們也很熟悉的臺灣母親的典型。……詩人雖然能對婚姻制度以及相關的父權宰制提出非常精采的見解及詩作，卻不能見悟感知自己在爲母實踐方面的生命盲點。[29]

因爲，陳秀喜內心對「愛情」、「婚姻」的認知與把握，乃來自於對「倫理」、「綱常」的固守，認爲這是家庭幸福的律則，誠如鄭慧如所言：「她不是革命者，沒有顛覆的野心，反而曉得人生是有限的，應該在有限的範圍裡周轉，於是把親情倫理做方舟，載她渡過情愛的苦海。而倫理在陳秀喜的詩中地位極高，正因她把愛情和婚姻合一的生活當作至高理想。」[30]即便如此，但愛情之神，似乎仍未眷顧她，使她遭逢二次婚變，當她面對外在際遇與內心準則無法榫接時，衝擊力道之大，致使她不時擺盪在女性與母性的縫隙之間難以密合，同時，深陷在矛盾與掙扎之中，此一

---

[28]鄭慧如，〈陳秀喜詩中的倫理與自我〉，前揭文，頁21～22。
[29]吳達芸，〈跨越語言一代女詩人的臺灣意象──以陳秀喜、杜潘芳格爲例〉，第二屆臺灣文學學術研討會「詩／歌中的臺灣意象」宣讀論文（臺南：成功大學中文系、臺文系，2000年3月11～12日），頁3～5。
[30]鄭慧如，〈陳秀喜詩中的倫理與自我〉，《竹塹文獻》第13期（2002年1月），頁35。

書寫則形成她另一個重要的主題。

（二）為人之（妻）婦的矛盾與掙扎

在母性主題的研究之外，陳秀喜另一個女性自我的主題，也備受關注。她曾有兩次失敗的婚姻，第一次結婚是她 21 歲（1942 年）時，這段婚姻維持了 36 年，在她 57 歲時（1978 年），斷然結束這段婚姻關係。第二次婚姻，於 1985 年，但卻遇人不淑[31]，同年即告仳離，最終，陳秀喜並無法如她自己所願，找到幸福以終的愛情，於是，「詩」成為她另一處可以靠岸的地方，這一心路歷程，點滴心頭，如她自己所述：

> 人生的舞臺上，我嘗盡苦澀，想來是漫長的日子，卻又是迅速逝去的歲月，我在千變萬化的迴渦中滾著，幸甚因為認識詩、熱愛詩，我不得不因而學之，以詩會友，我變成擁有好多的朋友。[32]

縱使如此，陳秀喜亦懷抱著對浪漫愛情的憧憬，如在〈愛情〉[33]一詩，以「青鳥」化為年輕時的愛情象徵，而自己則是那等待青鳥降臨的樹枝，相對於蓉子的〈青鳥〉：「從久遠的年代裡／人類就追尋青鳥／青鳥，你在哪裡？／青年人說：／青鳥在邱比特的箭簇上。／中年人說：／青鳥伴隨著「瑪門」。／老年人說：／別忘了，青鳥是有著一對／會飛的翅膀啊……」（《青鳥集》，臺北：爾雅出版社，1982 年，頁 1～2）。「青鳥」在不同的年歲上，有著不同的象徵意義，年輕時，它是愛情；中年時，它是錢財；老年時，盡是理想、生命的失落，闡述了夢幻與現實的愛情觀的不同。在同名詩作〈青鳥〉中，陳秀喜開門見山，即指出愛情的崎嶇難行，「為著尋找

---

[31]有關陳秀喜的第二次婚姻，方溪良在〈女詩人與法律〉一文，詳細介紹這段甚短的婚姻始末，提到當初因兒子為經濟犯所累，致使財產化為烏有，無力扶養她，才使陳秀喜決心再婚。收入《全集》8，頁 68～88。

[32]陳秀喜，〈詩的心〉，原刊載《笠》第 130 期（1985 年 12 月），收入《全集》4，頁 100～101。

[33]〈愛情〉一詩：「如果　那隻鳥飛來樹枝上／樹枝會情願地承擔／最美好的粧飾／而且希望從此這隻鳥沒有翅膀／樹枝心願變成堅牢的鎖／因為奇異的鳥在樹枝上／比勳章更輝煌／比夕陽懸在樹梢　更確實的存在／樹枝等待一隻奇異的鳥」，節引自《全集》1，頁 68～69。

幸福的青鳥／背負著過重／走過崎嶇／翻過一嶺／又出現連峰」（《全集》
1，頁 165），顯見陳秀喜對情感的理性認知，在浪漫憧憬下，亦了解到現
實人生的詰難所在，作為傳統女性形象的空洞能指（empty signifier），陳秀
喜並無法在婚姻中得慰藉，一切傳統規範都使她備受煎熬，在傳統的社會
結構中，她做為女、母、妻、婦、媳的存在，為了建立家庭秩序，她並沒
有自我主體的特質，換言之，她並非獨立存在的個體；並非是與男性相抗
衡的「女性」，尤其，女性一旦進入婚姻，與男性的關係轉為「夫婦」之
後，「這是父系社會規定的性別角色，而不是生理、自然意義上的兩性指
稱，這便是夫婦與男女的重大不同。這對性別角色反復強調的是女性的屈
從」[34]。然而，陳秀喜為了保全「愛情」，只好求全於婚姻制度下，克盡一
切道德規範，不斷在愛情與自我之間拉扯，這也形成她作品中，極具反思
性的文學張力。

　　此一主題，〈棘鎖〉[35]一詩，似乎道盡她這樣的心境。因此，相關的評
析不少，如李元貞〈臺灣現代女詩人的突破〉（收入《打開婚姻枷鎖，解放
愛與美》，臺北：婦女新知，1990 年，頁 179～181）、李漢偉〈體恤弱勢族
群〉（收入《臺灣新詩的三種關懷》，臺北：駱駝出版社，1997 年，頁 162
～164）、莫渝〈笠下的一群：笠詩人作品選讀（棘鎖的部分）（收入《笠》
第 210 期，1999 年 4 月，頁 131～133〉等，在這些評論中皆指出，陳秀喜
對婚姻從來都是冷眼看穿其核心，指出其束縛、偽善的要旨，因此，在光
鮮亮麗的表象下，實則暗藏無可逃脫的枷鎖，故她使用的修辭，皆是牢籠
一般的強烈字眼，在鮮花／荊棘下，對應的意像是鎖／鐵鏈，如同婚姻、
家庭將女性死鎖一隅，無所遁逃。

---

[34] 孟悅、戴錦華著，《浮出歷史地表──現代婦女文學研究》（北京：中國人民大學出版社，2004
年），頁9。
[35] 〈棘鎖〉一詩：「鮮花是愛的鎖／荊棘是怨的鐵鏈／我膜拜將來的鬼籍／冷落爹娘的乳香／血淚
汗水為本份／拼命地努力盡忠於家／捏造著孝媳的花朵／捏造著妻子的花朵／捏造著母者的花朵
／插於棘尖／湛著「福祿壽」的微笑／掩飾刺傷的痛楚／不讓他人識破」，節引自《全集》1，頁
168～169。

在這主題之下，與〈棘鎖〉具有異曲同工之妙的作品〈灶〉[36]，同樣表達出陳秀喜在婚姻中委曲難忍的心情，其評論者有：趙天儀〈陳秀喜的熱情與苦悶（灶的部分）〉（收入《笠》137 期，1987 年 2 月，頁 112～113）、李魁賢〈臺灣詩人的反抗精神（灶的部分）〉（收入《臺灣文藝》第 112 期，1988 年 8 月，頁 19～22）等，研究文章指出：「灶」具有有容乃大的象徵，不管任何東西塞進灶內，它都默默承擔忍受，如同傳統婦女的處境一般，只能忍氣吞聲地活著，沒有置喙的餘地。

（三）為人之女的懺悔與追思

陳秀喜自幼送人為養女，但受到養父母的疼愛，絲毫不覺得自己對愛有所匱乏，反倒比一般人更感受到親情的撫育。因此，在她的詩作中，對自己的養父母的追思之作頗眾，這也使她這一主題的作品，受到評論者的注意，如趙少琳〈今年掃墓時〉說：

> 〈今年掃墓時〉是陳秀喜女士的佳作，此詩無所謂技巧，只有全部的真誠和熱愛，長歌當哭，聲聲撞痛人心。

上段評論，說明陳秀喜在〈今年掃墓時〉為養父上墳時的心境，真情流露，毫不矯情。陳秀喜幾乎是以詩自傳，她坦白真誠的情感，化解了她語言直淺平近的缺失，使她的詩有一份溫良感人的特質。在她〈爹！請您讓我重述您的故事——獻給去世的父親〉[37]一詩，追述養父的故事時，幾乎是以平鋪直敘如散文的形式為之，但這並沒有使她的詩不可讀、不耐讀，由於詩中情感真摯，反倒翻轉了臺灣詩壇一些奇詭難懂的作品，形成另一種

---

[36]〈灶〉一詩：「灶的肚中／被塞進堅硬的薪木／灶忍受燃燒的苦悶／耐住裂傷的痛苦／灶的悲哀／沒人知曉／人們只是知道／詩句中的炊煙／嬝娜美麗----」，節引自《全集》1，頁 185～186。
[37]〈爹！請您讓我重述您的故事—獻給去世的父親〉一詩：「每逢祖父的忌辰／您講故事　我聆聽／描繪未曾見過面的祖父／烙印在心上／而您的臉便映現著孝順的少年／（中略）／今年十月三日／您留給我—您的忌日／我站在白菊屍的花環中茫然／始嘗到您流過的淚是／如此的燙頰／如此悽愴／／明年十月三日，白菊花開／您的忌辰／我該向子女們講些什麼？」，節引自《全集》1，頁 42～44。

「國民詩」的風格。此外，陳秀喜對養母的恩情，更有感於心，曾爲文感念養母：

> 我知道普天下的母親，是一樣的。可是，我感覺到她付予我的恩慈，勝過我親生的娘。母親無邊的摯愛，愛我的一切，使我也愛上世間的一切，也使我漠視世間一切的愛。[38]

　　陳秀喜從養母無私的愛，感愛人間的美好，她曾說：養母「對我的撫養，付出高深的恩慈，是極不平凡的。我的生命可說是母親的生命換來」[39]，因此，幼時的成長經歷，其實是帶給她一段豐饒的生命體驗。這樣的成長歷程，對自我的認知具有一定的影響，這也使她結束少女時期，嫁爲人婦後，打破原本的完整性，而成爲一個破碎的自我時，感到苦痛至極。因此，當她走過婚姻低谷，回首來時之際，對養育自己成人的父母，會備感哀思。如〈白色康乃馨〉連繫著「母親——自己——女兒」，面對女兒對自己的同時，也潛心反省自己對待母親的態度，自己始終不曾對母親說過一句「愛您」，在一正一反的對照下，凸顯自己做爲女兒與母親的處境，詩最後省思「她雖然心疼　不曾向媽——說過那句話／依舊羨慕別人胸前的紅色康乃馨／在母親節的電視機前流淚／誓於明年要一朵白色康乃馨」，表達對母親的追念。另一首〈晒壽衣的母親——獻給去世的母親〉[40]，描寫母親如何從容地面對自己的死亡，曬著自己的壽衣，展現母親的韌性與超然。陳秀喜的詩擅長以「我」爲中心，去對照自己與「父母」、「子女」之間的關係，或許養兒方知父母恩，如此，可以清晰地省思自我的位置與作爲。

---

[38] 陳秀喜，〈養母的摯愛〉，收入《全集》4，頁 50。
[39] 陳秀喜，〈養母的摯愛〉，前揭書，頁 56。
[40] 〈晒壽衣的母親——獻給去世的母親〉一詩：「母親啊！／誰能預感最後的秋天／您卻又在／晒您的純粹的寄託／晒您的餘生／晒您的感謝／當我們欣慰十年來您無恙之時／此一光景／無法忍受／我極想奔去／從死的衣裳／把您搶奪回來／突然　您穿著／陽光熟悉的衣裳了／敗北的我／在淚水窒息中／那一件壽衣掠過／又掠過——」，節引自《全集》1，頁 56～57。

　　為人女的愧疚與追思，是陳秀喜作品中的另一主題表現；但也有評論者指出：「陳秀喜對『父親』和『母親』的職能可能有一些天經地義的成見，早已建築在親情之上。〈曬壽衣的母親〉揣摩生命中漸進的磨折，〈今年掃墓時〉強調當下承擔當的死亡。死者無識，兩相對照，死神為父親戴上的冠冕多麼堂皇，而母親不動聲色的生命態度又是多麼苦澀。」[41]這亦是在面對陳秀喜此一主題研究時的另一個參照。

（四）國族認同的追尋與糾葛

　　做為被研究對象，陳秀喜為「跨越語言一代」詩人，在 1980 年代之後，更被有意地張顯，成為建構臺灣文學內涵的一部分。此一書寫脈絡，除了個人生命經歷之外，也隨著臺灣主體性的追求與建立，與日俱增，因此，她不僅背負著女性詩人的光環，同時，也代表臺灣本土詩人的要角，作品漸次除去「小我」的女性書寫，轉而提升至「大我」家國的位階，這使她免於僅被列入「閨秀文學」的行列，而殖民經驗的感受與國族的認同，也是她生命實感的一環，於是，陳秀喜走出女性的哀傷小調，轉而拉高聲調，表現臺灣的歷史意識，呈現多元的女性詩學風貌，如其代表作〈臺灣〉[42]，此詩，1973 年刊載於《文壇》，1976 年，梁景峰曾改編成「美麗島」歌詞，由李雙澤譜曲，當時傳唱於校園，還被禁唱過。有關陳秀喜國族的主題，一度被熱烈地討論過，累積了不少的成果，如李元貞曾專文探討現代女性詩人的國家論述，李氏云：

　　在女詩人作品中的國家意象常是樹木、花草、河、搖籃等，與男詩人喜歡以父兄、家譜、地圖、戰士的姿態出現完全不同，……在臺灣元老級女詩人中，已過逝的陳秀喜有一首膾炙人口的〈臺灣〉一詩，裡面用的

---

[41]鄭慧如，〈陳秀喜詩作中的倫理與自我〉，前揭文，頁 24。
[42]〈臺灣〉一詩：「形如搖籃的美麗島／是　母親的另一個／永恆的懷抱／傲骨的祖先們／正視著我們的腳步／搖籃曲的歌詞是／他們再三的叮嚀／稻　香／榕　樹／香　蕉／玉蘭花／飄逸著吸不盡的奶香／海峽的波浪吹來多高／颱風旋來多強烈／切切忘記誠懇的叮嚀／只要我們的腳步整齊／搖籃是堅固的／搖籃是永恆的／誰不愛戀母親留給我們的搖籃」，《全集》1，116 頁。

　　就是母親與搖籃的意象。[43]

　　以女性／母親作爲國族的隱喻，對陳秀喜而言，恰與生存的時代相連
結，展示了時代的意識，由於婚後，陳秀喜並沒有在「家庭」、「婦女」的
存在空間，獲得生命的滿足感，致使生命留下了縫隙，於是，「文學」的寫
作，恰好彌補了現實生活的空缺，找到可以安身立命的地方。因爲，「詩人
不願意盲目活著」，詩人應該「意識歷史、時代，甚至國際、人類，以關心
執著於自覺的極點，負著時代的使命感」[44]而邁向前去，由此可以看出，陳
秀喜並不設限自己是一位女性詩人，只固守於「家庭」或「閨秀」的情愛
之間，而是能夠具有巾幗不讓鬚眉的氣慨。這與她長期做爲文壇「姑媽」
及「笠」詩社的社長，處於傳統父權「家長制」的社會結構，往來大多是
男性作家群有關，這樣的身分與職務，使她必須整合她的性別，扮演具政
治性的角色，同時，也要將書寫提升到國族的問題，形成自己在女性之外
的另一大主題。

　　換言之，陳秀喜在家／國的論述中，既使是大敘述的書寫，仍有別於
男性的論述，選擇女性詩人特有的意象，詩中以母親溫暖、守護轉喻爲母
土臺灣，意喻臺灣這美麗之島亦是母親之島，這樣的書寫內涵，降低了男
性書寫臺灣的悲淒、苦寒，反倒有了另一種別調。此外，關於身分、國族
的認同問題，陳秀喜亦有所著墨，如〈耳環〉[45]（1973 年）、〈我的筆〉[46]
（1972 年）等詩，從性別與欲望的展現入手，辯證自我／中國／臺灣的認
同問題。而這些研究文獻，如吳潛誠〈臺灣在地詩人的本土意識及其政治

[43]李元貞，〈臺灣現代女詩人作品中的國家論述〉，收入氏著《女性詩學——臺灣現代女詩人集體研
　　究 1951～2000》（臺北：女書文化公司，2000 年），頁 33。
[44]陳秀喜，〈詩觀〉，收入《全集》4，頁 90。
[45]〈耳環〉一詩：「耳環如祖國的手安慰我／撫著我的面頰／使我更神氣濶步／當時　十八歲的我
　　／深信母親的話／耳環就是／中國女孩的憑證」，節引自《全集》1，頁 134。
[46]〈我的筆〉一詩：「眉毛是畫眉筆的殖民地／雙唇一圈是口紅的地域／我高興我的筆／不畫眉毛
　　也不畫唇／「殖民地」，「地域性」／每一次看到這些字眼／被殖民過的悲愴又復甦」，節引自
　　《全集》1，頁 79～80。

涵義——以《混聲合唱——「笠」詩選》為討論對象〉（收入《當代臺灣政治文學論》，臺北：時報，1994 年，頁 406～407）、李敏勇〈母親的島——臺灣〉（收入《自由時報》，1999 年 5 月 20 日，41 版）、向陽〈〈臺灣賞析〉〉（收入《臺灣現代詩選》，臺北：三民出版社，2004 年，頁 65～167）等，都對陳秀喜此一主題加以討論。

關於陳秀喜的認同問題，洪淑苓〈家‧笠園‧臺灣——陳秀喜作品中的空間文本與身分認同〉一文，更進一步指出說：

> 陳秀喜詩中的國族認同與政治立場也就更加了解，『顯明的本土性』正是她的表現方式，她的『中國』應是透過歷史文化認同而來的，對於實際所生活的土地——臺灣，她的關注其實更多。[47]

1970 年代，臺灣尚未解嚴，政治氛圍仍在高壓箝制之下，「中國」、「臺灣」的認同問題，具有重疊的空間，隨後，待政治運動的日趨白熱化，陳秀喜轉而以自己生活的時空作為主要的認同地，此時，認同的問題才逐漸剝離重疊的區塊，獨自發展成個別的認同，成為本土詩人的代表。

三、其他——譯詩及兒童文學

在李魁賢所編的《全集》十冊中，第三冊為陳秀喜的《譯詩集》、第七冊為《外譯詩集》，換言之，從這二冊的譯詩集可知，陳秀喜的文學表現，包含了她自己譯自日本詩人的作品，以及被翻譯成日文的中文詩作。從譯詩中，可知陳秀喜的文學養分來自何方，她譯有九谷元子、千葉宣一、井上瑛子、中河與一、田口佐知子、北原政吉、池田克己、村上抒子、村上瑛子、林彩變、林憲、南旅人、泉谷田鶴子、高田敏子、堀口大學、森田幸子、幾瀨勝彬、嶋岡晨、親井修，甚至還有日本的兒童詩選，但可惜的

---

[47] 洪淑苓，〈家‧笠園‧臺灣——陳秀喜作品中的空間文本與身分認同〉，《臺灣詩學學刊》第 6 期（2005 年 11 月），頁 65。

是，關於這方面的研究，目前的研究文獻仍付之闕如。

　　而陳秀喜早期曾參與短歌、俳句的寫作，曾出版短歌集《斗室》（東京：早苗書房，1975 年），此外，她的詩被外譯，由日本大野芳《陳秀喜詩集》，收錄了《覆葉》及《樹的哀樂》二本詩作，在其序言，中河與一對陳秀喜詩作的評價為：

> 她的詩時常有求道精神籠罩著。在詩中有煩悶之情，才是代表那個世代的苦惱。她的詩最大的特徵，首先是，文體平易，暗喻和寓語非常巧妙地使用著。[48]

此說，表示日本詩壇對陳秀喜直樸、真摯的詩作，具有一定的肯定。另外，亦有零星外譯韓文詩作，如李潤守譯〈愛情〉、〈竹筍〉、〈紫陽花〉等，南新明譯〈除草記〉等，以及景翔、非馬、杜國清等人外譯英文[49]。從陳秀喜詩作被外譯成各種語言的作品中，陳秀喜在「域外」的讀者反應或文學接受的研究，或許也是陳秀喜研究的新方向、新課題。

　　在其研究資料中，有關陳秀喜的詩作和兒童文學的關係，向來較少被觸及，此次彙編，選入黃秋芳〈從十三首詩談親近陳秀喜的兒童閱讀策略〉，即是對陳秀喜研究的另一項新的研究視角，文中談到：

> 本文從「臺灣文學」板塊裡的陳秀喜詩，切割下一小塊據為「兒童文學」版圖，特意整理出一種溫柔、素樸、更具有臺灣情味的文字模式，允許兒童閱讀多出一種經驗常模。

在此，開啟了重讀陳秀喜詩作的一種可能性，其詩，語言不做過度的修飾和奇詭的想像，詩風真摯自然，最能貼近一般讀者，若從讀者的角度

---

[48]中河與一著；陳秀喜譯，《陳秀喜詩集·序》，收入《全集》7，頁 13。
[49]英譯的詩作篇目，可參考《全集》7，頁 1～74。

切入，或許也能與其他的研究領域相結合，創造出新的閱讀感受。

四、結語

　　綜觀陳秀喜及其文學研究，大抵聚焦在「性別」與「國族」、「本土」的議題上，從其文學史的探究及詩作主題分析皆然。而陳秀喜之所以走上文學的不歸路，導因於她以「文學」換取愛情及婚姻的敗北，是以，詩成為她生命重要的支撐力量，其詩具有濃厚的自傳性書寫，將她內心的情愫，一一展示在詩作上，使得她的詩，不管在女詩人或本土詩人中，都能樹立出獨特的風格。

　　而有關陳秀喜的研究，最早將她寫入文學史的，乃是鍾玲《現代中國繆司——臺灣女詩人作品析論》，以「女性詩人」先定調其研究論述，然而，陳秀喜在傳統家庭扮演的女、妻、婦、母等角色的感受，她都一一入詩，呈現女性在傳統與現代社會之中，情感的糾葛與牽絆，同時，也見到女性在自我主體與家庭倫理之間的掙扎矛盾，這可從陳秀喜的代表作：如〈嫩葉〉、〈覆葉〉、〈灶〉等詩作的研究分析得知。

　　此外，由於，陳秀喜長期擔任「笠」的社長及「跨越語言一代」詩人，因此，她的詩必然思索著國家認同的問題，在眾多研究文獻中，大多指出她這一表現，令她擺脫了僅拘於「閨秀文學」的寫作，能開拓女性作品的格局與視野，此與男性詩人具有不同的意象，陳秀喜這類的作品，多以性別與欲望為之，藉著女性的真實感受，去表現此一大敘述的家國意象，她這一主題的詩，表現手法及意象獨到，因而，部分解構了男性詩人，此一主題的「剛強」書寫，而有了新的書寫風貌。

　　本次《陳秀喜作品研究資料彙編》的輯成，乃接踵了前人眾多心血，包括：文獻的整理與詩人、作品的研究成果，相信這必能為陳秀喜的研究奠定出更堅固的基礎，也能使臺灣（女性）詩學，有更往前邁進的動力，而構築出詩學研究的美麗新世界。

輯四◎
重要評論文章選刊

龍族的衝勁

我對《龍族詩刊》的看法與期望

◎陳秀喜

　　寫詩的年輕朋友之中，《龍族詩刊》的同仁們，有許多人以「阿姑」親暱的稱謂呼喚我。在這人生的過程中，人海茫茫，人情如薄紙的時下，能得到「以文會友」是幸福的。而我竟能得到「以文會親」，有他們以如此的親情待我，令我衷心感激，永銘不忘，也使我覺得人生多麼美啊！但是以我學習國文、學習寫詩的立場來說，他們不但是世姪，他們都是我的國文老師，因為和他們相處，好比是上一堂課。大家談論的時候，我可以認真聆聽國語的發音，我得到很多的幫助。所以，在我的心中，我一直尊重他們為老師。前年的春天，一個寒冷的深夜，接到施善繼姪的電話，《龍族詩刊》將誕生的佳音。自電話筒傳來，那麼興奮的聲音，讓我也分享了他們高興的心情。然而我卻一喜一憂。因為知悉辦詩刊的困難，印刷費的煩惱。

　　民國 60 年 3 月 3 日《龍族詩刊》誕生了。創刊號第 1 期出版，20 開，45 頁，每冊 10 元，迄今已邁進第二年。第 5 期 2 月 2 日以「龍族詩刊週年紀念專號」出版，自這一期增加到 72 頁，每冊 12 元。短短一年之間，自第 1 期 45 頁增至 72 頁，詩創作增加，翻譯增加，內容也一期比一期充實，採用新穎的美術設計，彩色印刷，插圖來美化詩刊。編排的苦心，呈現為清新可愛的詩刊。同仁們把熱情，青春氣息傾注於詩刊的每一角落，其成長率的快速，令人驚嘆。平均年齡為 30 歲以下，同仁們的衝勁是沸騰的，熱愛詩的血液化為主動力。同仁們大部分都在臺北，所以，開編輯會議的時候，可以齊到，同仁費每個月壹佰元也容易收到（我的擔憂

成為多餘），討論不必拘束，編輯為每期一位同仁負責擔任，輪流編輯的辦法，無形中促成了激發競爭心理，形成每期都有可觀的成就，實在值得稱讚。《龍族詩刊》，確實給詩壇帶來了蓬勃的朝氣。

　　期望得到「人和與地利」的好條件之下，同仁們更加團結，如這一年來飛躍的成就能繼續下去，那麼，《龍族詩刊》的前途是無限的。

——選自《笠》，第 49 期，1972 年 6 月

詩觀

◎陳秀喜

　　一首詩完成的過程，是感觸、感動的餘韻帶進思考讓它發酵。思考是集中精神在語言的鍵盤上彈出心聲。詩人不願意盲目活著。眼睛亮著重視過去，腳卻向前邁進。意識歷史、時代、甚至國際、人類。以關心執著於自覺的極點，負著時代的使命感，以喜怒哀樂的沉澱物來比較和判斷事物。詩人是真善美的求道者。在現實生活中，站在自己的位置，詩人的責任非常重大。

──選自《美麗島詩集》
臺北：笠詩刊社，1979 年 6 月

詩的心

◎陳秀喜

　　這些年來，許多人曾問過我：「妳是什麼時候開始寫詩呢？」我回答說：「有一天，我對母親說『媽媽，對面的男生一直看我，好討厭！』就是那個時候開始寫詩的。」日記上的亂塗兩三行，不算是詩，但是，想把心思藏在心胸內卻又自然进出心來的，借文字表達的就是詩的話，我和詩的相識就是那個文質彬彬的青年所牽線的，我一廂情願地和詩結緣了。如今回憶，竟是一幌不覺已是半個世紀了。人生的舞臺上，我嚐盡苦澀，想來是漫長的日子，卻又是迅速逝去的歲月，我在千變萬化的迴渦中滾著，幸甚因爲認識詩、熱愛詩，我不得不困而學之。以詩會友，我變成擁有好多的好友。我在逆境時變成兩種極端，消極和積極。曾有過孤影守著孤燈淚下時，也有殺死自己的念頭圍繞之時。搜索枯腸得不到詩的時候，自然地走向書櫥，朋友們的詩集、各種詩選對我微笑著，我就想古代的皇帝，他擁有 36 宮 72 院的美女……而我也像他正在挑選想讀的書。聯想時，自己覺得好笑，淚也乾了，我抱著詩集感受詩的可貴、可親、可愛。詩與我已是兩情繾綣五十多年了。詩以赤子的心永遠在前方對我招手，我以女性的天性「母愛」強烈的獻給詩。我曾如此想：「如果我不認識詩，也許，這世間我早就不存在了。」昨晚一面走筆，一面想出去觀望 76 年周期將來臨的哈雷慧星（12 月 10 日），僅有的雙眼望遠鏡在手，在寒風中對著天馬座附近尋找，可惜群雲遮住，看不到哈雷慧星的出現，寫詩的朋友比別人更高興吧。寫一首哈雷慧星的詩也是我們的使命。因爲我們是時代的見證人。

——選自《笠》，第 130 期，1985 年 12 月

稀有的女詩人

◎桓夫[*]

　　陳秀喜是臺灣稀有的女詩人之中的長者。是享譽亞洲詩壇《笠》詩刊
社社長，更是在臺灣詩史上留下奇特存在的《龍族詩刊》的姑媽。由於
《龍族詩刊》的幾位同仁，跟她親近而稱呼她「姑媽」，她便演起臺灣文壇
普遍愛好文學年輕人的姑媽角色，維持到今 2 月 25 日仙逝，令人懷念不
已。

　　記得我認識陳秀喜，是於 1967 年 5 月，日本詩人高橋喜久晴來臺訪
問，與巫永福、吳瀛濤、吳建堂幾位詩兄，在北投的座談會席上看到她，
才知道她是二個月前剛參加「笠」同仁的女詩人。會後，大家到新公園的
省立博物館去參觀臺陽畫展，一路上有機會跟她交談，感到她濃郁的歌人
情感和友善的性格，帶有一般臺灣女性缺乏的不被羈束的堅強；還有，肆
無忌憚的文人素質言論，打破了我對臺灣女性保守觀念的看法。從此以
後，她邀我到她在松江路 362 巷的家訪問過幾次。她也到過我在豐原的
家。尤其我家對面一棟洋房，主人魏醫師的太太是日本人，她跟魏太太交
往深密，每次到中部總是會去看魏太太，就住那裡，所以跟她見面的機會
不少。

　　陳秀喜的日文素養很好，曾參加過日本短歌社同仁。自從參加「笠」
同仁便有豐富的新詩創作，繼短歌集《斗室》出版後，於 1971 年出版中文
《覆葉》詩集，可以看出她的才華。當時以她的年紀，出身的經歷，能夠

---

*桓夫（1922～2012），詩人、散文家、小說家、評論家。本名陳武雄。臺灣南投人。發表文章時專
事寫作。

出版中文詩集，被視爲特殊珍貴的存在。

　　臺灣的女詩人本來就不多。透過對她的了解，我曾經想過爲什麼臺灣的女詩人這麼少？不像韓國、日本的女詩人，每次在亞洲詩人會議席上，總比男性詩人多一倍以上。究其原因，似乎與臺灣封建的傳統思想和殖民體制的愚民政策有關。女性本身缺乏崇高的真善美的理念，缺乏個人愛的奔放的思考，一直甘願被抑壓在功利主義下賤俗的觀念裡不長進，也不追求自尊高尚的思想。在這種臺灣女性通常習慣的社會裡，遇到陳秀喜就更覺得她的特殊性格，能夠在詩壇上打出一條新的現代知性的路，爲臺灣女性提升精神的格調，只可惜她雖然廣有人緣交際，但非屬組織者的才女，未曾提拔過後繼女詩人出頭天，一直以詩壇「姑媽」，演出善良的人性感化角色，保持著「笠」詩社社長的尊嚴而已。

　　她是於 1971 年 4 月，笠詩刊第 42 期，就任《笠》詩刊社社長，迄今已有 20 年的時間，對臺灣詩壇的貢獻不遺餘力，令人敬佩。

——選自《笠》，第 162 期，1991 年 4 月

訪「笠園」女主人記

◎杜潘芳格[*]

　　每次都是那麼優雅，而且謹守著裝扮的分寸，參加種種集會的陳秀喜女士，今年（1989 年）8 月居然會看不到芳蹤在「鹽分地帶」之會上出現，因此我便前往山裡的笠園別墅拜訪。

　　十年前我第一次造訪時還沒有種草皮的，這次前庭上一片綠草如茵，大朵的淡紅 Bou-gain Villaca[1] 還正在競相吐豔。

　　女士滿臉漾著笑，到玄關來迎接，當我一腳跨進屋裡的時候，一股幽香撲面而來，一看原來是客廳裡的小几上那乳白色的一朵朵十八蕚蕊的東洋蘭所綻放出來的高貴香味。頃刻間，我彷彿覺得置身幽邃的清泉呢喃著的谿谷間……。

　　當我叩詢身體狀況的當兒，山容已經被黝黑的雨雲裹住，不多久驟雨伴隨著轟然雷鳴與閃電沛然而降，不過放晴後，濕淋淋的一朵嘉德麗雅花[2]，在陽臺上那麼鮮豔地，又那麼楚楚可憐地，在萬綠叢中微垂著斗映照著。

　　聽著她談起往昔在上海的苦楚，不知不覺地，話題就落到「詩」上面。

　　女士的作品〈曇花〉那凋謝時雙手合十般的樣子。美加旅次在尼加拉瀑布前，體會到「這才是時間！！！」的刹那。我們之間，忽然閃過了一道電，一次又一次地。被詩的電源敲擊的我們倆來到書架前並肩著，抽出

---

[*]詩人，現專事寫作。
[1]（Bougain Villaca）花名＝一種爬蔓花。
[2]嘉德麗雅＝洋蘭名。

去年榮獲「地球獎」的片岡文雄十年前的作品等等。關於邊疆，有關邊疆的語言（方言）或者文化的見解。由於被人家規定爲「你們是屬於邊疆的」，因而自己也習慣於把邊疆兩字戴在頭上，結果愈來愈畏備自卑。對這樣的現實狀況，片岡在他的書裡提出了徹底的批判與反省。

　　又是不知不覺地，暮色已濃了，於是叨擾了女士費了不少心思的晚餐。

　　上次來訪時，記得吳新榮夫人英良女士也同來，還有同在這個山區擁有別墅的蔡瑞洋醫師也一道。好大的一扇透明玻璃門，朝向寬敞的庭園，以及與庭園渾成一幅的山開著，青綠的世界，即令在夜闇裡依舊不改其色，來自夜色裡的蛩音蟲鳴，聽來似乎特別清爽。

　　浸在溫泉（關子嶺溫泉）以後，我們都放鬆了下來。接著是女人的話題。（衣裳、寶石等等）然而，馬上卻又回到「愛」的故事了。

　　女士在一本厚厚的筆記簿上勤奮地寫著她自己的故事。到目前爲止，還不給任何人看。她自己反反覆覆地看著，然後繼續寫下去。我猜想，一個身在封建社會制度裡的女性，爲了以一名詩人而使神賜的才華得以開展，向一切桎梏挑戰，那種努力的淚水與痛苦的歲月，必定給深藏在那本厚厚的筆記本之中。

　　次晨，放晴了，在澄碧裡緩步彳于。

　　每逢秋晴之日，海好遠好遠的，水平線閃出一線銀光，前輩細瞇著眼，指著遠方說。

　　這山莊非到週末不會熱鬧起來。我們邊走邊瀏覽那些人家的庭院，這一所是好友某某的，那一所是故舊某某的，卻都管理得很妥善。有洋式的美妙草皮院落，也有泉水與石頭的和式庭院，更有豎著涼亭的中國風園子，種種色色不一而足。

　　天使們（我對管清晨的小鳥這麼叫）各各用他們那美極妙極的歌聲讚美著生命的這清淨的地方，這一刻，真個就是「幸福」呵。但願這樣的一刻永遠繼續下去，也但願讓我在此地永駐不去——這絕對的「一刻」，使我

心滿溢著感謝。

　　據說，在山裡擁有別墅的人，沒設醫生與郵局，是僅有的白璧之瑕。

　　山上，不久一所尼姑庵將營建完成。

　　女士的摯友黃明城法師是在家僧人——他與尼姑庵無關。我終於要下山了，女士換上美麗的紅底絲綢衣衫，和穿上道服的師父一起大老遠地送我到，詩人吳夏暉與女詩人利玉芳一家人在等的新營火車站。

　　似乎又在醞釀著一場劇烈驟雨的山容裡，夕陽偏西了，多彩多姿的雲正在訴說著一日又將暮去。

——選自《笠》，第 153 期，1989 年 10 月

笠下影
陳秀喜

◎**趙天儀***

一、作品

神　傑作最成功的季節

透明全盲的瞳中

天使和魔鬼一樣可愛

海賊和王子一樣可愛

最馴良的動物

自己恨不得跳入捕獲者的心

於是便利捕獲的好機會

千古不變

───〈思春期〉

人們欲求潔白的心

青葉包藏一顆潔白的心

撐擋烈日灼身

擋擋風雨打身

人們嫌厭青葉粗糙

*發表文章時為臺灣大學哲學系教授，現為靜宜大學臺文系退休教授。

青葉被捨棄在菜圃裡伏哭黑夜

潔白的心在餐盤上

人們稱讚味道好

同一根而生

可憐同一把菜刀下

稱讚和奚落的境遇

而潔白的心是青葉掩護的成果

誰為青葉掬淚

是菜圃裡肥沃的泥土

抑或是默然守望的繁星

　　　　　　　　　　　　——〈包心菜〉

如今你擁有美麗的花園

茉莉花開放在你的足傍

我也擁有茶飯的江山

君臨這個可愛的廚房

我是你的鄰居怕羞的少女

不知愁只怕羞

更怕穿過牆射來的少年深情的眸光

追思往事你給我的青棗子酸甜的滋味湧上

當我飄然探訪南方的小鎮

只有你是認識的鎮民

然而鎮上的人我都覺得可親

自從彩色的夢被一座低牆隔離了三十年

初次在你的花園共遊

當年偏愛插上茉莉花的兩條辮子

已成稀疏的短髮

怎能再配上那不變的芬芳

如今茉莉花開滿你的足傍

喚起了我漠然的妒意

揮手向你的笑容道別踏上宿命的軌道

青棗子酸甜的滋味又湧上

——〈重逢〉

風雨襲來的時候

覆葉會抵擋

一星閃爍的夜晚

露會潤濕全身

催眠般的暖和是陽光

摺成縐紋睡著

嫩葉知道的　只是這些——

當雨季過後

柚子花香味乘微風而來

嫩葉像初生兒一樣

恐惶慄慄底伸了腰

啊！　多麼奇異的感受？！

怎不能縮回那安祥的夢境

又伸了背　伸了首

從那覆葉交疊的空間探望

看到了比夢中更美而俏麗的彩虹

嫩葉知道了歡樂　知道了自己長大了數倍

更知道了不必摺縐紋緊身睡著

卻而嫩葉不知道風雨打身的哀傷

也不知道蕭蕭落葉的悲嘆

只有覆葉才知道　夢痕是何等的可愛

只有覆葉才知道　風雨要來的憂愁

——〈嫩葉——一個母親講給兒女的故事〉

二、詩的位置

　　有一種人，寫起詩來，時時意識到是自己個詩人。但也有一種人，寫出了詩，並不時時意識到自己就是個詩人。有自己以為自己是個詩人，然而，卻不是詩人；有自己不以為自己是個詩人，然而，確實是個詩人。陳秀喜女士的出現，正說明了一個真正的詩人，不要老是自以為詩人非我莫屬。她是一位家庭主婦，同時有著相當的社會生活的體驗，她寫日文的短歌[1]，那是她那種年代的人受了日本語文訓練的影響。可是，她卻照樣地能走進現代詩的領域，一面欣賞日本現代詩，一面也躍躍欲試地寫起中國現代詩來，她從短歌轉到現代詩是很自然的，而且是一種很寶貴的經驗。所以，當她加盟了《笠》，而且大力地支援著它底成長的時候，可說完全是一種詩樣的熱忱在支持著。從她的詩中，可能嗅覺到一種中年婦女敏銳的感受，正如本省詩壇的前輩巫永福先生所意味的她是一位幸福的人[2]。她把握了自己的詩的世界，沒有太多的修飾與打扮，就推到了讀者的面前。

三、詩的特徵

　　從陳秀喜的詩中，我們可以感受到所謂身邊瑣事，不但可以寫成散文，而且也可以吟詠成詩。因此，我們該了解，詩的題材，無所謂是詩的或是非詩的，完全要看作者如何處理如何表現；處理得當，表現得法，可以成詩。因此，詩該能收回散文的領土，運用之妙，完全是在詩人用心與

---

[1]陳秀喜女士第一本短歌集《斗室》（東京：早苗書房，民國 59 年 8 月 10 日）。

[2]參閱《斗室》中巫永福的〈序〉。

否！陳秀喜寫短歌，在那種簡潔的形式中，頗能洞達人情世故的微妙的感覺；同樣地，她寫現代詩，也能自然地深入細膩的生活的感受。雖然說她也是跨越語言的一代，在中國語文的訓練上，未能十分地得心應手，但她所選擇的準確的表現方法，實足以彌補語言上不夠舒暢的地方；就這一點來說，證明了詩並不存在於爭豔的詞藻上，而是存在於精神的世界中。她大膽地獨白著，在「思春期」，的確是「天使和魔鬼一樣可愛」；當她「重逢」了少女時代那位芳鄰的少年，不覺彷彿又品嚐了「青棗子酸甜的滋味」。而當她面臨著兒女已成長，殷殷地關切著女兒的將來，自己是覆葉，女兒是嫩葉，於是她吟詠著：

> 只有覆葉才知道夢痕是何等的可愛
> 只有覆葉才知道風雨要來的憂愁

正如屠格涅夫在他的散文詩〈小麻雀〉中所表現的，這種母愛是一種多麼崇高的愛。詩，就精神的追求來說，是千古不變的；而詩人在精神的追求中，該是一個勇敢而真摯的愛者，觀諸陳秀喜的詩，不覺信然。

四、結語

如果說語言新銳，才配稱為現代詩，那麼，現代詩本身已造成了一種封閉的概念，無法承受其他詩素的挑戰。陳秀喜從日文跳躍到中文，從日常用語跳躍到詩的用語，毫無過剩的選擇的餘地；她所選擇的用語是不夠摩登的，然而，沒有過時酸腐的感覺；倒是有些作品看來非常摩登，然而，已露出衰敗萎靡的徵兆，詩味蕩然無存，自不待言。詩需要新銳的語言為表現的媒介，但新銳的語言不必然就是詩。

——選自《笠》，第 45 期，1971 年 10 月

覆葉與嫩葉

悼念陳秀喜女士，抒記她的詩世界

◎李敏勇[*]

　　陳秀喜女士是典型的女流詩人。她的詩充滿了典型的臺灣女性對生活與生命的委婉體認與感受性。雖然她的詩不乏女性對情與愛的吟詠，但整體的說，她的詩幾乎完完全全是母親的詩。這也許由於我們所看到的陳秀喜詩，是她已做為一個母親才真正開始的緣故吧！

　　母親的詩，意味著對生活和生命透露的全部都是愛與關懷的詩。這在臺灣的女流詩人中，是獨一無二的存在。對於她這種特殊風格，我曾在〈死與生的抒情〉（1983 年 6 月 15 日《臺灣詩季刊》）這篇比較杜潘芳格女士和陳秀喜詩的文章中稍加論述過。

　　相對於杜潘芳格這位同樣是被日語和中文跨越過的女流詩人持有的「我的詩觀，就是死觀……在死的明理上，明理生；……持著『死觀』，超脫『死觀』的意象，就是我的詩觀。」陳秀喜一再執著於「自己依然拘囿於親情，情愫的泥土中。……詩中那些切身的、痛楚的淚光是不會趨向頹廢的，也不是灰色的，而是期望聯繫於奮發向上和希望的。」

　　出版過《覆葉》、《樹的哀樂》、《灶》和《玉蘭花》等詩文集的陳秀喜，做為愛的發光體，她已經在生活中沒有保留地放射了愛的光芒，像一支燒盡的蠟燭一般，從生活的現場消逝了。

　　翻開陳秀喜詩集《覆葉》，她親署的贈送芳名依然明晰，日期是 1971 年 12 月 10 日，已是將近二十年前的事跡。在《覆葉》這本詩集裡，陳秀

[*]發表文章時為《文學臺灣》編輯委員，現專事寫作。

喜詩的原型貫穿其中，鋪陳在內。《覆葉》和《嫩葉》這兩首詩，構成了十分鮮明的陳秀喜詩意象，「覆葉」是母親，「嫩葉」是兒女。母親和兒女，相互依存。兒女在母親的關愛和犧牲情境裡生長，母親毫無埋怨和遺憾。

　　　　繫棲在細枝上
　　　　沒有武裝的一葉
　　　　沒有防備的
　　　　全曝於昆蟲饑餓的侵食
　　　　任狂風摧殘
　　　　也無視於自己的萎弱
　　　　緊抓住細枝的一點
　　　　成為翠簾遮住炎陽
　　　　成為屋頂抵擋風雨
　　　　倘若　生命是一株樹
　　　　不是為著伸向天庭
　　　　只為了脆弱的嫩葉快快茁長

　　　　　　　　　　——〈覆葉〉，詩集《覆葉》，1971 年

　　相當於嫩葉的覆葉，就是陳秀喜做為母親的心情。像這樣的詩，對於生活領域的教養性和啟示性充足而豐富，實在值得為人父母，為人子女者多加體會、領略。可惜，在臺灣這文學作品充塞著虛情假意，偽品劣質的文壇，這樣的詩只能存在不能發揮影響力。

　　　　風雨襲來的時候
　　　　覆葉會抵擋
　　　　星閃爍的夜晚
　　　　露會潤濕全身

催眠般的暖和是陽光

摺成縐紋睡著

嫩葉知道的　只是這些──

當雨季過後

柚子花香味乘微風而來

嫩葉像初生兒一樣

惶恐慄慄底伸了腰

啊！多麼奇異的感受

怎不能縮回那安祥的夢境

又伸了背　伸了首

從那覆葉交疊的空間探望

看到了比夢中更美而俏麗的彩虹

嫩葉知道了歡樂　知道了自己長大了數倍

更知道了不必摺縐紋緊身睡著

然而嫩葉不知道風雨吹打的哀傷

也不知道蕭蕭落葉的悲嘆

只有覆葉才知道　夢痕是何等的可愛

只有覆葉才知道　風雨要來的憂愁

　　　　　　──〈嫩葉──一個母親講給女兒的故事〉

　　是的，只有覆葉才知道，為了嫩葉怎樣忍受風雨，又如何成為蕭蕭落葉。像這樣的詩，難道是一些收錄在中小學校教科書裡充滿著形式主義的虛偽吟唱可以比擬的嗎？我們的語文教育如果盡是排斥真摯、踏實的文學作品，永遠不可能對國民情操和教養有所提升增進。像陳秀喜這樣易懂好解鮮活的詩，像這樣從生活裡提煉出來的善美和真實，應該才是島嶼臺灣要珍惜的文化資產之一吧！

　　這樣的一位詩人，已走完她生命的全程。她的死，使許多相知相交的
文學界朋友感到悲傷。許多臺灣文學界的長者熟識她，許多中堅世代知悉
她，更有許多年輕世代與她結交。她也許不會寂寞吧！

　　但是，記得十分清晰的景象，是她辭世的一個月以前。在臺北榮民總
醫院的病裡，我和魁賢兄去探望她。那時，她急欲離開病房回到關仔嶺的
家。傷感的像一枚要離枝的葉子，似乎在風中抖擻著。

　　在病房裡，她不斷引喻著一首日本詩友的幾行詩句。意思是說：

蒙著塵霧而迷濛的玻璃窗
擦拭過後就能看到明天嗎

　　而病房的窗也是迷迷濛濛的，對著陽明山一帶的視野似乎蒙上灰色，
天空也久缺晴朗。而因為天冷，不能開啟那扇窗，讓光線和空氣自然透進
來。在那天過後，陳秀喜就回到在關仔嶺的家。約莫一個月，傳來陳秀喜
的死訊，意味著即使擦拭玻璃窗的迷濛也不能看到明天。

　　這種傷感性不像是陳秀喜的詩氣息，只是她人生最後一段旅程的寫
照。我寧願：陳秀喜的人間像是〈覆葉〉和〈嫩葉〉兩首詩所交織的充滿
愛與關懷，充滿在生活中奮鬥，為生命進取的形影。這樣的形影才能呈現
出陳秀喜的詩世界。她為這樣的世界努力一生，像一枚成熟的，在陽光下
成為黃金色的葉子，在嫩葉長成能夠抵擋風雨的豐厚葉子後，隨風飄落在
土地上，靜靜地安息在廣闊的土地這個母親的懷抱裡。

──選自《笠》，第 162 期，1991 年 4 月

一個洋溢著母性光輝的詩人

◎鄭烱明[*]

　　2 月 25 日下午四點多，當顯榮兄打電話告之「笠」詩社社長陳秀喜去世的消息時，雖然年前早獲知她最近健康狀況甚差，有恐來日不多的心理準備，但還是免不了心頭一陣悵然，隨後即陷入哀痛的氣氛當中。我閉上眼睛，驀地，黑色的背景浮現出一個慈祥和藹的女性形象，那樣清晰，那樣令人難忘。

　　認識陳秀喜女士大約是民國 58、59 年左右，當時我尚在臺中的醫學院就讀，偶爾遇到假期，便北上和明台、拾虹、敏勇及年齡相仿的文友談詩夜遊，也因此常為詩爭得面紅耳赤。我記得有一次，我們便在她松江路巷內的家裡喝掉一瓶洋酒。當時，她的女兒玲玲青春美麗，而她待我們猶如一個慈愛的母親，她用中文寫現代詩，必須克服語言障礙，經過多年不斷的努力，她做到了，而她非常謙虛。「語言的苦惱」對於被日本殖民過的上一代臺灣詩人來說，一方面是抹不掉的一場夢魘，但另一方面，也促使他們後來跨越國界，結交了不少東瀛詩人，以文會友，達到文化交流的目的。

　　陳秀喜的好客是文壇有名的，尤其她搬到關仔嶺明清別墅以後，不時有各地認識或不認識的文友拜訪，而她都親切的招待。「笠」詩社就曾在那兒舉辦過一次年會（1979 年夏）。她更在別墅的花園立了一塊「笠園」的石碑。自 1971 年任「笠」詩社社長後，正值「笠」經費拮据時期，都虧她四處奔走、募集，才得以繼續出刊。

[*]財團法人文學臺灣基金會董事長、《文學臺灣》發行人。

在二十多年的創作生涯中，陳秀喜共出版了日文短歌集《斗室》（1970年），中文詩集；《覆葉》（1971 年）、《樹的哀樂》（1974 年）、《灶》（1981年）、《玉蘭花》（1989 年）；另有《陳秀喜詩集》（日文），1975 年在東京出版，合編散文集《我的母親》（1976 年），及歌詞創作若干首。

《覆葉》是一本充滿著母愛的感性詩集，像以一個母親講給兒女的故事的口吻寫成的〈嫩葉〉，便是她的代表作。的確「只有覆葉才知道　夢痕是何等的可愛／只有覆葉才知道風雨要來的憂愁」。《樹的哀樂》除了延續《覆葉》愛的抒情外，詩的世界更見寬廣，李雙澤譜曲的〈美麗島〉（1977年），原題〈臺灣〉（1973 年）的詩作，即收在此集。在〈編造著笠〉一詩裡，她寫道：「在詩園的片隅　我編造著笠　如果手指滲血也要繼續　讓下一代青年們　唱出美人魚的歌聲　搖籃會把小的養育大　希望自由與和平從搖籃成長　不管握過的手落在地上　我們以詩心結合　Formosa 是寶島是人情濃厚的燈塔　是自由和平的城堡　今天我也在編造著笠　盼望年輕人能夠　唱出美人魚的歌聲」。詩人對鄉土、對民族的關懷，表露無遺。第三本詩集《灶》，是她個人創作的一個高峰。誠如在〈也許是一首詩的重量〉裡寫的：「也許一首詩能傾倒地球　也許一首詩能挽救全世界的人　也許一首詩的放射能　讓聽到自由、和平、共存共榮　天使的歌聲般的回響」。詩人對世界是充滿愛和樂觀的，但她也對社會的不公不義，發出批判的聲音。也許是長久居住在「笠園」的緣故，加上她有一顆慈愛的心，因此常見她以花草作為詩的題材，或傾吐，或比喻，或借物託情，令人有一種舒暢和諧的感觸。

在眾多的臺灣女詩人裡，毫無疑問的，陳秀喜的詩有它獨特的風格和時代意義。我們以詩壇有這樣一位前輩詩人而感到驕傲。現在，她終於走完了崎嶇的人生旅程，讓她對鄉土、對世間的愛遺留塵世。我們除了在此默默感念她為「笠」詩社、為臺灣文壇所做的奉獻外，只有祝福她在遙遠的天國了。（2 月 28 日寫於高雄）

——選自《笠》，第 162 期，1991 年 4 月

我的記憶隨著您的死亡而展開

懷念陳秀喜姑媽

◎王浩威*

　　死亡總是來得轟隆而寂靜。在文人聚會的報紙副刊上，悼念的回憶文章彷若訃文一般悠遠而飄忽。而我們靜靜，靜靜閱讀死亡。

　　恐懼和愧疚隨著文字的進行而暫時不再糾纏著我們。文字是很好的變化距離，乍看它逼進我們的目光，用哀傷的基調質問我們；倏忽又保持適當的空間，容許我們的憂傷成為保護的假面，死亡的禁忌也就是有意地由眾人假裝無意而共同完成了。

　　而我們書寫的一切悼念，是不斷崩解記憶的自我分析，還是呈現出如同景觀一般的告白儀式？如果是後者，暫時之間，任何朋友的死亡都提供了一個情境，讓所謂的我們又在一起了。相同的儀式行為，相同悲傷的必要，凝聚的力量暫時維繫了的石靈，不止在訃文的尾頁，有治喪委員會的整齊隊伍呈現了「我們」；即使沒有具名其中的其他許多人，也具體地有了同樣的歸屬。您的死亡是一種迅速蔓延的話題，讓一切耳朵和嘴巴，因為共同的訴說和傾聽的姿勢，分隔許久的身體也就隨著這話題針線一般的穿梭而暫時將「我們」串連起來。至於儀式，在獲知死亡而展現的哀傷時，也許只是陰鬱的眼神，也許哀嘆了一聲就開始進行了。

　　如果回憶是自我的分析，那麼又有太多拒絕崩解的沉澱呈現出空無的無知，以至於一切的回憶永遠都是片斷散落的，只剩下可說的語言。我反覆追尋這一切，卻不著邊際。也許可以想起可能的最初接觸，屬於歌聲

---

*發表文章時為臺大醫院精神部主治醫師，現為華人心理治療研究發展基金會執行長。

的，是李雙澤拿您的詞編譜演唱的〈美麗島〉，但那又是共同的記憶了，1960 年代的臺灣記憶。我在抽屜中尋尋覓覓您製作的那捲錄音帶，全屬於您自己譜詞的。然而我找到李雙澤自彈自唱的，找到楊祖珺的，卻找不到您自己錄的。

那是 1980 年的春末夏初，一群阿米巴詩社的學生闖進了寧靜的關仔嶺。我幾乎忘記自己 20 歲的青春是怎樣的姿態，只記得嚴肅的志業誘使得心情變得沉重而早熟。您的幽默、調侃和坦然卻讓我的信心動搖了。突然之間，自己那種「以天下爲己任」的盔甲，在您日常的舉止言談之間遭到短暫的顛覆了。我開始困擾：寫〈美麗島〉的詩人，爲甚麼也是快樂無憂的〈曼波姑娘〉詞人？這樣的困擾沉澱在記憶深處，隨著離開了青春嶺之後，暫時隔離了。

另一種隨時不斷浮現的影像，是屬於女子的您，新竹女子公學校的青春，乘著越洋的輪船，快樂地赴東瀛旅遊；成熟的決心，主動結束了不愉快的婚姻，開始無拘無束地追尋自己的快樂；對於許多追求的男子，既不以依偎的幻影來說服自己，反而是任自己隨自由的享樂而遊蕩。那是美麗島事件不久之後，許多男子被塑造成英雄的時候，悲壯的男性氣概成爲臺灣的基調。在關仔嶺的那一夜，我困惑了。面對這既年老又年輕的「姑媽」（她堅持大家這般稱謂），在這眾人歌頌悲壯英雄的男性時代，我不知如何看待她如此樂於作爲女性的這種時代雜音。我感覺一種快樂的放鬆，一種對禁慾著的誘惑，卻又有著不安的騷動。那個晚上，落地窗外的滿天星光侵擾了我一向以爲理所當然的夢。

我的記憶是片斷的，充滿許多謬誤的，彷彿關仔嶺和陳姑媽是不可分的。離開了青春嶺，就不是那位自在的陳姑媽了。擔任笠詩社社長的，又是另一個陳秀喜。雖然也令人懷念，我武斷的記憶卻是最喜歡青春嶺的陳秀喜姑媽。那是寫詩的陳秀喜姑媽，日常生活最隱私或瑣碎的，都成爲她最津津樂道的。我一直覺得包括她在內的幾位笠詩社女詩人，包括杜潘芳格和利玉芳，恐怕是臺灣現代詩一直被忽略的一大成就。她們津津樂道作

為女子的一切日常生活。包括自己隱私的身體轉變得理所當然了。那是不同古典抒情的、憂傷自嘲的、或是復仇女神一般的主流女詩人，更不同於男詩人的各種詩風。

　　這是我記憶的愧疚，許多想法依然贖罪一般地困擾著我。沉溺在痛苦的悲壯似乎來得容易多了；至少，在道德上，即始沒有太多的行動，也可以獲得寬恕。只是，有一種很簡單的事，我一直沒學會。也許，這是我新的解放和新的出發可能出現的地方：快樂的行動，任性的自剖，和自由的逃逸。也許，也是因為這許多男性的無能，讓我放縱自己深沉地懷念您的死亡，在這個自己依然在尋求自由進化和悲逸之可能的時代。我可能永遠不可解，但也可能在您的死亡展開我的記憶時，也展現了我虛妄的存在。如果這樣，死亡總是一種快樂。

　　——以譚石筆名，發表於《自立早報》，1991 年 3 月 24 日。收入王浩威著《在自戀和憂鬱之間飛行》，臺北：皇冠出版公司，1994 年 9 月 25 日。

　　　　　　　　　　　　　　　——選自李魁賢主編《陳秀喜全集・追思集》
　　　　　　　　　　　　　　　新竹：新竹市立文化中心，1997 年 5 月

因愛而頑強
評陳秀喜詩集《覆葉》

◎陳鴻森[*]

一、

我想做爲一個女人，是比較男人更能理解「人的悲哀」的根源。

在這個我們已不只是屬於我們自己的時候，「活下去」的理由的有力依靠，怕也只是「習慣於活著」（與我的關係）和責任的牽羈（與群的關係）吧。

人是越來越看不起自己和這個世界了。

是以把自己寬容於「異數世界」的想像，該是必然的。這種放任的呈現，出現於夢，佛洛伊德將它稱呼爲「變裝」；而此種「呈現」的衝動，在脫離睡眠外的時間，必也隱隱存在著……。淤積著，即是想寫出一首詩或藉其他表現方法來發散的慾望。

詩的真實無異於夢的真實。

二、

然而這種寫出一首詩的慾望，於詩來說，只是一種催化劑，並不能成爲「目的或結論」的形態來。

嚴格的說：真正的詩是拒絕這些目的或結論的意圖的。想寫出優越的詩；正是與「冷酷的和自己對決」的程度成正比例。

[*]中央研究院歷史語言研究所研究員。

　　一個女人在廚房外面，在相夫教子之餘，仍抱持著走向詩的意志，對
於詩的「非情思」和「無償性」而言，她是勢必存在有莊嚴的執著不可。

　　從陳秀喜女士這本《覆葉》的後記看來，那是愛，源於親情的愛。

三、

　　愛是本能。

　　但我以為愛是具有目的，永遠帶著要肯定什麼的意欲出發的。

　　或會以為愛和詩在根底是相違對立的，但若肯仔細去思索，便會釋
然。以「有目的」的寓於「無目的」，這正是「構成」的最高願望。溶解於
詩想的愛越深，詩則越呈生機，在某種意義下，甚至我們可以說：沒有愛
的詩是衰弱的。

　　做為集名的「覆葉」的意思，該是對子代嫩葉的一種愛的犧牲和宿願
吧。

四、

　　「風雨襲來的時候／覆葉會抵擋／星閃爍的夜晚／露會潤濕全身／催
眠般的暖和的是陽光／摺成縐紋睡著／嫩葉知道的　只是這些」（〈嫩葉〉）

　　因為嫩葉並不明白這個世界手中操著的，是犀利的刀劍，嫩葉不會明
白覆葉在風雨裡掙扎的辛苦，不會明白落落的悲嘆，在愛的深澤裡，它相
信著世界的美麗。

　　「倘若　生命是一株樹／不是為著伸向天庭／只為了脆弱的嫩葉快快
茁長」（〈覆葉〉）

　　覆葉在飽受凌遲之後，必也預感到無可逃避的枯黃的命運吧。因而這
種使命的交替「只為了脆弱的嫩葉快快茁長」的深藏之存在哀愁，是多麼
的深刻和有意啊。

　　一枚覆葉將在嫩葉可愛嬉戲的無感裡消失嗎？

五、

　　和林亨泰、吳瀛濤、桓夫、錦連、詹冰一樣，陳秀喜也是屬於「跨越語言的一代」，被殖民過，被應是屬於自己的語言拒絕過……而當她說出了「自覺到身為一個中國人，不會以中國文寫東西是件最大的羞恥」（見後記）時，這頑強的聲音，該是孕著比我們所能了解的有著更大程度的悲哀吧。

　　「詩除語言外未有表現的工具」（村野四郎語），那麼只有越能自如的驅策語言的人，才越能把握詩的世界。「能否成為一個詩人」也就是先決的「能否征服語言」這一命題下。

　　語言有千面，人只一個自己能役於這個在寫的「我」。征服語言的國度，是數倍艱難於征服人的國度啊。一個人是在「被語言把他殺死了一半」的情況下，才成為詩人的。

六、

　　能不能真正的跨過語言隔閡的極限呢？但他們這群畢竟已寫出了那可以被我們感覺到是「詩」的東西了。

　　置於今天這個語言紊亂無序的詩壇，我們將會深深覺得這世代的詩人，從有限詞彙構成的 Verbal world 裡，悉心捕捉的語言，是更能「節制」和「準確」。

　　「揮手向你的笑容道別／踏上宿命的軌道／青棗子酸甜的滋味又湧上」（〈重逢〉）

　　「值夜的月亮在歸途中」（〈無形的禮物〉）

　　「請把小玲弄成瞎子／罰我變為枴杖／請把小玲變成白痴／罰我終身為奴隸」（〈父母心〉）

　　老先生推進來的，不是花轎　是輪椅／蒼然的老媼坐著／宛如斷頸的白鶴」（〈透視〉）

「如爆發前的火山／子宮硬要擠出灼熱的溶岩石」（〈初產〉）

「心馳跫音的黃昏」（〈生日禮物〉）

「心中反覆著／碑石不是我父親／碑石不是我父親」（〈今年掃墓時〉）

「而且希望從此這隻鳥沒有翅膀／樹枝心願變成堅牢的鎖」（〈愛情〉）

　　其他諸如〈思春期〉和〈等待〉都是很有味的，終究，桀頑的語言機能，必會在詩人永遠的挑戰下屈服的。

　　語言機能在征服者的態度和技巧下，必會掙脫一般概念所限囿的指向。

　　我不以為：陳秀喜的淪落是因語言。而卻在詩想的推展上，我有了隱憂。

七、

　　一個詩人在他還未寫第一首詩以前，必已先熟習「散文性」的讀和寫，而越陷越深。因此在一般，我們仍被命定用散文去思考詩。

　　這種呈直線性的思考是沒錯的，但其背後卻存在著一個巨大的淵藪，這即是詩的「飛躍性的要求」。

　　陳秀喜的詩，是借平實的散文來秩序化她的感動的。她正賣力的在為自己加油著，在年齡尚未形成太大的壓負時，願望著仍能頑強的接受不留情的考驗。

　　但似乎有些心力不繼的感覺。

　　「躍過」，這是她今後首要完成的課題。

八、

　　因愛而頑強。

　　但我更希望這枚覆葉能因詩而不落。

——選自《笠》，第 47 期，1972 年 2 月

美人魚的歌聲
評陳秀喜詩集《樹的哀樂》

◎郭成義[*]

　　寫詩，並不像一般新詩人所謙稱的那樣，是不得已的事。與其這樣說，不如說是，寫詩，有其「不得不寫」的動機。

　　詩人的心，是個人也是社會的心。詩人的心，是國家也是民族的心。持有這種觀念的心，也才是真正詩的心。

　　維繫著小我與大我的世界，詩才能優越的存在吧。

　　一首優越的詩，在它必有其優越的技巧存在；然則一個優越的詩人，與其要求他優越的技巧，不如要求他的詩「到底給出了什麼」的這種價值論上。

　　能夠感到「不得不寫」詩的這種詩人，必然也能感到自己需要「給出什麼」的慾望，在這條件上，寫詩的動機，才能被確認。

一、

　　相對於把天空視為我們所追求的永恆的象徵一樣，泥土對於我們也造成一種植根的母系象徵。

　　「大地是我們的母親」或「我們是大地的子民」這樣的語言，無疑已默認泥土所給予我們那種至親的安全感。

　　從泥土來的，也將回歸到泥土。我感到陳秀喜在《樹的哀樂》這本詩集裡所給予我們的，無非就基於在喚醒我們這種鄉土感情的動機吧。

樹孤獨時才察覺
札根在泥土才是真的存在

——〈樹的哀樂〉

假使一個人，孤獨的站在原野，是否也像一棵會思考的樹，默默的想著大地一切的溫情呢？這種把人「樹格化」了的 idea，畢竟使泥土更接近於人類的，未嘗不是優越的觀察法。

酒甕被埋在泥裡
如是在母親的懷抱
那麼溫馨又寧

然後
被裝入瓶中
那一段窒息的日子
一天如半個世紀
思想和夢想醱酵
總有一天
被傾倒出時
要發出歡呼

酒杯底的一滴酒
卻被酩酊者潑在地上
地面留著
一朵花的痕跡
泥土依舊溫馨
還有誰是
一滴酒的知音

——〈一朵花痕的酒〉

　　這首詩，藉著潑在地上的酒，把泥土的芬芳都溫出來，令人感覺到泥土就像母親的懷抱那麼溫馨，如果有所謂「很美的詩」，我想，這是一首「很香的詩」。

　　把泥土比喻為母親的懷抱，這種 symbol 本身就蘊含著極大的感情酵素，作者在另一首就叫做「泥土」的詩裡，又賦予了泥土一種極為擬人性的愛，在思考上，把「母親」與「泥土」兩種 image 予以合理的連結。

突然　泥土被壓平
被冒煙的柏油倒灌的瞬間
令她感到痛苦的
是草坪和佛桑花的遭遇
激烈地燒灼她的心

——〈泥土〉

　　被熱柏油燙傷的泥土，所感到痛苦的，並不是自己，而是在泥土上生長一輩子的草坪或佛桑花，這就是陳秀喜眼中泥土的愛吧，因為無法保護草坪和佛桑花的泥土才覺得被灼傷的痛苦，像母親一樣的，終生在建立她慈愛的王國。而身為人母的陳秀喜，所以寫出她對泥土的歌頌，畢竟有她深切的感受吧。

二、

　　《樹的哀樂》，一共收集了 37 首新詩作品，在題目裡描寫花或有關花的有 11 首，作品裡也出現了 47 個「花」字，所描寫的花，包括了玉蘭花、薔薇、曇花、牽牛花、菫花、美人蕉、人造花、菖蒲花、鳳凰花、桃花、梨花、梅花、佛桑花、玫瑰、及梔花等十數種。

　　所謂「花」，雖然色香俱全，但本身不含其他意義，而我們所可能做的合理的聯想，不外和美有關，或者像暗藏著「如花似玉的年華」，「純潔美麗的少女」等等這些即興的 symbol。

　　因此，「花」可以含有影射「少女」的這種象徵。我們很難說出「老太婆美如一朵花」這樣失去美感秩序的話。依據這個原則，以陳秀喜為人祖母的年紀，應該早已脫離了花的象徵世界，但卻在她的思考世界裡，不時的出現花的影像，這意味著永遠站在少女的情懷上來寫詩的陳秀喜，在泥土的氣息之餘，亦有其可愛的一面。

　　偏愛在詩裡藉花的移情作用，來表現其詩的純情，我覺得無論就其陳秀喜個人或《樹的哀樂》這本詩集而言，都具有著奇異的青春的魅力。

　　對花採取親愛態度的陳秀喜的心地，雖然已在為人祖母的年紀，畢竟純潔得像少女一樣的可愛吧，這樣寫出來的詩，無論如何也是令人親近和感動的。

斷了根的玫瑰還活著

　　　　　　　　　　　　　　　　　　　——《玫瑰》

　　就像她所寫的詩一樣，在已失去青春的歲月裡，青春的慾望，卻仍然在她的體內流竄著，想到「斷了根的玫瑰還活著」的心，是對已失去的青春仍不放鬆，而有了活蹦蹦的朝氣。陳秀喜雖然是我的長輩，但我卻在她的詩中讀出了一個少女的芬芳，我想，這就是真正的詩的氣味了。

三、

　　於泥土裡生長一輩子的花，在飄著迷人的香味的時候，我們同時也感到，花香裡偶爾含著新翻泥土的氣味。

　　失去了土壤的花朵，還有什麼可生存的呢？

　　相似於此一課題的，是詩人帶給我們的民族觀念，在她寫作的動機裡

頭，隱藏著個人對曾經受難的民族的回顧，因爲患難過，才覺得特別珍惜，所以把這種民族觀念「給出」的慾望，從純粹「寫詩」的動機中獲得釋放。

　　臺灣在接受日本統治時，其語言及文字，也同時遭受異族的扼殺，臺灣同胞，自小就被迫接受日本文化的教育，說的是日本話，寫的是日本字，在光復前，臺灣人沒有ㄅㄆㄇㄈ的觀念，祖國的文字，只有在臺灣光復之後，才開始被運用。在那一個時代的同胞，以中國人的身分，接受日本人的教育，其痛苦可想而知，至於光復以後，竟無法以中國的語言和文字來表達思想的中國人，比比皆是。生活在這個時期的陳秀喜，就像目前被稱爲「跨越語言的一代」的詩人一樣，有其根本上的悲痛，對於曾被殖民過的臺灣，擁有益加熱愛的自覺。像〈魚〉，〈我的筆〉，〈耳環〉，〈編造著笠〉，都是立於這種情況下的作品。

　　　我和兄弟姐妹們都是啞巴
　　　我和兄弟姐妹們都在浮萍中長大
　　　小時候為著尋覓食物奔走
　　　或者逃避追逐而忙碌
　　　如今偶而有個吐出一口泡沫的安適
　　　卻比不上美人魚的歌聲

　　　想念祖先們
　　　敬佩他們曾渡海而來的勇氣
　　　可是不知道他們都到那裡去了

　　　當我知悉祖先們的去處
　　　我已在俎上
　　　跳動一下微弱的抗拒
　　　嗟嘆歲月養我這麼大

　　羞愧不曾唱出美人魚的歌聲

　　這首詩，不像〈我的筆〉，〈耳環〉或〈編造著笠〉這三首詩沒有使用任何的變喻法，幾乎是直接了當的，從語言的直接印象中達到目的；而是，從單純的一條魚的命運上，影射出「不能以祖國的文字寫詩的深沉的悲哀」，自然也包含著不服民族命運的「羞愧」。

　　在暗喻的世界裡，逐漸地被明朗的部分，才是真正可貴的詩的面目。

　　雖然這樣，但是在〈我的筆〉裡：「在淚水濕過的稿紙上，寫滿著我是中國人，我是中國人，我們都是中國人」有其倔強的面目。以及在〈耳環〉裡，借著「耳朵有針洞」的回憶喚起「去世的母親留給我的民族觀念」，也有其溫暖的面目。

　　站在純粹讀詩的立場上，我感到陳秀喜確實有著鄉土的，素樸的美。在看慣了五花八門的新詩園地裡，我想只有這種美，反而才能優越地存在吧！

四、

　　「平易」的詩，不是「隨便的詩」，也不是「低水準」那種意義的詩。

　　真正抱有「真心」的詩，乃是從平易的態度中，見到其不平凡的「給出」。一開始便顯得眼花撩亂的詩，雖然看來頗具野心，事實上，其出發點很容易墮落到以個人的世界為收斂的私見上，這種詩，在其本質上，無法脫離表演性的玩藝。

　　陳秀喜，以其不完整的祖國語文教育寫詩，雖然欠缺深度的表現能力，不過也因此取得一個方便，即是在語言的連帶上，所遭受的抵制性較為減低，平易的詩，就是以這種語言態度做為表現的詩。大致上，我們多認識一個組詞造句的能力，那麼，在我們使用一個語文時，也同時多了一種抵制的力量。當我們想到「花兒多美麗」的時候，我們也能想到「豔麗地被開著的花」這句更具修辭性的話，在這兩個同等意義的語文裡，如果

我們只能選擇其一，於是這兩句話便開始互相抵制，互相排斥，經過這一層過濾，雖然在將成的語文中會發生精美的作用，事實上，那不是自然的語言，而是含有製造意味的裝飾語言。

剔除了裝飾語言的詩，才是「真心的詩」，這在陳秀喜的作品裡，顯出了自然的美。

但是，在這種美裡，卻也存著一些問題，像「目擊拓寬公路」這首詩的前段，那種多餘的描寫，是不得法的浪費。以及，在文法上造成強詞的語句，如「當我覺得衣薄冷意」（〈蟬的舊衣〉）的不通，「不堪踩過竹的枯葉，繞道來掬涼泉洗汗臉」，（〈逍遙〉）的牽強等等。也許是因為不肯斷然放棄韻律的心情所造成，雖然韻律在詩學上仍有其無可拒絕的理論可支持，不過「韻律學」和「擬似韻律」應有一種劃分的必要，擬似韻律該算是半票的要求吧。

這種情況，顯示陳秀喜仍然不敢放心地操作自然語言，這一種膽識，是陳秀喜日後所需要面對的課題之一。

陳秀喜，從自我出發，而拓廣到家庭、社會、民族及國家的詩心，一如她在後記裡所說的「我抱著一種態度與其寫一千首日文詩，不如寫一首讓下一代的兒女們能夠看得懂的中文詩，以如此的想法自我鼓勵，不僅是向中文程度薄弱的自己挑戰，同時也向我的自卑感挑戰」這種精神，足以令人敬佩。我之所以不顧自己的淺學，樂意介紹這位省籍前輩詩人的作品，如果說是對於陳秀喜的詩感到興趣，我想，其中有一半，應該是維繫著對這種精神產生敬佩的緣故吧。

——選自《青溪》，第 94 期，1975 年 4 月

《陳秀喜詩集》日譯本序

◎中河與一[*]
◎陳秀喜譯[**]

　　限於據我的記憶，臺灣的詩人在日本被介紹，料想陳秀喜是初次。幾乎，經濟、文化各方面都有深切的關係，而從來當地的詩人，在日本卻不曾被介紹過。可說是不可思議。

　　原來，凡是使用哪一種語言都一樣，詩人在詩作的時候，很嚴格地肉迫著要表現的對象。雖是些小瑣細地吐出的語言，都有含嵌著語言的充沛的生命力，有無限的深淵才對。沒有詩人的靈魂的人，怎樣驅使華麗、激烈的語句，這樣的詩是沒有生命力的木偶而已。

　　數年前，我獲得與陳秀喜晤面的機會。她的日本話的巧妙，常常使我失念她是中國人的程度。在日本統治下過著幼少時期，受過其教育的人，能講日本話是不稀奇，但是她能寫短歌，出版過短歌集《斗室》。我說她具有日本人平均以上的語學能力也不過言。

　　如此，日本語堪能的她，有一個時期，轉身寫中文的詩作。在 1971 年出版的中文詩集《覆葉》的後記她寫著：「1970 年 8 月，我曾在日本東京都早苗書房出版過，日文短歌集──《斗室》。當歌集送到家裡的時候，只有我自己好像生產了一個嬰兒，格外珍惜。但料想不到，我的兒女們都不承認這個有『平假名』的小妹妹。因為他們不諳日文，連看都不看它一眼。這樣的情形深深地使我領悟到，語言的隔閡，給予我的冷落和寂寞感

---

[*]中河與一（1897～1994），日本詩人、小說家。日本香川縣人。
[**]陳秀喜（1921～1991），詩人、散文家、評論家。臺灣新竹人。發表文章時為笠詩社社長。

越來越大。也許有了這種打擊，方促使我提早出版這本小集。」她自己是
受過日本教育長大。雖是中國人，卻以不懂中國語為羞恥。當時四十多歲
才經歷學習中文的辛苦，因此更加，對於語言的問題，料想是有痛苦的感
受。同時她就是最愛中國的中國人。讀過曾在日本短歌誌《山の邊》發表
的短歌就可以理解。

> 要辨別中國女孩或是日本女孩
> 唯看耳朵有無針洞母親這樣教我。
>
> 耳環在耳邊囁語
> 出生在殖民地的女孩
> 更是忽忘祖國。
>
> 統治者日本的小孩
> 借威揚勢不知被殖民的女孩的悲哀。

　　不贅述她的技巧。貫徹著短歌的是血液。她的詩時常持有求道精神籠
罩著。在詩中有煩悶之情，才是代表那個世代的苦惱。她的詩最大的特
質，首先是，文體平易，暗喻和寓語非常巧妙地使用著。
　　1921 年，於中國現代詩的運動開始。經過半個世紀以上的現在，以前
重韻律的詩的風潮，強力的根一樣殘留著影子，在如此的情況下，她的詩
是自由而且平易的文體。但是，語言的流暢、通過生活的體驗，抓住其深
奧的真實性。而且，不使用直截的表現，以寓語和暗喻之故，一句一語的
滋味，持有深切是我們在想像中能而無法企及的。
　　自內容說，她是把被殖民的民族悲哀的淚，用她自己的手強力地想拭
掉的母性，和現代的我們常常忘記的對雙親、故鄉的愛和思慕的情，以兩
民族的強力耐性講給我們。瑣小的事，通過她的筆就變成珠玉的詩流出
來。以這個意思說，她是強烈地、耐心地、靜觀世代的潮流，說不定她是

臺灣的中國人的講述者。

　　她以一個中國人，把日本統治下的臺灣，第二次世界大戰後遷來臺灣的中國本土的同胞，以及將搏翼的年輕一代無疑是凝視、觀察著。在屈辱的淚和最大的期望錯綜後，自她的胸懷衝迸而出的就是這些作品吧。

　　她要繼續詩誌《笠》，讓負起將來的年輕人能夠自由歌詠的道程是唯一的希望。這也是她現在的立場。是她自己最痛感的事。

　　今日，臺灣和大陸，其文化的基礎概念完全相違。臺灣是保守著中國的傳統，奉敬儒教，而大陸中國是把這些完全棄掉。我們只在臺灣才能知道，東方文化的傳統。如今，陳秀喜站在其立場，把這些詩篇發表。不懂臺灣的日本青年們，也許不能理解其一部分，然而，她的詩行間罩含著，慈母深深的悲嘆，和無限擁抱的愛。他們會怎樣理解我是不能明判。可是，相信他們會學到，不能沒有的什麼那就好了。那是在東方歷史中深深殘留的精神。如今，以戰前，前後的講述者的語言，提出在我們的面前，她經驗的精神遍歷和悲痛是深切的。

　　大陸中國的現代詩好像一部分被介紹過，可是跟我們最親近而最真率地保存東方傳統的臺灣的詩很少被介紹的時候，陳秀喜的詩集在日本將要出版。誠是慶賀之至。

——1975 年 4 月

——選自陳秀喜《灶》
高雄：春暉出版社，1981 年 12 月

愛的探索者

評陳秀喜詩集《灶》

◎趙天儀

　　女詩人陳秀喜女士，自日文短歌集《斗室》出版以後，雖然繼續寫了不少的日文短歌。但是，由於她的自覺，她也開始使用中文來寫現代詩；一則想跟兒女們能進一步地溝通，二則做為一個中國人，一個愛的探索者，來表現自己生命中的歡樂與哀愁。從《覆葉》到《樹的哀樂》，是以一個母性的愛為出發，表現覆葉的憂愁，吟詠樹在成長中的哀怨與苦悶。而今，她的第三部中文現代詩集「灶」，則共收錄 40 首詩。就她的詩的創作來說，可說又邁向了一個新的境界與里程。

　　《灶》這一部詩集，用單字「灶」為名稱，可以說非常別致。在臺灣，「灶」曾經陪伴過許多女性的一生，由於從農業社會跨進工業社會，「灶」逐漸地被瓦斯爐、煤氣筒或電爐等所取代，則恐怕只有鄉村還保留著一部分，也可以說是一種逐漸消失中的鄉土用具的一部分。所以，「灶」是一種對過去的眷戀，一種對鄉土的惦念，也是一種對女性心靈熱滾滾的象徵。

　　陳秀喜女士在《灶》這一部詩集中，仍然是環繞著以愛為主題來出發，他表現了情人的愛、友誼的愛、眾生的愛以及鄉土的愛。在不同的愛的對象中，她自有不同的看法與詠嘆，但是，幾乎都是一針見血地刺進了愛的脈動裡，讓它流動著、哀嘆著、呼吸著。

　　在〈也許是一首詩的重量〉中，她表現了一種深刻而真摯的詩觀，她

如是歌詠著：

　　高傲的大樹有雷劈的憂慮

　　常被踏殘的小草不羨慕大樹

　　小草重整根和葉期望屹立的歡呼

　　梅花不嘆形小滿足自己的芬芳

　　不妒玫瑰多彩多刺的艷麗

　　古人自大自然得到和平的啟示

　　黑暗之後晨光出現既不稀奇

　　煩惱之後邁進智慧的時代來臨

　　詩擁有強烈的能源，真摯的愛心

　　也許一首詩能傾倒地球

　　也許一首詩能挽救全世界的人

　　也許一首詩的放射能

　　讓我們聽到自由、和平、共存共榮

　　天使的歌聲般的回響

　　這首詩，表現了詩的功能說，把詩的精神透過她的想像與期望熱烈地反映出來。她說：「詩擁有強烈的能源，真摯的愛心」，這該是古今中外都能首肯的詩的精神吧！在這 40 首詩中，她的詩，當然不只是表現了我所指出的下例四點的領域，但是，我還是歸納出下列這點來加以詮釋與說明，也許比較容易把握她在詩中所表現的愛的探索。

　　一、情人的愛：情人的愛，可以包括婚前與婚後；婚前，可以說是單純的情人的愛。婚後，則由情人的愛躍升為夫妻的愛，但是，這種躍升，卻是幾家歡樂幾家愁。陳秀喜女士，固然也嚐過歡樂，卻也嚐到了哀愁。以〈渴望〉、〈最後的愛〉、〈棘鎖〉、〈假像不是我〉以及〈玫瑰色的雲〉等幾首，最能表現她的心情與感受。

試以她的詩〈渴望〉為例：

空地
可以種菜
菜是食物
可以種花
花給人心悅
空地有它的價值

倘若
心空著
沒有菜
沒有花
怎能得到詩

渴望一顆心
充滿著愛心
擁有心愛的
灌漑精神的菜
灌漑愛的花
收穫一首詩

　　這首詩，表現了她對愛的精神的渴望，我們知道，肉體的愛是要建立在精神的愛，才能發揮愛的真諦，也就是所謂靈肉一致的境界。她所渴望的，是「一顆心　充滿著愛心　擁有心愛的　灌漑精神的菜　灌漑愛的花……」，她所渴望的，原是這麼平凡，也是這麼真摯，然而，她的遭遇如何呢？

　　在〈棘鎖〉一詩中，最能瞭悟她坎坷的一生，試舉例如下：

卅二年前
新郎捧著荊棘（也許他不知）
當做一束鮮花贈我
新娘感恩得變成一棵樹

鮮花是愛的鎖
荊棘是怨的鐵鏈
我膜拜將來的鬼籍
冷落爹娘的乳香
血淚汗水為本份
拚命地努力盡忠於家
捏造著孝媳的花朵
捏造著妻子的花朵
捏造著母者的花朵
插於棘尖
湛著「福祿壽」的微笑
掩飾刺傷的痛楚
不讓他人識破

當　心被刺得空洞無數
不能喊的樹扭曲枝椏
天啊　讓強風吹來
請把我再捏造著
一朵美好的寂寞
治療傷口
請把棘鎖打開吧！

這首詩，表現了她在愛的創傷中，探索「一朵美好的寂寞　治療傷

口」；她的內心雖然充滿了哀傷，卻強烈地嘶喊著：「請把棘鎖打開吧！」這是多麼強烈的愛的呼喚啊！不錯，她做過孝媳、妻子及母者，然而，她畢竟還是嚮往著玫瑰色的雲。

試以她的詩〈玫瑰色的雲〉為例：

夕陽逐漸沉下
一朵白雲多情
還在天邊逗留
染上餘暉依依之情
愛意一致之時
天空一朵玫瑰色的雲
造成和諧的黃昏

回顧時
彩雲已無影蹤
心中深深銘刻著
遐想　愛相映的形象
回憶一朵玫瑰色的雲
到老邁愈是溫馨

這首詩，以「玫瑰色的雲」來象徵晚年的伉儷情深，因為當「愛意一致之時　天空一朵玫瑰色的雲　造成和諧的黃昏」。她希望有這樣和諧的黃昏，因為「一朵玫瑰色的雲　到老邁愈是溫馨」。把作者對愛的理想，以一朵玫瑰色的雲，襯托了出來。因為這樣和諧的黃昏，是多麼令人留戀的人間寫照，可惜，往往是如此地可遇而不可求，是多麼令人無限地感慨與唏噓呀！

二、友誼的愛：因為對情人的愛的失望，轉而在友誼的愛之中獲得補

償。友誼的愛，往往是君子之交淡如水那樣溫馨的境界，所以，她在長
輩、同輩、晚輩，同性、異性，甚至異國的友人之間，由於她的友誼的
愛，也獲得了許多空谷中的回響。而在她的詩之中，只表現了其中的一部
分。例如：〈你是滾心漢〉、〈鄰居的愛〉、〈關愛的手掌〉、〈時間終於向你屈
服〉、〈你是詩　你是愛〉、〈你是鉅富的人〉、〈你的愛〉及〈友愛〉等幾
首，都可以證明。

　　試以她的詩，〈時間終於向你屈服——獻給故張文環先生〉一首為例：

　　時間已追回

　　寒流襲來的

　　失蹤的春暖

　　你　突然離去

　　帶走愛護同胞的心

　　帶走洗雪的筆

　　泰山梁木萎

　　時間追不到你

　　從今以後

　　臺中的街頭

　　難遇見你的笑容

　　日月潭的晨陽

　　照不到你的風采

　　泣血的桌上

　　少了一雙筷子

　　我們的淚能泛舟

　　卻無法載你回來

　　臺灣的文學史上

你是一棵常青樹
追隨你的人們發現
你坐鎮在書架上
時間追不到你
時間終於向你屈服

　　在臺灣的新文學史上，張文環先生是一位歷史性的人物，在日據時期的臺灣新文學運動，以日文寫小說的有數的作家之中，張文環先生是極有創造力的一位。他大部分的作品，都發表在當時的《臺灣文學》等文學雜誌上。戰後，沉默了約二十多年，重新以日文寫了一部長篇小說《滾地郎》，顯現了他寶刀未老，且表現了他那豪邁的風格。可惜，天不假年，他的三部曲尚未全部完成的時候，就突然逝世。做爲他生前好友之一的陳秀喜女士，爲了對他的回憶與崇敬，使她連續完成了兩首悼念的詩篇。

　　〈時間終於向你屈服〉這首詩，表現了張文環先生的爲人風範，時間不但沒有征服他，反而向他屈服。這首詩，表現了她的仰慕、她的珍惜以及她的堅毅。同時也表現了她自己豪爽的性格，有如張文環先生的豪邁的性格，是一種女中豪傑的風範。

　　三、眾生之愛：從人類、動物到植物，甚至非生物，一草一木，一花一石，都能觸動她的靈感，賦與詩以新義。在人與人之間，有親情的愛、情人的愛、友誼的愛。在人與物之間，則可以移情作用，而創造有情世界。陳秀喜女士除了善詠花以外，對於眾生的愛，也充滿了關懷。所以，如〈醜石頭〉、〈含羞草〉、〈影子與梔子花〉、〈鳥兒與我〉、〈夢想的寶石〉、〈蚊子與我〉、〈強風中的稻〉、〈託木犀花〉、〈菩提樹的聯想〉、〈凋謝的曇花〉、〈榕樹啊！我只想念你〉、〈一隻鳥發出苦嘆的聲音〉、〈溪魚的話〉等幾首，都表現了她對萬物的關懷，也就是對眾生的愛。

　　試以她的詩〈榕樹啊！我只想念你〉一段爲例：

　　榕樹啊

　　你的葉子是

　　我最初的樂器

　　你是我童年避雨的大傘

　　你是曬穀場的涼亭

　　你是老人茶、講故事的好地方

　　你是小土地公廟的保鏢

　　你是我家的門神

　　我在異鄉

　　椰子樹的懷抱裡

　　還是只想念你

　　從這段詩中，我們可以深深地感受到作者從眾生的愛發展為鄉土的愛的表現，把榕樹與我的生命擁抱結合在一起，而且恰到好處地表現了榕樹的生態。

　　四、鄉土的愛：在鄉土的愛裡，可能包含了親情的愛、情人的愛、友誼的愛以及眾生的愛。不過，我們卻格外地珍惜那種具有創造性，但又逐漸地在消失中的鄉土情懷。〈灶〉、〈探訪烏腳病人記〉這兩首作品，便是顯著的例子。

　　試以她的〈灶〉一詩為例：

　　百年以後

　　大家都使用瓦斯

　　人們只知道工業用的煙囪

　　不知道曾有泥土造的灶

　　灶的肚中

被塞進堅硬的薪木

灶忍受燃燒的苦悶

耐住裂傷的痛苦

灶的悲哀

沒人知曉

人們只是知道

詩句中的炊煙

嬝娜美麗——

　　灶是過去臺灣農業社會的產物，幾乎家家戶戶都有一口灶。灶，煮熟
了飯，炒好了菜，滾開了水。灶，伴著女性的一生。灶，充滿了燃燒的感
情，在「灶的肚中，被塞進堅硬的薪木，灶忍受燃燒的苦悶耐住裂傷的痛
苦。」不錯，作者即便在表現這種鄉土情懷中，也表現了女性一生痛苦的
象徵。這種象徵，不但是表現了女性的苦悶，而且也表現了社會變遷中的
鄉土的苦悶。

　　綜觀上述陳秀喜女士的心路歷程，我們可以深深地瞭悟與警惕！詩不
是語言豔麗的裝飾品，陳秀喜是生命痛苦的結晶體。她跨過了語言低欄的
障礙，朝向詩的崇山峻嶺，她正一步一步地，留下了她那血汗交織的腳
印，把她內心的澄明的世界，透過外在鮮活的物象表現出來，乘著詩的意
象的翅膀，透過智慧的語言，迎風飛揚。

　　陳秀喜女士本身的生活就是一座愛的發光體，在她的愛的光芒中，賦
與詩的創造以一種愛的探索，讓她的詩，在樸實的語言中產生一種人性的
芬芳，實在令人珍惜、咀嚼與懷念。

——選自《笠》，第 106 期，1981 年 12 月

臺灣現代女詩人作品中的國家論述（節錄）

◎李元貞*

一、女詩人對國家的想像

　　比較陳秀喜〈臺灣〉與宋澤萊〈讓我謳歌，如母親一般的島嶼〉兩詩，陳秀喜詩中的母親如搖籃，以溫暖的懷抱來支撐起「傲骨的祖先們／正視著我們的腳步」的那種奮勇向前的精神，而宋澤萊的「如母親一般的島嶼」中的母親意象，除了被人擁抱外就只能提供父兄們「偉大的作見或強烈的期許」的場地，缺少女詩人創造母親意象的主動感。

二、女詩人對國家的批判與嘲諷

　　陳秀喜有另外兩首詩〈我的筆〉及〈耳環〉，[1]僅看詩題不會想到與國家有關，〈我的筆〉當然比〈耳環〉要具有可能性。在〈我的筆〉頭兩段，詩人如是說：「眉毛是畫眉筆的殖民地／雙唇一圈是口紅的地域／我高興我的筆／不畫眉毛也不塗唇」、「『殖民地』、『地域性』／每一次看到這些字眼／被殖民過的悲愴又復甦」。在〈耳環〉第一段及最後一段，她又如是說：「民國 28 年／母親的民族觀念說／耳朵有針洞／才是中國女孩／總有一天／要辨別我們並不是日本人」……「當時 18 歲的我／深信母親的話／耳環就是／中國女孩的憑證／臺灣光復那一天／不必檢驗耳朵的針洞／……」

*發表文章時為淡江大學中國文學系教授，現為淡江大學中國文學系榮譽教授。
[1]陳秀喜，《嶺頂靜觀》（臺北：笠詩刊社，1986 年），頁 6～7 及頁 14～15。亦收有〈臺灣〉一詩，頁 60～61。

陳秀喜善用女人的身物來比喻「被殖民過的悲愴」。在一般情況中,大家較易領會到國家被另一個國家統治的殖民意義,不易領會父權社會要女人畫眉、塗唇、穿耳洞也有女人身體被父權體制殖民的意義,陳秀喜在〈我的筆〉一詩中較藏著這種雙重被殖民的意義,意在〈臺灣〉及〈耳環〉二詩中,卻以母親的奶香、女人耳朵的針洞(女人的身物)來抵抗國家的被殖民的現實,也就無法同時抵抗父權體制對女人身物的殖民了,這常是女人在愛國中得放棄被自己國家欺壓的矛盾和苦痛,也是自覺的女人們得兩面作戰的現實。

——選自彭小妍主編《認同、情慾與語言》

臺北:中研院文哲所,2004 年 12 月

溫柔的忠告

◎陳明台[*]

嫩葉──一個母親講給女兒的故事

　　風雨襲來的時候

　　覆葉會抵擋

　　星閃鑠的夜晚

　　露會潤濕全身

　　摺成縐紋睡著

　　嫩葉知道的　只是這些──

　　當雨季過後

　　柚子花香味乘微風而來

　　嫩葉像初生兒一樣

　　恐惶慄慄底伸了腰

　　啊！多麼奇異的感受

　　怎不能縮回那安祥的夢境

　　又伸了背　伸了首

　　從那覆葉交疊的空間探望

　　看到了比夢中更美而俏麗的彩虹

　　嫩葉知道了歡樂　知道了自己長大了數倍

　　更知道不必摺縐紋緊身睡著

發表文章時就讀文化大學歷史系，現已退休。

　　卻而嫩葉不知道風雨打身的哀傷

　　也不知道蕭蕭落葉的悲嘆

　　只有覆葉才知道　夢痕是何等的可愛

　　只有覆葉才知道　風雨要來的憂愁

——摘自《葡萄園詩刊》第 21～22 期

　　讀這首詩，首先我感到語言上的一股清新味兒，詩壇上一般使用的語言似乎頗有固定化的跡象，不是濃得化不開，艱澀十分，就是非常修飾和華麗，很少帶給我語言原始的、自然的清新感。此詩以女性的手法寫來，有其獨特的、細膩、柔和而與眾不同的筆觸，並沒有學時髦的運用蹩扭造作的語句，也沒有極修飾的詞藻，平凡而易讀，動人而易解，令人樂於親近。

　　這首詩作者也是慈母，以一個母親講給兒女的故事這個副題看來，作者寫詩是有所感觸而發的，從詩中所表現的我們可以發現作者苦口婆心，極為婉轉的一種告誡，以一個慈祥母親的真性情灌注於此詩中企圖對其兒女發生某些有效的安慰或啓示，該是作者寫此詩一個重要的動機吧！這種「溫柔的忠告」我也能深深的體會出來。回憶兒時，常常安怡的躺在母親臂彎中聆聽動心的故事，母親常能巧妙的如伊索寓言般把某種道理播種在幼稚的小心園裡，給我留下深深的記憶，這種「溫柔的忠告」的回想在讀此詩時，又被喚起了，且此詩也給了我忠告的效果——透過了真摯的詩美和感動。

　　這首詩並不難懂，「風雨襲來的時候……嫩葉知道的只是這些」這一節充分寫出了做父母親的人所常常存在的苦衷，有些事情，孩子的想法和父母親的想法有著極大的差距和彼此難以妥協之點，這是很普遍的現象，而事實上，承擔風雨，嚐受苦楚的還是父母呀！接下去「當雨季過後……怎不能縮回那安祥的夢境」這一節對兒女成長的過程和心理描寫了十分生動、細膩。嫩葉和初生兒、初生兒和嫩葉，很妥貼的聯想，「恐惶慄慄底伸

了腰」這句很好，初長的男女們均富含有好奇，好動而羞澀的心裡，恐惶慄慄的伸著腰，包含渴欲跳躍的心情，確實是「多麼奇異的感受！」接著「怎不能縮回那安祥的夢境……嫩葉知道了歡樂，知道了自己長大了數倍」這些句子拿來描述一個青春期的少女較什麼都恰當，那種安祥的夢境再沒有了，青春的少女有著綺麗的夢幻，滿天的遐想，懂得去尋找歡樂，懂得去尋覓甜蜜的愛情，看見了彩虹的美妙而認為自己長大了！這些句子既含著父母心中對成長一代的喜悅又有著絲絲真摯的關切和憂思，害怕伸了背，伸了首的女兒步入荊棘的道路迷失不能回頭。「怎不能縮回安祥的夢境」給我很深的感受，越成長越感到現實的不單純、不安祥，我常憧憬著幼時無邪思，無憂慮安祥純真的時刻哪！接下去「更知道了不必摺縐紋緊身睡著……只有覆葉才知道風雨要來的憂愁。」作者暗示著某種給予她的打擊和心中的無可奈何的沉痛，懷了父母關懷的兒女，已不理會風雨打身的哀傷，已不顧慮簫簫落葉的悲嘆，做父母的清楚地看見了一切，不禁要為即將降臨的風雨的憂愁，唯恐嫩葉禁不住打擊，卻有盼望著嫩葉再度發現「夢痕」的可愛的期待。「只有覆葉才知道風雨要來的憂愁」這結尾的一句話充分的表露了慈母「溫柔忠告」的苦心，也給我留下深深的印象和感動。

　　趙天儀常感嘆地告訴我：「可愛的詩太少了。」我想，做為一個讀者，這是應該推薦給大眾的一首可愛的詩吧！

——選自《笠》，第 25 期，1968 年 6 月

五十年代清越的女高音

◎鍾玲[*]

　　陳秀喜（1921～　），臺灣新竹人，因為直到 24 歲都在日本統治之下生活，受的是日式教育，因此早年用日文寫詩，勝利後才開始學習中文。她是到 1957 年 36 歲才開始用中文寫詩。出有詩集《覆葉》（1971 年），《樹的哀榮》（1971 年）及《灶》（1981 年）。她於 1964 年與林亨泰發起笠詩社，並任編輯。

　　陳秀喜的詩，多以臺灣的鄉土之情為其主題，如〈捲心菜〉[1]，及〈榕樹啊，我只想念你〉（《剪成碧玉》，頁 64～66）。但她這類鄉土詩常有平鋪直敘、缺乏層次之弊：

> 榕樹啊
>
> 你的葉子是
>
> 我最初的樂器
>
> 你是我童年避雨的大傘
>
> 你是曬穀場的涼亭
>
> 你是是老人茶，講故事的好地方
>
> 你是小土地公廟的保鑣
>
> 你是我家的門神
>
> ……

[*]發表文章時為香港大學中文系翻譯組（英制）講師，現為澳門大學書院院長。
[1]陳秀喜，《覆葉》（臺北：笠詩社，1971 年），頁 30～31。

但在〈關帝廟晨陽〉（《覆葉》，頁 27～29）中，陳秀喜卻能善用比喻，以戲劇化的形勢表達內涵，並流露出幽默感。詩中把曉日比作單戀關公的少女，最後又用人間少女的虔敬為襯托：

　　鳥兒醒來的當兒
　　關帝廟的屋頂
　　隱約在霧中
　　保有古老的東方故事
　　那麼感人和奇幻
　　向東的腦際
　　熱帶魚的游影輕曳

　　一個圓大通紅的臉
　　自那彩色的翅鰭邊伸出
　　欲證實昨夜綺麗的夢
　　偷偷窺看廟裡的美男
　　……
　　炯炯目光注視著祂的紅顏
　　重義的關公卻無動於衷

　　不知情的齋女
　　插上第一枝香
　　……

　　這首詩中陳秀喜也表現出鄉土之愛，其成功是因為用了熟練的技巧。詩人與詩中的人物神祇有智性的距離，導演出神祇、自然、與人類之間的喜劇。效果生動。其唯一敗筆是散文化的句子，如「那麼感人和奇幻」。
　　鄉土詩寫好相當難，因容易流於濫情與淺顯。陳秀喜有些詩卻能落實

於生活，表現真切的體驗；如這首以嚼菜根經驗寫的詩：〈離別的緘默〉
（《剪成碧玉》，頁 63～64）：

　　菜根沒有語言
　　醃、壓、曬的折磨
　　香脆中帶著苦澀

　　咀嚼菜根的時候
　　請同時以瞑思含咀我
　　千言卻嫌少的緘默

　　陳秀喜選擇了鄉村生活中最平常的一件事，嚼菜根為主題，又對其配
製過程有確實的認識，所以用生活中的小動作來比喻別情，非常真切。陳
秀喜是第一代女詩人之中，鄉土詩潮流的代表人物。到 1970 年代才出現敻
虹的鄉土詩，1970 年代末期才有洪素麗崛起。

——選自鍾玲《現代中國繆司——臺灣女詩人作品析論》
臺北：聯經出版公司，1989 年 6 月

陳秀喜詩中的母親意象

◎李元貞

> 她以母親意象的慈愛，來說諷伸張的男性社會現象
>
> 她以母親意象的溫暖包容，來召喚大家認同本土

　　陳秀喜女士，在詩壇上被許多後輩稱為陳姑媽，她招待朋友們到關子嶺別墅中也以母懷的熱情聞名，加上她為人豪爽正直、痛快說話和包容欣賞別人的態度，都給人濃醇的母性美，更不再說她含辛茹苦地養大她的子女們那種強毅而辛酸的母親經驗了。

　　因此，在她的許多好詩裡，她常能以母親的意象帶出詩中深刻的含意。像有名的〈覆葉〉這一首詩的最後三行：「倘若生命是一株樹／不是為著伸向天庭／只為了脆弱的嫩葉快快茁長。」將生命比喻為一株樹是很普通的，又將樹上覆葉伸展的目的寫為保護嫩葉的茁長，也是慣熟的母性姿態，然而其中插入了一句：「不是為著伸向天庭」，就立刻凸顯了女性的批判能力，隱含著女性生命伸展的目的是慈愛而非權力（伸向天庭是眾多男性英雄的傳統大志）。在此，她以母親意象的慈愛來諷刺權力伸展的男性社會現象，使〈覆葉〉這首詩除了將女性生命伸展的歷程展現細緻外，增強其批判父權社會的用意。

灶的悲哀・沒人知曉

　　在她另外一首以強烈的女性觀點指出婚姻傷害女性的名詩〈棘鎖〉

中，最具諷刺意含的幾句爲「捏造著孝媳的花朵／捏造著妻子的花朵／捏造著母者的花朵／插於棘尖／湛著『福祿壽』的微笑／掩飾刺傷的痛楚／不讓他人識破。」

「福祿壽」是傳統女性爬至母親地位最尊貴幸福的意象，在此女詩人卻顛覆了它的含意，說明婚姻的外殼，又如何掩飾了女性真實的痛楚，它的社會強制式的功能又如何製造不幸女性不敢喊痛的假相。在我檢視了許多臺灣女詩人詩集以後，很少有對婚姻強加給女性這種傳統家族功能的、富貴福態的母親意象批評的詩，陳秀喜女士的「棘鎖」真是突破父權社會宰制女性人靈的力作。

另外，在〈灶〉的詩中，她以後兩段作對比：「灶的肚中／被塞進堅硬的薪木／灶忍受燃燒的苦悶／耐住裂傷的痛苦。」及「灶的悲哀／沒人知曉／人們只是知道／詩句中的炊煙／嬝娜美麗——」以真實的灶挖苦了詩句中的灶，使女性讀者很容易聯想到生活中母親的勞苦跟廣告中母親的快樂的對比。也只有像她這樣的女詩人，才能對詩句中的鄉愁（包括對往日泥土的灶或辛勞母親）式歌頌有著強烈的異議吧。陳秀喜不同意鄉愁式的浪漫扭曲了經驗裡的真實，不會爲了批評現代化的瓦斯就美化了從前的灶，也說明做爲母親的女詩人由於跟灶的親密經驗，力求在語言資訊裡澄清美麗詩句的虛無飄渺，只適合「遠庖廚」的君子們去陶醉迷戀。

臺灣島——母親的懷抱

陳秀喜最膾炙人口的一首詩〈臺灣〉，曾經在 1970 年代末被校園民歌的創始人李雙澤改編爲「美麗島」歌，與當時鄉土文學論戰所引起的「本土認同」匯爲一流。

她在此詩中以「搖籃」和「母親的懷抱」來形容臺灣島，自然比用「蕃薯」二字形容臺灣島來得溫暖包容且不具排他性，也沒有「蕃薯」二字那麼具自傷和抗議的情懷。這可以說明女詩人在認定本土時，較以母親意象的正面含意，或者母親意象的低姿態來包容臺灣 1970 年代的動盪和紛

爭。詩中用「稻米、榕樹、香蕉、玉蘭花」及「奶香」和「誠懇的叮嚀」，來召喚大家愛戀臺灣，來整齊腳步繼承傲骨祖先們的志業。

　　陳秀喜這種以母親意象的溫暖包容來召喚大家認同本土，在反抗精神上是不及鄭烱明的〈蕃薯〉詩那麼強烈：「狠狠地／把我從溫暖的土裡／連根挖起／說是給我自由」、「然後拿去烤／拿去油炸／拿去烈日下曬／拿去煮成一碗一碗／香噴噴的稀飯／吃掉了我最營養的部分／還把我貧血的葉子倒給豬吃」、「但現在不行了／從今天開始／我不再沉默／我要站出來說話／以蕃薯的立場說話／以蕃薯的立場說話／不管你願不願聽」。同時，她也無法達到以蕃薯立場改變社會不義所需要的那股尖銳的力量，但在撫慰人心上，她提供了本土認同中包容不同意見的一種基礎的情懷。

　　當然，就臺灣 1970 年代開始至今的諸種動盪爭執而言，尖銳抗議和實踐的行動，都是改變臺灣的領導力量。然而，缺乏了陳秀喜在「臺灣」一詩中溫暖包容的基礎情懷，抗議行動的諸種力量也許會反過來破壞自身的團結。不過，女詩人想以「母親懷抱」這種傳統正面的意義來召喚大家愛臺灣，常常只能達成撫慰人心的效果，不容易由此建立紛爭中大家包容歧見的基礎情懷，這可能是女人認同傳統母性最大的悲哀吧。

從母親意象中走出自我

　　〈樹的哀樂〉是陳秀喜歷經做女人（一朵花至一棵樹，比喻從年輕女人到中老年女人）生涯後自我認同的好詩，脫離了父權社會看女人的觀點（一朵花是美麗女性之形象，一棵樹是母親形象）。在詩中，陳秀喜的自我認同不在於女性和母性的認同了，所以認清「光與影的把戲」而變成心安的自己。她從〈覆葉〉、〈棘鎖〉、〈臺灣〉三首詩中母親意象的認同和詮釋，走向自我之認識：「土地被陽光漂白／成為一面鏡子／樹樂於看八頭的自己……」、「陽光被雲翳／樹影跟鏡子消失／樹孤獨時才察覺／紮根在泥土才是真的存在」、「認識了自己／樹的心才安下來／再也不管那些／光與影的把戲／紮根在泥土的才是自己。」

　　首先，可以說陳秀喜在此詩中將自己與土地結合，有著認同本土的自我精神。但從她不再任由光與影的擺布，想從「八頭身的自己」找到孤獨而真實的存在，亦不再將樹比喻成母親的意象，可以感受到一個歷練的女人獲得自由的篤定。「紮根在泥土」，亦可解釋爲找到自我存在的基點，女詩人已經從母親的意象中走出自我來。

——發表於《新竹風》第 3 期，1991 年 10 月 5 日

——選自李元貞《女人詩眼——詩文集》
臺北：臺北縣立文化中心，1995 年 6 月

愛的探索者
陳秀喜

◎阮美慧[*]

一、文學歷程[1]

　　陳秀喜，1921 年生於新竹市，卒於 1991 年 2 月，享年 72 歲。生父陳買爲漢詩人，生母施滿。然陳秀喜於滿月又三天，即被陳金來、李壁所領養，養父母疼愛有加，因此成了最幸福的養女，曾請女家庭教師，教她學習漢文。1929 年至 1934 年就讀新竹女子公學校，這亦是陳秀喜唯一的求學生涯，日後就靠自己進修，由於對於文學的喜愛，使他早期以日文讀、寫許多的文學作品。

　　1936 年（15 歲），開始以日文寫詩、短歌、俳句、作品曾發表於《竹風》。1942 年（21 歲）與在上海三井洋行任職的員林人張以謨結婚，婚後隨夫往上海居住，之後 1944 年遷居杭州，1946 年返臺。這一段大陸經驗對她有不少的影響，在沙白的訪談紀錄中表示：

> 「您爲什麼只有小學畢業，又只受日本教育，卻會寫日文詩與中文詩，而且國語又講得那麼好？」她（陳秀喜）回答說：「戰前，我的先生因爲被公司派去中國大陸服務，我也跟著去，所以學會中國話，也學會許多中文，而日本話與日本詩，則是因愛好文學，讀了很多，才寫好的。」[2]

[*]發表文章時爲東海大學中國文學研究所碩士，現爲東海大學中國文學系副教授。
[1]其生平事蹟，參考其自撰年表，收錄陳秀喜詩集《玉蘭花》（高雄：春暉出版社，1989 年 3 月），頁 28。
[2]沙白，〈多才多藝的陳秀喜〉，《笠》第 162 期（1991 年 4 月），頁 58。

　　這樣的大陸經驗，對於同是「跨越語言一代詩人」而言，在語文的轉換上是有較特殊的處境的。但語言與思考意識、情感表達有著密切的關係，並非短時間內即可轉換。因此陳秀喜對於語文的轉換仍是備嘗艱辛的，她亦曾經歷語言轉換的困難。1958 年（37 歲），她才重新自注音符號開始學習中文，經歷了一種學習新語言的痛苦，這些是大多數經歷「失語症」作家的痛苦。

　　1967 年（46 歲），參加日本東京「短歌社」臺北分會及臺北「短歌研究會」、臺北「俳句社」。巫永福曾回憶當時的情形：

當時的日本短歌會，因我（巫永福）擔任『東京短歌誌』臺北支部長，由我主持，俳句會即由士林黃靈芝主持，秀喜以其學歷不高的程度，發揮她豐富流利的詩思與敏捷的反應，也講得相當流利的日語，使我驚奇。[3]

　　由於詩人本身都有豐富的情感與敏銳的心思，對於外在的環境都能有所感悟，因此陳秀喜縱使因「學歷不高的程度」及日後面臨「語言的轉換」等困境，卻仍然創作不墜，足可見其對詩的熱愛。1970 年，由日本早苗書房，出版日文短歌集《斗室》，這本詩集的出版是促使陳秀喜從日文詩轉而中文詩創作的轉捩點，在第一本中文詩集《覆葉》的後記，她寫道：

1970 年 8 月，我曾在日本東京都『早苗書房』出版過日文短歌集——《斗室》。當短歌集送到家裡的時候，只有我自己好像生產了一個嬰兒，格外珍惜。但料想不到，我的兒女們都不承認這個有『平假名』的小妹妹。因為他們不諳日文，連看都不看它一眼。這樣的情形使我深深地領悟到，語言的隔閡，給予我冷漠和寂寞感越來越大。也許有了這種打

---

[3]巫永福，〈安息吧！秀喜妹〉，《笠》第 162 期（1991 年 4 月），頁 54～55。

擊，方使我提早出版這本小集。[4]

　　這種書寫模式的更換，對於每位「跨越語言一代」的作家而言，都是刻骨銘心的感受，在放棄熟悉的「語言」的同時，成了有口不能言，有手不能寫的「殘障」作家。由於跨越語言的一代都曾處於「語言的弱勢」與「被矮化的經歷」，得知其中所受到的不平等待遇，因此使他們皆能站在弱勢的立場出發，而具有一股批判現實強權的精神。

　　1968 年（47 歲）正式加入笠詩刊社，於 1971 年（60 歲）起擔任社長，直到去世為止。由於對於後輩年輕詩人的愛護與提攜，故有「陳姑媽」之美稱。晚年居住於臺南白河關仔嶺明清別墅「笠園」，時常訪客絡繹不絕，涵蓋各個階層、年齡的人，可見其為人親切、好客之一般，如同張彥勳在〈「姑媽」本色〉一文中提到：「我還是樂意稱她為『陳姑媽』，因為在我印象中陳女士是一位女強人，稟性豪爽，為人慷慨，樂己助人，充分的表現了她的姑媽本色。」[5]或許由於性格堅毅、豁達，雖曾遭逢兩次婚姻的變故，但仍很快從悲傷中站起來，但在她心中多少也烙下難以抹平的傷痕。畢竟傳統禮教下長大的婦女，對於夫妻間的離異總難免有些傷痛。在利玉芳〈陳秀喜印象——剛柔相濟的母性詩人〉一文中，記述有關陳秀喜的印象：「她（陳秀喜）常自我挪揄我什麼都會，會拿鏟種花、會修理電鍋和水龍頭，也會拿筆寫詩，獨獨昧嫁尪。」[6]婚姻的乖變與空虛，使她更潛心將所有的愛投注在詩的活動之中。故在她的詩作中，不時流露出濃厚的愛的氣息，不管是在親情、朋友、眾生、鄉土、民族等方面，「愛」貫穿了她的詩文學的領域。有關她詩的評論，大都針對「愛」、「母性」等女性特徵來加以論述，如趙天儀在〈愛的探索者〉中寫到：

[4]陳秀喜，〈後記〉，《覆葉》（臺北：笠詩刊社，1971 年 12 月）。
[5]張彥勳，〈「姑媽」本色——悼念陳秀喜女士〉，《笠》第 162 期（1991 年 4 月），頁 38。
[6]利玉芳，〈陳秀喜印象——剛柔相濟的母性詩人〉，《笠》第 144 期（1988 年 4 月），頁 98～101。

從《覆葉》到《樹的哀樂》，是以一個母性的愛為出發表現覆葉的哀愁，
吟詠樹在成長中的哀怨與苦悶。……在《灶》這部詩集中，仍然是環繞
著以愛為主題出發，她表現了情人的愛、友誼的愛、眾生的愛以及鄉土
的愛。在不同的愛的對象中，她自有不同的看法與詠歎，但是，幾乎都
是一針見血的刺進動脈裡，讓它流動著、哀嘆著、呼吸著。[7]

其次，如林外〈以愛心燃亮詩燈的陳秀喜〉：

愛，是她關心詩的目光；愛，從她寫詩的動力。母愛女性之愛，是她本
有的、天賦的財富，再擴而大之，成了人生之愛、人類之愛。除卻愛
心，要解讀陳秀喜的詩是愚妄的，她的詩的精神，在愛；她詩的可愛、
詩的魅力，在愛。因愛而有所思，所思，又是為了愛，層層的愛釀作的
產品，不論表面、內裡，都瀰漫著濃濃的愛的氣息。[8]

再者，如鄭烱明〈一個洋溢母性光輝的詩人〉：

《覆葉》是一本充滿著母愛感性的詩集，像以一個母親講給兒女的故事
的口吻寫成的〈嫩葉〉，便是她的代表作。《樹的哀樂》除了延續《覆
葉》愛的抒情外，詩的世界更見寬廣。……第三本詩集《灶》，是她個人
創作的一個高峰。……詩人對愛是充滿愛與樂觀的，但她也對社會的不
公不義，發出批判的聲音。[9]

對於這樣的評論不一而足，在有關陳秀喜詩的評論文章中處處可見[10]，

---

[7] 趙天儀，〈愛的探索者〉，《笠》第 106 期（1981 年 12 月）。
[8] 林外，〈以愛心燃亮詩燈的陳秀喜〉，《笠》第 101 期（1981 年 4 月），頁 41。
[9] 鄭烱明，〈一個洋溢著母性光輝的詩人〉，《笠》第 162 期（1991 年 4 月），頁 53。
[10] 另外還有像李魁賢〈她是詩，她是愛一群陳秀喜詩集覆葉〉中提到:「『覆葉』詩集雷射著愛的光
芒，集子裡充滿了敬愛、情愛、疼愛的溫暖」，原載於《臺灣風物》第 22 卷第 3 期（1972 年 9

可知陳秀喜做為一位女性詩人，有其女性特有的詩風，即所謂「母親基型」（"mother-archetype"）的筆調，「其代表繁殖、豐收、生生不息、摯愛這些概念，體現於物的象徵即為大地、陰間、月亮、樹林等，這些象徵常受到損傷，但天生就有復原癒合的能力，會治癒自己，獲得重生」[11]，在陳秀喜的詩作中，我們的確可以在其詩行中，閱讀到具有慈愛、關懷的詩心，同時富含一種母性的光輝。在詩的成就上，陳秀喜也朝多方面發展，在 1968 年，中文歌詞〈雨中思情〉、〈瀟灑的你〉發表，被採用製成唱片，由雙燕姊妹合唱，波音唱片公司出版。1977 年《文壇》雜誌社社長穆中南邀稿，於 1973 年 12 月所寫的一首〈臺灣〉，後經梁景峰改編，由李雙澤作曲，改題為〈美麗島〉，然當時正值戒嚴時期，由於碰觸敏感的兩岸政治問題，因此被禁唱八年。另外〈青鳥〉、〈山與雲〉也由邱晨作曲，新格唱片公司出版。

在詩作中，日文方面，有日文短歌集《斗室》（1970 年）、日譯詩集《陳秀喜詩集》（1975 年）；中文方面有《覆葉》（1971 年）、《樹的哀樂》（1974 年）、《灶》（1981 年），詩文集《玉蘭花》（1989 年），另外由景翔英譯詩集 *THE LAST LOVE*。

縱觀陳秀喜的詩歷，她是切切實實地在真實生活中探求「愛」的詩素，做為「跨越語言一代的詩人」及「女性詩人」這樣雙重的角色，並沒有使她放棄寫詩的機會，相反地，以更蓬勃的生命力展現她多彩多姿的詩的世界，且在自我境界中不斷拓展，從最早《斗室》至最後一本詩文集《玉蘭花》，不論在題材、精神上的表現，都超越了個人的抒情、柔美的詩風，而凌駕至國家、民族之上，因此李元貞教授說：「她以母親意象的慈

月），頁 30，收錄於李魁賢《詩的見證》（臺北：臺北縣立文化中心，1994 年），頁 7。另外李敏勇〈覆葉與嫩葉〉：「陳秀喜女士是典型的女流詩人。她的詩充滿了典型的臺灣女性對生活與生命的委婉體認與感受性。雖然她的詩不乏女性對情與愛的吟詠，但整體的說，他的詩幾乎完完全全是母親的詩……母親的詩，意味著對生活與生命透露的全部都是愛與關懷的詩。」《笠》第 162 期（1991 年 4 月），頁 48。
[11]轉引自鍾玲《現代中國繆司──臺灣女詩人作品析論》（臺北：聯經出版公司，1989 年），頁 17。

愛，來說諷伸張的男性社會現象。她以母親意象的溫暖包容，來召喚大家
認同本土」[12]，因此在陳秀喜的作品中，「母性的愛」含攝了她的詩作，使
得她的詩不僅具有女性詩人的特色，同時也具備了現實意識的省思，這在
同輩的女性詩人而言是極為罕見的。

二、作品主題的探討

（一）、親情的歌詠

　　若說陳秀喜的詩是「愛」的展現，應是不為過的。因此不管對於父
母、子女，在她的詩中都流露出「為人兒女」、「為人父母」的關愛，以此
做為「女性寫作」特有的隱喻。史派克（Spacks）以女性寫作與男性寫作
的差異來稱這種女性寫作為一種「微妙的歧出」（"delicate divergency"）：
「這正印證了女性寫作行為微妙閃爍的本質。然而正因為女性作品是如此
微妙的歧出，我們才必須以同樣的細膩與準確，去面對其中任何細小但卻
舉足輕重的偏離現象，去回應其中累積的經驗與傳統排斥的思想」[13]，雖然
有關「親情之愛」在男性作家身上也可見到，如詹冰的詩作中亦不少有關
這類題材的寫作，但他們所抒寫的仍是以一種父子間和樂遊戲的作品，
如：〈閒日〉（《綠血球》，頁 73，詩作請參照詹冰的部分）。而女性詩人以
特有的生理、心理機能來描寫有關親情的詩作，其面貌則與男性作家相
異。換言之，也正因為女性詩人的特殊經驗累積與社會所賦予的角色扮
演，都使得她們在處理這類的題材時，能夠從另外的視角切入，且真心的
介入其中，然而女性作家如何將這種迥異於男性的感受，寫進到她們的文
學經驗裡，並且也堅持撰述文化中極具沉重的事。以她的代表作〈嫩葉〉
來看，這是一位母親講給兒女聽的故事：

---

[12]李元貞，〈陳秀喜詩中的母親意象〉，原載《新竹風》第 3 期（1991 年 10 月），後收錄於《女人詩
　眼》（臺北：臺北縣立文化中心，1995 年 6 月），頁 273。
[13]轉引自伊蘭‧蕭瓦特（Elaine showalter）著、張小虹譯，〈荒野中的女性主義批評〉，《中外文學》
　第 14 卷 10 期（1986 年 3 月），頁 85。

風雨襲來的時候
覆葉會抵擋
星閃爍的夜晚
露會潤濕全身
催眠般的暖和是陽光
摺成縐紋睡著
嫩葉知道的　只是這些——

當雨季過後
柚子花香味乘微風而來
嫩葉像初生兒一樣
恐惶慄慄底伸了腰

啊！多麼奇異的感受
怎不能縮回那安祥的夢境
又伸了背　伸了首
從那覆葉交疊的空間探望
看到了比夢中更美而俏麗的彩虹
嫩葉知道了歡樂　知道自己長大了數倍
更知道了不必摺皺紋緊身睡著
然而嫩葉不知道風吹雨打的哀傷
也不知道蕭蕭落葉的悲嘆

只有覆葉才知道　夢痕是何等的可愛
只有覆葉才知道　風雨要來的憂愁

—— 《嶺頂靜觀》，頁 24

這首詩以「嫩葉」來比喻「兒女」，以「覆葉」來借喻「母親」，前者

以嫩葉的嬌弱、無助的特性來顯示其子女的無知幼小，後者以覆葉來說明
母親的細心呵護，在傳統的社會職責中認定「女主內、男主外」，因此對於
子女的養育問題則大多落在母親身上，所以當女性詩人在描寫這樣的題材
時，則會以一種關愛溫柔的語調來進行書寫，同時所選擇的意象也特別細
膩深刻，如此詩既以「嫩葉」冒出新芽之際的景象來做比喻，又把它形象
仔細描摹「摺成皺紋睡著」。而詩中也不斷的利用「嫩葉」與「覆葉」在知
與不知中進行對照，在覆葉抵擋照顧之下，嫩葉只知「星閃爍的夜晚／露
會潤濕全身／催眠般的暖和是陽光」然而嫩葉所不知的是這樣舒服、安詳
是得自於覆葉的承擔。一旦自認成長則罔顧覆葉的辛勤撫育，他們所盼的
是外面繽紛的世界，「從覆葉交疊的空間探望／看到了比夢中更美而俏麗的
彩虹」。在歡樂的生命中，嫩葉是「不知風吹雨打的哀傷／也不知蕭蕭落葉
的悲嘆」。然而生命自有其更替，時間的流轉中將會使得嫩葉有朝一日成為
「覆葉」，屆時「只有覆葉才知道　夢痕是何等的可愛／只有覆葉才知道
風雨要來的憂愁」。整首詩從開頭到結尾相互呼應，不因抒情而顯得散漫、
龐雜，反而藉由層層的鋪敘將母性的慈愛、感傷在詩行之間反覆陳述。相
較於陳秀喜的另一首詩〈覆葉〉，則以一種自我觀照的心情來表現對子女的
愛心，而覆葉無視於自己的無助萎弱，然而她亦是「沒有武裝的一葉／沒
有防備的／全曝於昆蟲飢餓的侵食／任狂風摧殘」，其目的是一種無私的奉
獻，「倘若　生命是一株樹／不是為著伸向天庭／只是為了脆弱的嫩葉快快
茁長」（節引自《嶺頂靜觀》，頁 38），在此我們看到的是一種母性的光
芒，充滿愛與關懷，且符合母性基調中「子女中心」論的思想。

　　除了表現一種對子女關愛之情外，另外也表現父母對於子女病故、罹
害，所帶來的憂傷與自責，同時是以一種「自我懲罰」的心理來彌補自己
的愧疚。這種「自我否定」、「自我懲戒」的手法，往往是女性性格中特有
的一種感受與表達。像〈父母心〉一詩：

神啊

　　請把小玲的腿打斷

　　罰我抱她的手臂，直到癱瘓

　　請把小玲弄成瞎子

　　罰我變成拐杖

　　請把小玲變成白痴

　　罰我終身為奴隸

——《嶺頂靜觀》，頁 28

　　類似這種自我虐待的心理，正代表身為父母者，面對子女脆弱生命的夭折，所感受到的無比哀慟。儘管此詩是以一位父親的口吻來書寫「請留小玲一條小生命吧／我和妻的命都奉獻給你」，然而卻處處流露女性詩人特有的溫婉、哀傷、細膩的感覺。一如在〈趕路〉一詩，對於兒子遭遇車禍，心中無助、焦急、惶恐、不安，此刻都在「敘述者」之中娓娓道出：「世界無助於我／行人無助於我／捏著沒有力的拳頭吞吐嘆息」、「倘若能夠乘上閃光多好／老早就趕到現場／倘若能夠乘上破曉的曙光多好／老早就趕到醫院的窗口」（節引自《嶺頂靜觀》，頁 20）。在此陳秀喜不僅在語調、比喻、意象上都展露了女（母）性形象的特色。〈父母心〉一詩的最後：

　　而不露面的神

　　竟把嫩葉摧殘於車輪下

　　淚乾的枯葉不落地

　　吞飲刻刻的悲愴

　　睨杳冥的深淵

　　還是伸出長長無力的手

——節引自《嶺頂靜觀》，頁 28

　　所謂「白髮人送黑髮人」，這在為人父母的心中是何等的不忍，尤其對於「女性」經歷「生產過程」的感受，面對從自己體內分化出去的生命，因故而損落，更是自然流露出一種母性的悲愴。這樣的感受亦可在〈趕路〉中見到：「白紗布紮不住血／頭破腿斷瀕死的是我／我的血哀喚著兒子的乳名／乖乖等候我等候我」，一種母性的象徵在此展現，「母親」象徵一種生命的不息與重生，如同月缺會再有月圓的時候，與生育萬物的大地一般，縱使遭逢創傷，卻同樣表現出慈愛與寬容、等待的心。在陳秀喜的詩作中，「母性」的書寫成了她詩作中的基調與原型，涵蓋在她的詩中，或許這樣的詩風探索可在她〈也許是一首詩的重量〉末尾所表述的詩觀看見：

> 詩擁有強烈的能源，真摯的愛心
>
> 也許一首詩能傾倒地球
>
> 也許一首詩能挽救全世界的人
>
> 也許詩的放射能
>
> 讓我們聽到自由、和平、共存共榮
>
> 天使的歌聲般的回響
>
> 　　　　　　　　　　——節引自《嶺頂靜觀》，頁 42

　　陳秀喜將她的愛灌注在詩中，由詩去撫慰現實生活中的人們。除了扮演母性的角色外，在她的詩中，亦有從扮演子女的觀點來寫詩，陳述「子欲養而親不待」的遺憾與哀傷，透過詩行也看到秀喜女士對父母的追思與懷念。在〈爹！請您讓我重述您的故事——獻給去世的父親〉藉著父親在世為他們講述祖父的故事，而轉移至自己面對子女講述父親的故事傳達慎終追遠的情思，詩的中間詩行寫著父親死後自己的茫然與懊悔：

> 今年十月三日
>
> 您留給我——您的忌辰

我站在白菊屍的花環中茫然
始嘗到您流過的淚是
如此浸頹
如此悽愴

明年十月三日，白菊花開
您的忌辰
我該向子女講些什麼
……
我該向子女講些什麼
請您讓我重述您的故事
爹！
如您流過的淚水

——《嶺頂靜觀》，頁 10

　　對於父親死亡的悲傷，詩人撇開嚎啕痛哭的語調，改採一種哀默式的追憶手法，體驗當年父親感嘆「雙親早逝」的沉重心情，在「父親」與「我」之間，連結感同身受的親密感。最後亦仿效父親，再將父親的行誼傳述至下一代，或許「死亡」在客觀上是生命的終結，然而在子女主觀上的感念中，卻是可以持續不斷的。而這是一種無形的追思，並非只是徒具形式、祭典儀式而已，如〈今年掃墓時〉：

蹲在菫花傍
憂思的紫色啊
咬碎了晨間的露珠
心中反覆著：
碑石不是我父親

碑石不是我父親

　　詩的末兩行吶喊式的表達對父親的思念與追憶，陳秀喜善用植物和顏色，「紫色」給人的意象是一種憂傷、感哀的色調，是冷色系的顏料，運用在低沉的詩意中，更透顯詩人的心境意象。

　　在對逝去母親的追憶中，陳秀喜寫下了〈曬壽衣母親〉一詩，在題材的選擇上，詩人別出心裁的選擇「曬壽衣」的意象，來說明母親對生、死的超然及「安之若素」的生命觀：「母親啊！／你愛在這樣的晴天／曬你的超然／曬你的從容／曬你的泰然／曬你自己的壽衣」，在此詩人將抽象的思維與具象的「壽衣」相連結，既把之前抽象的概念一一具體化，同時母親慈祥淡然的面容也彰顯於詩行之間，最後落實在生活當中「你的哲學是／生　沒有嗟嘆／死　沒有哀怨」，如佛家語：「了悟生死」。即使在生命的最後，母親依然故我，在不慌不忙之中，料理著自己的一切，將生死視若於平常自然之事：

　　母親啊！
　　誰能預感最後的秋天
　　您卻又在
　　曬您純粹的寄託
　　曬您的餘生
　　曬您感謝

——《嶺頂靜觀》，頁 30

　　或許正因為母親看透了所有，反倒使得為人子女無法再挽留什麼，於是「突然　你穿著／陽光熟悉的衣裳／敗北的我／在淚水窒息中／那一件壽衣掠過／又掠過——」，當母親翩然離去，詩人亦只能任其淚水宣洩，因為自己是「敗北的我」。

有關詩的創作陳秀喜曾表示：「我一直要求自己沒有感動不寫詩，所以我深信我的每一首詩都是最有感情的……儘管我的文字不夠華麗，但我相信我的每一首詩都是最有感情的」，[14]對於詩，陳秀喜所堅持的理念是一種詩的「整體觀」，要能夠真正打動心靈的詩，並非在字句之上刻意雕琢，因此有人批評她的詩：「詩句斷或接得笨拙，多用白描，缺乏間接性表現、語法太口語化，禁不起咀嚼」[15]，這些「缺點」或許正是陳秀喜欲擺脫的詩的陋弊。在「散文式」的詩體中，所強調的是營構整首詩的意象，能表現詩人所欲表現的詩質，且能感動多數人的心。她說：「詩人創作的詩更將亙古的，要平易的讓大眾接受，詩要有足夠的包容性和時代感，這也是每個詩人所應該注意的，但也不能一味的遷就讀者，一首詩的不朽是要讓時間去考驗的」[16]，故「詩」不應只是少數人的文字遊戲，它是更應落實在現實精神之中，如艾略特所言：「詩人必須像雕刻家一樣，對自己所使用的材料中時，他必須從他實際聽到的聲音中創作出他的旋律與和聲。」[17]當詩人能真正面對生活的所感所知而創作為詩，其詩即與這個時代的人民引起共鳴。

（二）情愛的渴求

「愛」做為陳秀喜詩的主題，因「愛」是她執著的一個信念，不管她所追尋的是否是一種情感的烏托邦，但在她筆下所流露出的情感，總是表現她做為一位女性詩人特有的氣質，在她的詩作中舉凡有友誼之愛、戀人之愛、悲憫同情之愛、親情之愛，甚至人間、萬物之愛。尤其有關情誼之間的愛更是占了她詩作中不少的篇幅，其中包括了情人與朋友的愛。

而少女情懷總是詩，對於「愛情」的渴望、想像，總會留下詩篇，而陳秀喜在〈愛情〉一詩中，以一隻奇異的鳥和樹枝，恰如菟絲、蔦蘿相互依伴的關係來做比喻，期待愛情的到來：

---

[14]徐熙等訪陳秀喜讀文論詩，〈詩情斗室・人間風土〉，《笠》第83期（1978年2月），頁55。
[15]黃小容，〈陳秀喜的詩〉，《笠》第66期（1975年4月），頁79。
[16]同前註，頁56。
[17]艾略特，〈詩的音樂性〉，收入於杜國清譯《艾略特文學評論選集》（臺北：田園出版社，1969年3月），頁85。

　　一隻奇異的鳥飛翔而來

　　沒有一定的途徑

　　不何時　它來自何方

　　並不是尋巢而飛來

　　樹枝不曾擺過拒絕的姿態

　　向天空　像要些什麼的手

　　如果　那隻鳥飛來樹枝上

　　樹枝會情願地承擔

　　最美好的裝飾

　　而且希望這隻鳥從此沒有翅膀

　　樹枝心願變成監牢的鎖

　　因為奇異的鳥在樹枝上

　　比勳章更輝煌

　　比夕陽懸在樹梢　更確實存在

　　樹枝等待一隻奇異的鳥

——《嶺頂靜觀》，頁 40

　　全詩的意象在於「等待」，將女子比喻成不動、沉靜的樹枝，而男子比喻成自由飛翔的鳥，以這樣的關係去傳達一種傳統婉約的愛情模式，再透過平靜語調去展現一種矜持保守的愛情觀。而當我們去追尋陳秀喜的成長經驗時，由於她在既有的傳統家庭成長，故將男性視為「比勳章更輝煌／比夕陽懸在樹梢　更確實存在」，是可以理解的。

　　相對地，詩中女子的形象是一種包容性強、無怨無悔「母性」的象徵，在陳秀喜的詩中，之所以充滿著濃厚的愛，也是在她的詩中不斷有這樣的基調出現。詩中的女子一如「樹枝不曾擺過拒絕的姿態／向天空　像要些什麼的手／如果那隻鳥飛來樹枝上／樹枝會情願的承擔」。另外在〈山

與雲〉一詩，表達女性的委屈與忍耐，即使是對待情人，亦如她對待子女一般，總是耐心的等候與承擔。在詩中結構完整縝密，包含起承轉合，從「一隻奇異的鳥飛翔而來」（《巔頂靜觀》，頁 56）上，將女子想像、追求愛情的心思細膩地傳達出來。

另外有關對於愛情的尋覓、狂熱的情思的詩，如〈思春季〉：

神的傑作中最成功的季節

透明全盲的瞳中

天使和魔鬼一樣可愛

海賊和王子一樣可親

最馴良的動物

自己恨不得跳入狩獵者的心

於是便利捕獲的好機會

千古不變

──《嶺頂靜觀》，頁 17

根據鍾玲的研究，她認為「在數量上而言，愛情大概是臺灣女詩人作品中出現最頻繁的題材」[18]然而相較於清純、哀怨、纏綿的情歌而言，在這首詩中陳秀喜所表現的反而多了幾分諧趣，同時也不描寫一種被動、等待的愛情，反以一種較為「天真浪漫」式的愛情為抒情的對象，然而愛情總是盲目、無知的，故陳秀喜也不歌詠愛情的恬美。她對熱戀中的人加以揶揄，在「透明全盲的瞳中／天使和魔鬼一樣可愛／海賊和王子一樣可親」，藉此說明一種冷靜觀照的愛情觀，雖然此詩利用白描的方式，但出於內容具有戲劇效果，補足了白描所欠缺的張力，而使人玩味。

除了描寫有關年輕、浪漫、等待、尋覓的愛情之外，陳秀喜也有詩

---

[18]鍾玲，《中國現代繆司──臺灣女詩人作品析論》（臺北：聯經出版公司，1986 年 12 月），頁 7。

篇，從另一種觀點來描寫愛情、婚姻對於女性的枷鎖，在 1950、1960 年
代，女性詩人較少對己身處境、身分有所覺醒的女性詩人之一，如〈棘
鎖〉一詩，在詩行中，體驗到她扮演別人妻子、媳婦、母親的角色與自己
獨立個體之間的衝突，然而在強烈的語調中，其實所包含的心也是她愛的
召喚：

　　當　心被刺的空洞無數

　　不能喊的樹扭曲枝椏

　　天啊　讓強風吹來

　　請把我的棘鎖打開

　　讓我在捏造著

　　一朵美好的寂寞

　　治療傷口

　　請把棘鎖打開吧！

——節引自《嶺頂靜觀》，頁 48

　　在這首詩中，陳秀喜表現了她尋求女性解放的愛與自由，而全詩由
「鮮花與荊棘」闡釋愛情、婚姻的多面性，另外像〈灶〉一詩：「灶的肚中
／被塞進堅硬的薪木／灶忍受燃燒的苦悶／耐住裂傷的痛苦／灶的悲哀／
沒人知曉／人們只是知道／詩句中的炊煙／嬝娜美麗——」（節引自
《灶》，頁 22），所陳述的是女性，被湮沒在傳統的婚姻價值中，並沒有獲
得真正的愛情與自主性。或許，她所追求的愛情是一份沉厚、平穩、尊重
的情感，像〈玫瑰色的雲〉一般的自然、溫馨：

　　夕陽逐漸沉下

　　一朵白雲多情

　　還在天邊逗留

染上餘暉依依之情

愛意一致之時

天空一朵玫瑰色的雲

造成和諧的黃昏

回顧時

彩雲已無影蹤

心中深深銘刻著

遐想　愛相映的形象

回憶一朵玫瑰色的雲

到老邁越是溫馨

——《嶺頂靜觀》，頁 52

　　詩中所表達的愛，是一種無私、和諧的意象，然而陳秀喜以「夕陽」的意象來比喻，將霞紅滿天的瑰麗景象烘托而出，同時也暗喻「黑暗」即將到來的無奈和悲哀。

　　在有關「愛情」的題材中，陳秀喜如同愛的發光體，不斷的輻射到她的詩作中。然而也有她對於「朋友」間真誠的情感表達，像〈鄰居的愛〉、〈關愛的手掌〉、〈你是奇異的花朵——贈林榮德先生（音樂家）〉、〈相識在火車上——贈劉文三先生（畫家）〉、〈赴約〉、〈望友誼更溫馨〉等詩作，透露她對朋友深厚的情誼與感念，而在〈時間終於向你屈服——獻給故張文環先生〉更是將對朋友的痛惜之情，委婉真切的流露出來。

時間已追回

寒流襲來時

失蹤的溫暖

你　突然離去

帶走愛護同胞的心

帶走洗雪的巢

泰山梁木萎

時間追不到你

從今以後

臺中的街頭

難遇見你的笑容

日月潭的晨陽

照不到你的風采

泣血的餐桌上

少了一雙筷子

我們的淚能泛舟

卻無法載你回來

臺灣的文學史上

你是一棵長青樹

追隨你的人們發現

你坐鎮在書架上

時間追不到你

時間終於向你屈服

——《嶺頂靜觀》，頁 44

　　對於這首詩，趙天儀說：「陳秀喜表現了她的仰慕，她的珍惜以及她的
堅毅。同時也表現了她自己豪爽的性格，有如張文環先生豪邁的性格，是
一種女中豪傑的風範」[19]，藉此不僅可看出陳秀喜對朋友的回憶以及她在人

---

[19]同註 1，頁 91。

格上的追求與完成，同時可看出陳秀喜事在真實生活中，汲取詩的感動，詩的要素，不刻意詰屈聱牙將詩的領域「陌生化」使讀者在閱讀中能夠體悟到她詩中的友情天地。

（三）家國、鄉土之愛

　　做為一位「臺灣」女性詩人，除了在女性詩人的扮演外，陳秀喜同時也體認到自己做為「臺灣詩人」的角色，故在她的詩作中，也不時反省有關自己與本土以及國家、民族的認同問題。《樹的哀樂》的出版，正代表陳秀喜跨出了女性與母性的認同，郭成義在評論這本詩集時也說到：「從泥土來的，也將回歸到泥土。我感到陳秀喜在《樹的哀樂》這本詩集裡所給予我們的，無非基於喚醒我們這種鄉土感情的動機吧」[20]，另外像李元貞也談到：「《樹的哀樂》是陳秀喜歷經做女人生涯後自我認同的好詩，脫離了父權社會看女人的觀點」[21]。在〈樹的哀樂〉中，陳秀喜寫到：「陽光被雲翳／樹影跟鏡子消失／樹孤獨時才察覺／扎根在泥土才是真的存在／認識了自己／樹的心才安下來／再也不管那些／光與影的把戲／扎根在泥土的才是自己」（節引自《樹的哀樂》，頁 11～12），在詩中陳秀喜表達了自己與土地的結合，強調本土精神。同時另一方面她也擺脫了陽光所造成的「光與影的把戲」，更追求自我存在的意義。

　　然而，對於同樣描寫有關傳統認定具有「陽剛性」的國家、民族等超越個人議題的作品時，在男、女作家的身分中，有著不同的文題表現，鍾玲曾介紹柏崔莎・雅葛（Porticia Yaeger）的〈朝向女性昇華文體〉（Toward Female Sublme）一文中，說明男性作家的昇華文體是一種「垂直的昇華」（"Vertical"），女性文體的昇華爲「水平昇華」（"horizontal sublime"）[22]它

---

[20]郭成義，〈美人魚的歌聲──評陳秀喜詩集「樹的哀樂」〉，原載《青溪》第 94 期（1975 年 4 月），後收錄於《從抒情趣味到反藝術思想》（臺北：金文圖書公司，1984 年 10 月），頁 143。
[21]同註 13，頁 276。
[22]柏崔莎・雅葛（Patricia Yaeger）在〈朝向女性昇華文體〉（Toward Female Sublime）中，論及男性作家的昇華文體是一種「垂直昇華」（"Vertical sublme"），是主體因主宰他物而產生的昇華，是源自伊底帕斯情結與父親作戰至死，陽具式的那種昇華；而女性文體的昇華，則是「水平昇華」（"horizontal sublme"），是拓展式的，把自己伸展而泯入他物的伸展。參照鍾玲〈六十年代臺

是一種拓展式的，把自己伸展而泯入他物的昇華，非別於男性作家一種主
宰、侵略式的模式。如〈我的筆〉一詩藉由他物——畫眉筆、口紅來比喻
殖民者的意象。

　　　眉毛是畫眉筆的殖民地
　　　雙唇一圈是口紅的地域
　　　我高興我的筆不畫眉毛也不塗唇

　　　「殖民地」、「地域性」
　　　每一次看到這些字眼
　　　被殖民過的悲愴又復甦

　　　數著今夜的嘆息
　　　撫摸著血管
　　　血液的激流推動著筆尖
　　　在淚水濕過的稿紙上
　　　寫滿著

　　　我是中國人
　　　我是中國人
　　　我們都是中國人

——《嶺頂靜觀》，頁 6

　　這首詩正代表曾受過日本殖民的臺灣作家的寫照，陳秀喜以一位女詩
人的眼光來暗喻這種被剝削、宰制的悲愴。詩的第一段以眉毛與眉筆、嘴
唇與口紅的關係來象徵被殖民與殖民的政治義涵，在「我高興我的筆／不

灣女詩人作品風貌〉於 1995 年 3～5 月在臺北佛光山道場「臺灣現代詩史研討會」之宣讀論文，
文建會策劃，文訊雜誌社主辦。

畫眉毛也不塗唇」，除了表現對於殖民地國的抵抗外，同時也具有女性自主的覺醒，對於矯飾的裝扮的揚棄。張漢良曾說明此詩：「根據前面兩個暗喻的關係，此處筆所寫的詩也是本土的、沒有經過裝飾，或者沒有受過西方影響的詩。」[23]在張漢良的評語中可見做為一位臺灣詩人，陳秀喜對於自我身分的認同是具有思考性的。

接續的詩行中，「被殖民過的悲愴又復甦」，且幻化為血液，成為推動筆尖的墨水及詩行，而在滿紙辛酸悲憤下寫著「我是中國人／我是中國人／我們都是中國人」，在這簡短口號的呼喊中，傳達了詩人關懷國家民族的情懷。陳秀喜曾說明寫這首〈我的筆〉的動機：

> 寫這首詩是由於《水星》詩刊公然在詩刊上批評《笠》詩刊是日本詩壇的殖民地，這更令我深痛，我是個受日本教育的人，我可以用日本話，日本文字寫日本詩，但是我為何辛苦的學中文寫中國詩呢？因為不甘被殖民，我是中國人，《笠》詩刊當然是中國人的詩刊，這種憤怒，我就把它寫成〈我的筆〉[24]。

在此表明「中國人」即有的民族立場，來加以反抗日本殖民政權，再者如〈耳環〉一詩，以「耳環」來做為自我身分的認同；為女性詩人特有的徵象。

> 他們無知的妄舉
> 是統治者驕傲的遺傳
> 耳環如祖國的安慰我
> 撫著的面頰
> 使我更神氣闊步

---

[23]張漢良，〈我的筆〉，《現代詩導讀》（臺北：故鄉出版社，1979 年 11 月），頁 41～43。
[24]同註 15，頁 55。

　　當時十八歲的我

　　深信母親的話

　　耳環就是

　　中國女孩的憑證

　　臺灣光復　那一天

　　不必檢驗耳朵的針洞

　　如今　年齡已老

　　照鏡子的時候

　　習慣地多看一看

　　去世的母親

　　留給我的民族觀念

——節引自《嶺頂靜觀》，頁 14

　　詩人以「耳洞」的烙印來記取自己的民族觀念，更藉「耳環」女性的特徵來意喻祖國的溫柔，強調統治者的粗暴。「耳環如祖國的手安慰我／撫著我的面頰／使我更神氣闊步」，在此「耳環」垂墜搖擺的動態，比喻著撫摸安慰的動作，而詩人在這首詩中暗含了民族觀念的改變，以「耳環」來做為民族身分的辨識，是母親的教誨。「當時　十八歲的我／深信母親的話」，而「如今　年齡已老／照鏡子的時候多看一看／去世的母親／留給我的民族觀念」，陳秀喜非常冷靜地觀照自我，省視「母親留給她的民族觀念」。詩人不斷地思索自我認同的鄉土為何，而展開進一步的追尋，故寫下〈臺灣〉一詩：

　　形如搖籃的美麗島

　　是　母親的另一個

　　永恆的懷抱

　　傲骨的祖先們

　　正視著我們的腳步

　　搖籃曲的歌詞是

　　他們再三的叮嚀

　　稻　　香

　　榕　　樹

　　香　　蕉

　　玉蘭花

　　飄逸著吸不盡的奶香

　　海峽的波浪吹來多高

　　颱風旋來多強烈

　　切勿忘記誠懇的叮嚀

　　只要我們的腳步整齊

　　搖籃是堅固的

　　搖籃是永恆的

　　誰不愛戀母親留給我們的搖籃

——《樹的哀樂》，頁 13～14

　　陳秀喜扎根於自己的鄉土，從成長的土地出發去探索自己的身分認同，同時也以詩為臺灣這塊土地恢復「歷史的記憶」，李元貞曾讚譽陳秀喜說：「最關心國事，且善用女人事物來比喻臺灣被殖民的屈辱感的女詩人當推已過世的陳秀喜。」[25]在《美麗島詩集》中，她陳述了自己的詩觀是要能關心歷史、時代，甚至國際、人類的宏觀看法：

　　詩人不願盲目的活著。眼睛亮著重視過去，腳卻向前邁進，意識歷史、

---

[25]李元貞，〈臺灣女詩人眼中的「國家」〉，原載《島嶼邊緣》第 9 期（1993 年 10 月），後收錄於《女人詩眼》，頁 292。

時代、甚至國際、人類。以關心執著於自覺的極點，負著時代的使命感，以喜怒哀樂的沉澱物來比較和判斷事物。[26]

〈臺灣〉一詩一貫而下，並無分歧，呈現臺灣主體的內聚性，以及豐富、強勁的生命力，恰如搖籃撫育著在此的子女，孕育一股新生的力量。同時也表現了陳秀喜對於海峽兩岸的反省，「海峽的波浪衝來多高／颱風旋來多強烈」暗指海峽彼岸的威脅，然而「生命共同體」的認知，使我們同舟共濟的在自己的鄉土抵禦外來的侵襲，因為「只要我們腳步整齊／搖籃是堅固的／搖籃是永恆的／誰不愛戀母親留給我們的搖籃」。對於這樣歷史意識的覺醒與回歸，在〈魚〉一詩中也可見到：

我和兄弟姐妹們都是啞巴
我和兄弟姐妹們都在浮萍中長大
小時候為著尋覓食物奔走
或者逃避追逐而忙碌
如今偶而有個吐出一口泡沫的安適
卻比不上美人魚的歌聲

想念祖先們
敬佩他們曾渡海而來的勇氣
可是不知道他們都那裡去了
當我知悉祖先們的去處
我已在俎上
跳動一下微弱的抗拒
嗟嘆歲月養我這麼大
羞愧不曾唱出美人魚的歌聲

---

[26] 《美麗島詩集》（臺北：笠詩刊社，1979 年 6 月），頁 224。

──《嶺頂靜觀》，頁 26

　　這首詩陳秀喜藉魚表達被宰制的命運，臺灣人民曾經經歷過多次被殖民的經驗，就如同砧板上的魚任人宰割，只能做無言的反抗。同時感嘆自己已遺失了先民開疆拓土、抵抗現實的強韌精神，此詩她曾說明寫作的動機為：

　　　我一直要求自己沒有感動不寫詩，所以我深信我的詩是有感情的，比方說我寫的〈魚〉，寫這首詩是我親歷的一次殺魚的經驗，我深感到魚的悲哀和痛苦，我把他們那無言的抗拒寫出來，這就是我的感動和情感。再看看這首詩，我想除了魚的悲哀之外，我已隱約的寫出我們的祖先們當初開天闢地的精神已不在，這也是我們的悲哀。[27]

　　她清楚地反省到臺灣過去歷史的悲哀。由於殖民統治，人民在威權的恐嚇中已喪失了鍛鍊自己堅毅不拔的精神。因此「嗟嘆歲月養我這麼大／羞愧不曾唱出美人魚的歌聲」詩人對於「人為刀俎，我為魚肉」的殖民地歷史經驗，提出了沉痛的見證，對於先民渡海來臺搏鬥、奮發的精神寄予敬仰。

　　當陳秀喜意識到鄉土的情懷時，即投入了對鄉土的熱愛，從〈嫩葉〉、〈覆葉〉至〈樹的哀樂〉，樹芽已長成了粗壯挺立的大樹，一如〈樹的哀樂〉（《樹的哀樂》，頁 10～12）詩中所呈現的自覺、獨立。

　　詩人至此已完全的和所生長的鄉土緊密地相連，記錄著這塊土地上的喜、怒、哀、樂。在一系列的鄉土題材如〈捲心集〉、〈關帝廟的早晨〉、〈榕樹啊，我只想念你〉、〈市場〉、〈玉蘭花〉等，皆是以臺灣鄉土為主

---

[27]徐熙、果隱等訪談記錄，〈詩情斗室・人間風土──訪陳秀喜談文論詩〉，《笠》第 83 期（1978 年 2 月），頁 55。

題，鍾玲曾稱：「陳秀喜是第一位女詩人中，鄉土詩潮流的代表人物」[28]，
正因爲她的詩能落實於生活中，表現真切、自然的深刻經驗，傳達濃厚的
鄉土之愛，如〈探訪烏腳病人記〉一詩：

……
我知道
千萬個傷心也比不上
你淌血的心病
床為伴的鄉親啊
你可知道
殘酷的砒素
不是敵人
絕望才是勁敵
生命仍然屬於你
故鄉屬於你
我們屬於你

陳秀喜亦將對鄉土的關愛化爲實際的行動，表現她悲憫之情及無私之
愛，像在〈最後的愛〉一詩中，讚頌對鄉土的信仰，「親愛的故鄉啊／接受
我最後的愛吧／心靈最傾向的愛／雖是雜草的一小巢／一首小詩／是勁草
的愛」（節引自《嶺頂靜觀》，頁 76），詩人將愛化爲詩，奉獻給她至愛的
土地。
　　陳秀喜以「愛」這一哲學的信念做爲自身存在的理由，因此在她的詩
作中「愛」不斷地被呈現出來，去論述她的詩的生命，「在這一意義上，愛
已不是一種單純的情感概念或情感主題，它是一種更有悲憫性……，它的

[28]鍾玲，《中國現代繆司——臺灣女詩人作品析論》，頁 196。

目的旨在爲包括女性在內的弱者—被統治者提供生存的文化依據」[29]，這不但陳述了陳秀喜有關「愛」的理念與實踐，同時也讓我們了解她詩中所具備的女性特質。

在陳秀喜的詩中我們看到了她做爲女性詩人特有的比喻手法，善用花草植物的象徵[30]，表達細膩繽紛的詩的語言，而別於一般男性詩人的特色。

因此不管身爲女性詩人或臺灣詩人，陳秀喜都能夠在這兩端調和、平衡其間的詩情，故在她的詩中，我們不僅可看到女詩人書寫多情至愛的一面，同時也能見到身爲臺灣詩人，在詩中所表現的包容性與時代感。不管在哪一方面都能在詩的世界裡散發出希望和熱情，故她的詩不僅是愛的詩，也是一首首希望的詩。

備註

標題引用趙天儀評論陳秀喜詩集〈灶〉一文標題，原刊載於《笠》第106 期（1981 年 12 月），頁 60～64。後收錄陳秀喜詩集《嶺頂靜觀》附錄（臺北：笠詩刊社，1986 年 2 月）。

——選自阮美慧《笠詩社跨越語言一代詩人研究》

臺中：東海大學中國文學系碩士論文，1997 年 5 月

---

[29]孟悅、戴錦華著，《浮出歷史地表——中國現代女性文學研究》（臺北：時報文化出版公司，1993年），頁 73。
[30]利玉芳，〈大鄧伯玉蘭花與其它〉，《笠》第 162 期（1991 年 4 月），其中如〈玫瑰色的雲〉、〈薔薇不知〉、〈臺灣〉、〈含羞草〉、〈影子與梔子花〉、〈凋謝的曇花〉、〈菩提樹的聯想〉等詩，皆可看出陳秀喜擅用花草的象徵手法。

臺灣女性的內在花園
陳秀喜新詩研究

◎陳玉玲*

一、前言

陳秀喜（1921～1991），在臺灣新詩詩壇中具有重要的地位。第一、她是「跨越語言一代」的女詩人，與杜潘芳格（1927～）同是其中少數的女詩人；第二、她是臺灣新詩早期的女詩人代表。所以，陳秀喜新詩的研究，便具有開拓臺灣女性詩史的意義。尤其李魁賢（1937～）主編的《陳秀喜全集》（1997 年；以下簡稱《全集》），已經出版，更使得研究的工作刻不容緩。

本文主要以女性主義的觀念，分析這位生於臺灣傳統社會中的奇女子，稱她為奇女子，不只讚頌她的才情文采，更針對她詩中豪放坦率的自述與表露，不受當時保守世情的約束。這也是深入分析陳秀喜內心世界的重要途徑。

本文以「臺灣女性的內在花園」作為題目，主要在凸顯作者的空間觀及詩中「花草樹木」的意象。以下分為四個面向分析陳秀喜的內心世界：第一、「花語與心情——自我的影像」，探討的是擺脫面具之後，女詩人的真實心情。第二、「捧花與荊棘——婚姻之路」，凸顯作者在婚姻中，扮演傳統人妻人媳的委屈與束縛。第三、「覆葉與嫩葉——母親的眼淚」，探討作者身為人母的愛心與掙扎。第四、「榕樹與玉蘭花——追尋與回歸」，說

---

*陳玉玲（1964～2004），詩人、評論家。宜蘭人。發表文章時為國立臺北教育大學臺灣文化研究所副教授、女鯨詩社成員。

明作者內心最終的追尋與認同，是對故鄉的回歸。

二、花語與心情──自我的影像

　　展讀陳秀喜的詩集彷彿陷入一片香氣襲人的花海之語，由此可以觀察作者詩中的空間觀，是以花園做為起點。在中文詩集兩冊，詩作 135 首詩中，以花草樹木做為意象的詩，約有五十一首，占有重要的比例，直接以此為詩名的，如〈嫩葉〉、〈白色的康乃馨〉、〈鄉里之樹〉、〈捲心荣〉、〈茉莉花〉、〈牽牛花〉、〈小菫花〉、〈梅花戀春聯而開〉、〈薔薇不知〉、〈常青樹〉、〈樹的哀樂〉、〈花絮〉、〈玫瑰〉、〈竹筍〉、〈一朵花痕的酒〉、〈你是奇異的花朵〉、〈荒廢的花園〉、〈冬天的墜花〉、〈棘鎖〉、〈託木犀花〉、〈給牡丹花〉、〈含羞草〉、〈凋謝的曇花〉、〈強風中的稻〉、〈影子與梔子花〉、〈榕樹啊，我只想念你〉、〈菩提樹的聯想〉、〈仙丹花〉、〈紫陽花〉、〈除草記〉、〈花開花落〉、〈鬱金香遇險記〉、〈玉蘭花〉等。這與作者天性喜愛田園風光有密切相關，她自 1979 至 1991 年隱居在關仔嶺笠園，可見一斑。

　　陳秀喜以花草樹木做為主要描寫的對象，不只是客觀的描述，單純愛物而吟詠，更在其中強烈投射了自我的影子，因此她筆下的花木也充滿了她個人的特質。她在〈連影作三個我〉（《全集 1》，頁 118～120）詩中，曾寫出自我的三個影像：

> 獨自走過長巷
> 概念是一個影子
> 竟有兩個影子跟著
> ……
> 稍停步看看三個我
> 矮的影子是　人之媳婦
> 高的影子是　人之母
> 另一個呢？

是擁有裸體的心

　　做為人媳與人母，是陳秀喜扮演的人間角色，是「社會的我」，不論高矮，都只是「影子」，而非真實不加虛偽的自我，詩人真正的認同肯定的是「擁有裸體的心」的「真我」。在真我的投射之外，女詩人卸下了嬌羞的面紗，把內心中孤獨的嘆息與對情愛的渴望，透過憐花惜月的意象，真誠地表露於筆下。

　　陳秀喜詩中，表現出內心的孤單，在〈影子與梔子花〉（《全集 2》，頁22～23）中，她寫道：「夢中的影子／整天緊貼著心／嘆息串成項鍊／像梔子花咀嚼著／不合季節的孤單」，她以梔子花在嚴冬中綻放，孤芳自賞，表達自我的孤獨。她更透過惜花透露自憐的心情。在〈憐惜這一小片的春〉（《全集 1》，頁 70～71）中，她將玫瑰花瓣比喻為魅人的「嬌春的朱唇」，因而心生愛憐從冰冷的臺階中撿起來貼近臉頰，又擔心「當花瓣舐觸面頰的微溫／是否反而使它枯萎」，在百般不忍中，「如抱著初戀的殘骸／在無人的山徑徬徨／心已被一片小小的春占據」。女詩人撿起落花如同抱著初戀的殘骸，一如《紅樓夢》林黛玉葬花的傷感，在〈冬天的墜花〉（《全集 1》，頁 163～164）中，她視墜花「像一群未曾承受情愛／而夭死的小白鴿」，為了無法拾取滿山滿谷的落花，而心咎不已。在〈凋謝的曇化〉（《全集 1》，頁 179～180）中，她寫道：

黑夜裡，
熱情又悒鬱的花蕾
綻放 一朵白色的火焰
證實生命是讀秒的
卻沒有人青睞
沒有人賞識
悄悄地凋謝了

　　晨神怨嘆晚來一步

　　讓我捧著殘骸

　　花瓣緊緊合著

　　如合掌的圓形之中

　　隱藏著什麼祕密

　　抱著悔恨嗎？

　　為何花瓣不散落

　　詩人雖然不以擬人化的手法，寫出這朵「熱情又悒鬱」的「白色的火
焰」，在黑夜中凋謝的無奈，但是憐花的嘆息，就如同作者自述未受知音賞
識的遺憾。

　　詩人透過了筆下的花草寫出了渴望知音、渴望潤澤灌溉的心情。在
〈一朵花痕的酒〉（《全集 1》，頁 146～147）中，她寫道：「酒杯底的一滴
酒／卻被酩酊者潑在地上／地面留著／一朵花的痕跡／泥土依舊溫暖／還
有誰是／一滴酒的知音」，筆下被潑在地上如花的酒痕，其實便是花痕的意
象，花落委地，卻不見知音何在？在〈渴望〉（《全集 1》，頁 181～182）一
詩中，作者真實地寫出渴望受到灌溉的心情，只有愛才能產生詩；「渴望一
顆心／充滿著愛心／擁有心愛的／灌溉精神的菜／灌溉愛的花／收穫一首
詩」，「愛心」是草木花朵的水源，也是精神的支柱，詩的創作泉源。在
〈玫瑰〉（《全集 1》，頁 114～115）一詩中，她以一朵在枯萎邊緣的玫瑰，
終於在早晨吸吮到花瓶的水，而得以「緩慢地抬起頭來／詩般地美化自
己」，而「綻放得像是餘暉的精靈」，讓人感受到久旱甘霖的潤澤之恩。

　　這份潤澤之恩，讓花朵真正不凋謝的力量，其實便是愛情的力量。在
〈堅持盼望〉（《全集 2》，頁 112～113）中，她寫道：「立霧溪畔／一大堆
石頭／充滿真摯的友情／仰望百合花／明白楚楚可憐之情／沉默的石頭／
無法告訴百合花／以泰然的自若告訴她／不久　雨停水暖時／蝴蝶一定飛
舞而來／千萬不可凋謝／堅持盼望快樂的明天」。詩中百合花苦苦期待蝴

蝶，百合正象徵作者自我影象，蝴蝶便代表愛的希望，爲了蝴蝶而活下去，正是對愛情的期待。在〈茉莉花〉（《全集 1》，頁 64～65）詩中，她則直接寫出了內心對情愛的渴望。她寫著：

> 而兩片青葉襯托一束茉莉花
>
> 插在我的頭髮
>
> 便渴望
>
> 偎依著他的肩膀
>
> 小小的白花具有相思的魔力
>
> 小小的白花比星星更芬芳
>
> 使我渴望著　他的肩膀
>
> 使月亮不停地徘徊
>
> 尤其是今夜
>
> 茉莉花就是相思花

茉莉花的芬芳勾起了女詩人對愛情的幻想，渴望「情人的肩膀」，在此茉莉花具有明顯的女性特質，並且是柔弱溫婉，渴望依靠著情人的肩膀。花香與月色，在陳秀喜詩中也都象徵無法阻隔的相思，在〈農曆五月十九夜之月〉（《全集 1》，頁 10～11）中，她以月光代表深情，「妳推開了黑暮的群雲／整夜等待我的情意／你的深情／我無法以　光年　衡量／妳已在我的心裡」，而她內心的渴望，是帶著自憐自卑的，她寫道：「自憐的心不堪望妳／那次得到圓滿默許　的啓示／我曾抬頭想瞻仰妳／然而／妳藏在光年　黑暗的天谷裡／更是覺得杳遠的距離／我低頭而歸／深怕眾星嗤笑的眼睛」，愛人如明月，可望而不可及，更加添了對情愛的無奈與企盼。女詩人熱情的煎熬，又終於如乾柴渴望著烈火，在〈盼望〉（《全集 1》，頁 88～90）一詩中，她首先以「一對黑亮的星星」比喻情郎，「盼望你／那湛然微笑的／那一對黑亮的星星啊／爲何遲遲不現」，最後以一串等待被燃放的

爆竹自喻，詩云：

> 幻想牽起我的手
> 我是被吊在屋簷下
> 那一串爆竹的無奈
> 似蛇身的醜態搖幌
> 如蛇心執迷著
> 渴望一根火柴讓我解脫
>
> 當火舌熱情地一舔
> 立刻爆炸
> 散了許多花朵
> 我渴望一根火柴

　　女詩人毫不隱飾這份一點即燃的熱情，「乾柴烈火」的意象，充分在詩中發揮，渴望「火舌熱情地一舔」，巧妙地與情人的熱吻聯結在一起。詩人更坦率地指出這份熱情，其實來自女性思春的期待，〈思春期〉（《全集1》，頁 6）與〈少女與哈雷彗星〉（《全集 2》，頁 88～90）中，把這份對異性與愛情渴望歸諸神的巧妙安排。將少女的思春期視爲「神的傑作中最成功的季節」，在這尋愛的過程，具有衝鋒陷陣的勇氣，卻缺乏理智的判斷，她寫著在「透明全盲的瞳中／天使和魔鬼一樣可愛／海賊和王子一樣可親」，詩人坦白地寫出在戀愛中，少女分不清天使與魔鬼、海盜與王子的差距，只是一味盲目地追求。這懷春的、愛觀星空的少女，甚至夢想嫁給哈雷彗星，「少女想向太陽借引力／夢想捕捉它」，這就是少女思春的可愛與煩惱。
　　雖然，女詩人寫出了熱烈的期待，卻也沒有主動追求的勇氣；她只是默默的等待，在〈愛情〉（《全集 1》，頁 68～69）一詩中，她以「樹枝等待

一隻奇異的鳥」為喻，把自己比為樹枝，而愛情便是那讓她望穿秋水的
「奇異鳥」，它不知來自何方，何時能來，甚至沒有一定的途徑，真是惱
人！樹枝固定不動，不同於能自由飛翔的鳥兒，在此加深了女人在愛情中
扮演被動的角色，只能期待與嘆息。正如在〈花絮〉（《全集 1》，頁 109～
111）詩中，她寫柔細的花絮，「她有能開花的細胞／她有扎根的使命」，但
是「沒有擇地的權利／沒有方向的意見／任風輕盈得無奈／任風放棄而不
安」，這首詩發表時，副題是「蒲公英的種子」，然而，隨風飄送的蒲公英
與油麻菜籽一樣，都是暗指女性不能自我主宰，任人擺布的命運。

　　女詩人大量地以花草樹木做為自我的影象，具有詩學上重要的意義。
第一、花草需要水的灌溉，一如作者入心渴望愛情的潤澤；詩中「花語」
即是詩人的心情。第二、花木的嬌弱，如同詩人內心中那個容易受傷的自
我，是敏感脆弱，不堪一擊的，這與做為「覆葉」（母親）保護「嫩葉」
（稚子）的意象，大不相同，正是作者多種自我影象的呈現。第三，花木
被動，只能枯寂等待的特質，大不同於可以自由飛翔的鳥兒，這象徵了詩
人在愛情中，只能扮演被動、被選擇，甚至被遺棄的角色。時而是孤芳自
賞的梔子花，時而是等待蝴蝶的百合，時而遇水復活的玫瑰，時而等待奇
異鳥的樹枝；女詩人內心中對愛情的渴望，於此畢露無遺。

　　弗萊得（Nancy Friday）在《女人的秘密花園》（*My Secret Garden*）
中，對女性的性幻想有切要的詮釋。她在結論中，指出女性自幼即被教
育，強迫制約「向性說不」，以致在現實中，常以性幻想滿足內心對性愛的
渴望。在她的研究中，女性的性幻想中，最常見的是被動性的「屈從」，由
於被迫而接受性行為（1995 年）。在陳秀喜的作品中，並無肉體的性幻
想，而她對情愛的渴望已經過文學意象的包裝，成為渴望潤澤或燃燒的花
木或火柴。但是，在本質上，這些代表情色欲望的意象，仍不脫被動、卑
下、柔弱的特質，更是在飽受折磨中，以幻想期待來抒解內心的渴望。

三、捧花與荊棘——婚姻之路

　　陳秀喜於 1942 年與張以謨共結連理，正如每一位臺灣女性一樣，也走進了傳統家庭的枷鎖之中。出嫁前的她，雖是養女，但卻擁有快樂童年。養母對她的愛，是無悔的付出，正如源源不絕的乳汁。養母曾對她說，她是自己用雙乳才換來的唯一女兒，因爲她吸吮的太用力，竟把乳頭咬成畸形（《全集 4》，頁 51），然而，在這片充滿愛的天地中，她得到成長與生命。

　　婚姻使她離開了慈善的母親，受到婆婆的虐待，首胎坐月子之中，專制的婆婆竟阻止嬰兒急病就醫，以致夭折。在婚姻中，她扮演忍耐順從的人媳、人妻的角色，礙於遵守三從四德，待兒女長大成人，36 年之後才離婚。這段痛苦的記憶，化成她詩中苦澀的滋味，也促成她對傳統女性角色的反省。

　　她以〈棘鎖〉（《全集 1》，頁 168～170）象徵婚姻的束縛與傷害，詩中巧妙地把新娘手中的捧花比擬爲荊棘，寫著：「卅二年前／新郎捧著荊棘（也許他不知）／當做一束鮮花贈我／新娘感恩得變成一棵樹」，而「鮮花是愛的鎖／荊棘是怨的鐵鍊」，鮮花原本代表愛情的美好，而荊棘易使人惹來滿身的傷痕，兩者原本是毫不相干的，然而詩人在回溯婚姻歷程時，卻感慨指出，新郎手中捧著的不是代表幸福美滿的鮮花，而是交給她象徵束縛與坎坷的荊棘，從此使她陷入婚姻的枷鎖，讓「愛的鎖」與「怨的鐵鏈」綑綁了一生。但是，初嫁時，天真的、憧憬著愛情的她，卻被鮮花所迷惑，不知日後荊棘之路，而以感恩的心，勉強自己變成一棵守在家中的「樹」。樹在此具有重要的象徵意義，在〈假像不是我〉（《全集 2》，頁 35～37）中，她寫著在婚姻中，她終於成爲了「沒有思想的樹」，婚姻角色的扮演，使她失去做爲人的自由，所以她說，「我在樹與人的之間徬徨／我是樹或是人？」。

　　陳秀喜在此詩中又反省了婚姻對女性的傷害，又云：「回顧女人的半生

／信奉習俗爲美德／曾是容忍的俘虜」，與其說是婚姻束縛了女性，不如說是父權結構才是壓迫女性的真正兇手，順從與容忍的教化，漸漸地使女性失去了自我，成爲俘虜。她在〈淚與我〉（《全集 2》，頁 123～126）中流淚控訴：「我們有五千年堅固的夫權／我們有默認不幸女人的習俗／鮮有爭取公平的妻權」，她回顧這段自我飽受壓抑的歷程，流淚似乎是她唯一能發洩的方式，又云「秋燈下孤單的女人／重數著淚的回憶」，回憶中的苦楚來自於婚後人妻人媳角色的扮演，她說「爲人媳的淚／曾給西湖的水增高／人妻的淚／曾給蘭潭的水增高／每次想死的邊緣／險些把我噎死的淚／救我回來」。做爲人媳與人妻，使她壓抑了真正的自我，幾度以淚洗臉，徘徊於生死的邊緣。

陳秀喜在審視自我的影像時，自覺地把做爲人媳與人妻的我，歸諸於「假像」，假像在此即代表一個人的「面具」，亦即在社會結構中所扮演的角色，面具代表將真我（本我）掩飾起來，而遵循社會所賦予的行爲規範。以心理學的觀點而論，面具便是「現實中的我」或稱爲「社會中的我」。在扮演人妻與人媳的角色中，她嚴重地壓抑自我，將辛酸淚水往肚內吞。在〈灶〉（《全集 1》，頁 185～186）一詩中，她寫著：「灶的肚中／被塞進堅硬的薪木／灶忍受燃燒的苦悶／耐住裂傷的痛苦／灶的悲哀／沒人知曉」，灶肚中所塞進的木柴，正同女人所忍受的滿腹辛酸，無處可以傾吐；而燃燒的苦悶，裂傷的痛苦，正像作者受創而體無完膚的自我。自我受到壓抑，而角色的限制更使她不能施展個人的特質，發揮特長，只能遵循傳統女性的角色，被困於家庭之中，難怪她以「變成一棵樹」自喻。

當陳秀喜終於不甘心也不願「永遠做爲一棵順從的樹」，她選擇了從婚姻中脫逃，她在〈未完成的故事更神奇〉（《全集 2》，頁 91～96）回溯了自己婚姻的故事，自云：

被服從、容忍的禮俗
套住了卅六年

　　　　任勞任怨認為是命運

　　　　飽受虛偽的幸福感欺騙

　　　　拚命熱演多角色

　　　　好媳、好妻、好嫂子

　　　　甚至是沒有薪水的女奴

　　　　當我發覺一切都是圈套

　　　　厭惡自己的演技太精采

　　　　掙脫妻的寶座

　　　　解下戲裝

　　　　離開辛苦疊起來的家

　　　　抱著還在淌血的心

　　　　不是被放逐卻像是逃來

　　　　　　　　　　　　　　　　　　　——《全集 2》，頁 91～96

　　在其中，她說明了自己的天性被服從與容忍的禮俗束縛了 36 年，一度
她也認命地任勞任怨，努力扮演媳婦、妻子、嫂子甚至是家庭女傭的角
色。直到她覺悟到這些所謂傳統的美德只是統御女人的陷阱，她為了討好
他人，而壓抑了真正的自我。最後，她自我解放的方式，「解下戲服」、「掙
脫妻的寶座」、「離開辛苦疊起來的家」。

　　陳秀喜在婚後 36 年，終於選擇了離婚，但是，由於經濟因素的衡量，
她又再婚，可惜第二次的婚姻，並沒有為她帶來春天，反而造成另一次的
傷害。在〈自剖〉(《全集 2》，頁 119～122) 詩中，她詳細交代了這一段
故事的始末。她自云：「經濟罪犯全家跑／逃往外國帶鉅款／吾兒不慎被拖
倒／娘有恆產泡成湯」，兒子的財務危機，使她頓時阮囊羞澀，在顧及經濟
生活之下，她倉促接受了求婚，即其所謂「貪生只為一碗飯／殷勤求婚即
承諾」、「殘生只恐添兒媳累／悲願早日東山起／自甘奉待他人爹／舉案齊
眉望和諧」，這段由金錢所促成的婚姻，未能使她如願地舉案齊眉，和諧以

終，反而陷入金錢訴訟之中，她所謂「女方親朋賀禮金／詐騙拾萬夫離家」，說明了訴訟的來源，而法庭相見，對簿公堂，也使她慨嘆「誤嫁騙子當支柱／自咎幼稚看錯人」。兩次的婚姻，竟是如此折磨著她。

四、覆葉與嫩葉——人母的悲歡

陳秀喜在婚後共有兩女兩男，做為人母的她，深刻體驗了生產的痛苦、教養的辛勞，以及對子女的牽掛憂心。在作品具體地留下了作為人母的悲歡。在〈初產〉（《全集 1》，頁 74～75）一詩，寫著初次生產的痛苦，她以「如爆發前的火山／子宮硬要擠出灼熱的溶岩石」，形容無人可以取代的陣痛，令她「心欲不如一死」；在痛苦的極點，她只能「忍耐疼痛／忍耐灼痛／忍耐最長的一刻」，才忽然領略了母親告訴她「結婚就是忍耐的代名詞」，其中深刻的意義。

做為母親的陳秀喜，不只要負起生養的任務，而且必須教育子女，〈愛之鞭〉（《全集 1》，頁 8～9）寫她為教養子女，在小女兒訂婚後，仍然不惜實行家法，原因是「自從妳未成熟的十八歲　曲解了母愛　自由　民主／忘卻了東方美是『孝』行／不願讓妳背著『不孝順的女兒』的名出嫁／儘管妳認為我是老朽的思想／以野蠻的行為　鞭打妳」但是，打在兒身卻是痛在娘身，當她揮鞭的剎那，卻心疼地流下淚水，一心求神幫助小女兒能夠反省覺悟，重回母親的懷抱。

在〈歸來〉（《全集 1》，頁 27～28）、〈趕路〉（《全集 1》，頁 20～21）中則具體寫出人母為子女焦慮守候的心情。在〈歸來〉中云：「自妳離開我／家裡的每件東西都出現妳／展綿花的翅膀／等待妳歸來」，身為痴心的母親等候女兒，直到失魂落魄，而兒子車禍更是令她焦急萬分，在〈趕路〉詩中，她心焦如焚，徬徨無助，自云：「兒子遭遇車禍／樹不為我招手／世界無助於我／行人無助於我／捏著沒有力的拳頭吞吐嘆息」。〈父母心〉（《全集 1》，頁 40～41）寫出父母對子女的愛，詩中流露出，父母為女祈禱的心情，祈禱著：「神啊／請把小玲的腿打斷／罰我抱她的手臂，直到癱

瘓／請把小玲弄成瞎子／罰我變成拐杖／請把小玲弄成白痴／罰我終身爲奴隸」，爲了向神祈求「請留小玲一條小生命吧／我和妻的命都奉獻你」，寫出無助的父母，在女兒生死關頭，向神祈求生命，最令感動的是，父母不惜以自己的一生做爲賭注，願意爲子女癱瘓，變成拐杖，甚至淪爲終身奴隸，亦在所不惜。

在〈歸來〉中，寫著對女兒的疼惜，離家的女兒，歸來時彷彿歷盡滄桑。詩云：「失意的妳露出笑容　奔向我／欣悅的我卻咬著下唇　走近妳」母女團聚的一刻，既是悲歡交集，女兒的蒼白淒涼，母親看在眼底，雖是不捨，仍然欣悅女兒的倦鳥知返。又云：「淚珠映著妳貧血的嘴唇／淚珠映著妳散亂的黑髮／驚喜和心痛的剎那／衝口說：／『我做一道妳最喜歡的菜好嗎』／（而強忍住欲哭的嚎聲）」，疼惜女兒貧血的、含淚的臉龐，母親壓抑了不捨和相思的煎熬，只是輕輕地說，要爲女兒做一道愛吃的菜。可見木訥的母親，不假言語，只將愛融進了食物之中，如同昔日一樣，總爲女兒是否吃飽穿暖而憂心。女兒的歸來，對於痴心的母親而言，是「整個世紀的春天一齊飛進來／淒冷的寒風已從後門溜走」。

陳秀喜被視爲具有崇高母愛的女詩人，趙天儀更以〈崇高的母性〉論陳秀喜的《覆葉》詩集（《全集 8》，頁 351～363）。由《陳秀喜全集》之《評論集》視之，評論者頗爲重視〈覆葉〉（《全集 1》，頁 72～73）、〈嫩葉〉（《全集 1》，頁 3～5）兩首詩，而〈覆葉〉一首也在臺北市的公車詩之列。筆者在分析女性童年回憶時曾指出「女性回憶中的善良母親呈現出生命樹的原型」，而陳秀喜的〈覆葉〉與〈嫩葉〉兩首詩，明顯地以「生命樹」做爲照顧者——母親的象徵（陳玉玲，〈女性童年的烏托邦〉，《中外文學》第 292 期（1996 年 9 月），頁 103～130）。〈覆葉〉詩云：「倘若　生命是一株樹／不是爲著伸向天庭／只爲了脆弱的嫩葉快快茁長」。在此，樹即象徵母親，而嫩葉則代表嗷嗷待哺的幼兒。

皮爾森（Carol s. Pearson, 1944～ ）指出生命樹的古老意義是豐碩繁多的果實，以無數的資源滋養我們，如同大地供給人類的需要。這源源不絕

的資源正如女神豐碩的乳房，供給生命的泉源（皮爾森著、張蘭馨譯，《影響你生命的十二原型》，臺北：生命潛能文化事業公司，1994 年，頁125）。生命樹的原型即象徵善良的母親，她的標誌是寬容、慈愛和施予的母愛。皮爾森進一步指出，生命樹不但具有給予付出的意義，並且轉變成犧牲奉獻的精神。首先，生命樹由生理的食糧延伸成為精神食糧。在猶太教的神祕哲學中，生命樹便象徵精神的食糧，這個象徵意義也與伊甸園中的生命樹相似，伊甸園中的生命樹後來變成了能知善惡的智慧之樹。生命樹也是菩提樹，因為佛陀在菩提樹下證道。接著，生命樹吸收了照顧者的犧牲精神，因此，生命樹又變成了十字架，代表照顧者的「受難特質」。耶穌也因在十字架上為眾人犧牲，拯救世人的靈魂的事蹟，而成為生命樹的象徵。

　　陳秀喜的作品中，所流露的是以生命樹做為十字架的犧牲受難精神。在〈嫩葉〉、〈覆葉〉詩中，以覆葉的意象作為母愛的庇蔭，嫩葉象徵著母親懷抱中的幼兒。覆葉為了嫩葉抵擋風雨，希望嫩葉的成長茁壯，便是母愛犧牲奉獻的精神。〈覆葉〉：

　　　繫棲在細枝上
　　　沒有武裝的一葉
　　　沒有防備的
　　　全曝於昆蟲饑餓的侵食
　　　任狂風摧殘
　　　也無視於自己的萎弱
　　　緊抓住細枝的一點
　　　成為翠簾遮住炎陽
　　　成為屋頂抵擋風雨。

生命樹的意象進一步變成了十字架，覆葉為了嫩葉忍耐昆蟲侵食和風

雨摧殘，爲了蔽蔭嫩葉，由萎弱成爲蔽天的翠簾。就像耶穌爲了世人，讓自己的身體被釘在十字架上。陳秀喜的生命樹便由照顧給予的特質轉變爲犧牲奉獻的精神。雖然做爲十字架的生命樹原型代表犧牲和痛苦，但是，痛苦也爲給予者帶來了新的生命和滿足。

　　在〈嫩葉〉的詩中，表達了母親（覆葉）看待子女（嫩葉）成長茁壯時，甘苦自知的心情。「風雨襲來的時候／覆葉會抵擋／星閃爍的夜晚／露會潤濕全身／催眠般的暖和是陽光／摺成皺紋睡著／嫩葉知道的只是這些——」嫩葉是襁褓中的嬰兒，而低頭愛撫嬰兒的母親，看到嫩葉在花香中醒來：「當雨季過後／柚子花香味乘微風而來／嫩葉像初生兒一樣／恐惶慄慄底伸了腰／啊！多麼奇異的感受／怎不能縮回那安祥的夢境／又伸了背　伸了首／從那覆葉交疊的空間探望／看到了比夢中更美而俏麗的彩虹／嫩葉知道了歡樂　知道了自己長大了數倍／更知道了不必摺皺紋緊身睡著／然而嫩葉不知道風雨吹打的哀傷／也不知道蕭蕭落葉的悲嘆」，嫩葉在母親懷中的舒適和自在，來自母親無微不至的照顧。嫩葉不知道什麼是風雨，只知道溫暖的陽光和潤澤的露水，在覆葉的庇蔭下，看到比夢中更美的彩虹，在無憂無慮中成長茁壯。

　　母親的辛苦自知，也有安慰和滿足在心頭。〈嫩葉〉詩云：「只有覆葉才知道夢痕是何等的可愛／只有覆葉才知道風雨要來的憂愁」。覆葉是母愛無悔的犧牲，承擔母性的快樂和憂愁，並期待嫩葉的成長茁壯。〈嫩葉〉強調襁褓嬰孩的甜蜜及幸福，更點出母愛無悔的犧牲偉大。這正是陳秀喜心中的「善良母親」，做爲十字架的生命樹受難犧牲的特質。

　　做爲母親的陳秀喜，具備生命樹般庇蔭子女的偉大母愛，但也深刻體驗了犧牲奉獻的受難特質。依詩作而論，做爲人母的她，所體會的似乎是悲多於歡，憂多於喜。而在晚年，女兒結婚懷孕之後，才帶給她難得喜悅。在〈復活〉（《全集 1》，頁 17）一詩中，看到了她以「老樹」自喻，女兒出嫁後，她便如一棵蒼老的樹，「山腰上有一棵老樹／樹梢的葉子都隨風飄去了／蒼老的樹幹已灰白／我尋到／共患相憐的對象了」，而女兒懷孕，

則使她恢復了生機,「欣然以微笑告訴翠綠／我的女兒懷妊了／自那丟擲下來的重量／我知道老樹也有它的喜悅／我知道復活的歡欣」,這是老樹逢春的意象,而這份欣喜得自於血脈相連的生命傳承。

做為人母的陳秀喜由庇蔭嫩葉的覆葉,成為一棵飽受風雨苦難的生命樹,最後終於「老樹復活」。除了留下了一個臺灣母親的悲歡心情,也代表了她做為人母的心路歷程。

五、榕樹與泥土——追尋與回歸

在陳秀喜的天地中,留下了栩栩如生的心路歷程。在自我的評價中,她把自己分為三個不同人格特質的我,依〈連影作三個我〉(《全集 1》,頁118～120)所言,是具有裸體的心的我、做為人媳的我與做為人母的我。依佛洛伊德(Sigmund Freud, 1856～1939)的心理學理論,正對應著:本我(id)、自我(ego)與超我(super-ego)的人格結構。本我代表著個人內在的,具有自然本性、欲望的我;即陳秀喜筆下那個具有裸體心的真實的我。亦即本文「花語與心情」中,所分析那個對愛情充滿渴望的陳秀喜。自我是個人在社會中所扮演的角色,社會中的我,即陳秀喜所言「假像的我」,亦即本文「握花與荊棘」中,所分析的做為人媳的陳秀喜。超我代表人格中的道德部分,是理想的我。陳秀喜的超我表現在奉獻犧牲的母愛,亦即本文「覆葉與嫩葉」中,所分析的生命樹原型。而陳秀喜自我的剖白,將做為人媳與人母的角色,都歸諸虛而不實的影子,唯有從影子中解脫出來的「本我」,才是她所認同的。

儘管,陳秀喜在詩中充滿了對愛情的渴望,然而在尋求的過程中,她發現了自己最終的愛是故鄉與土地。〈最後的愛〉(《全集 1》,頁 187～189),是陳秀喜一生尋求過程的自述,在懵懵懂懂的年齡,她也曾經歷了人生初戀的創傷,但那卻永遠像「負傷的小芽」、「永遠長不出雙葉」;結婚後,她隨同夫職搭船前去上海,從此扮演勤勉持家,好妻好媳的角色,自言「理智晦澀的年齡／搭乘『結婚輪』的船／在愛情、親情的面前／跪著

勤勉地擦亮／被巨浪咬過的船」，當「船無法挽住同舟人」，她選擇了自己
的生活，這時，她驀然發現最後的至愛是故鄉。她說，「心靈如奔荒野的年
齡／重新認識故鄉的可愛」，這時她也重新找回了自己的生命，「荒野長出
野草的新葉／一枚新葉／是詩／是愛」，她的心靈彷彿荒野長出新葉，她忍
不住讚頌故鄉，「故鄉啊／我想你好久／你不是船／你是平穩的大地／這首
小詩是／我最後的愛／親愛的故鄉啊／接受我最後的愛吧／心靈最傾向的
愛」。詩中以輪船象徵的流浪及顛簸不定的生活，直到回歸故鄉，故鄉則象
徵平穩的大地與詳和平靜的生活。由搭船到返鄉，正代表由流浪到回家，
由迷失到尋回自我的歷程。

在〈榕樹啊，我只想念你〉（《全集 2》，頁 29～31）中，陳秀喜描述了
「尋求故鄉」的艱辛，在她心中「榕樹」正象徵著故鄉，她說「飛過幾重
山與海／隨雲走過幾百里／仰看王宮，尖塔／鳥瞰街道，田園／徘徊廢
墟，古蹟／眺望低山，樹林／湄南河邊也找不到／熟悉的你」，從飛過、走
過、仰看、鳥瞰、徘徊、眺望的過程，可以感受到詩人尋尋覓覓的心情。
在焦急萬分中，她只能自我安慰說「遠離你反而／心不斷呼喚／眼到處尋
覓」，直到她頓悟，榕樹是「故鄉的象徵／故鄉的樹／怎能到處都有」，其
實，榕樹不只是故鄉的象徵，也是童年的美好記憶，她寫道：

榕樹啊

你的葉子是

我最初的樂器

你是我童年避雨的大傘

你是曬穀場的涼亭

你是老人茶，講故事的好地方

你是小土地公廟的保鏢

你是我家的門神

我在異鄉

椰子樹的懷抱裡

還是只想念你

　　故鄉是詩人最後的愛，而榕樹是她最初的童年生活的伴侶。榕樹成為了故鄉的象徵，依戀榕樹便代表思鄉的心情。

　　在陳秀喜的作品中，樹擁有重要的地位。榕樹代表故鄉，而樹扎根於地，也代表人對土地的回歸。在〈樹的哀樂〉（《全集 1》，頁 107～108）中，樹的哀樂其實正是作者的心情，她的哀樂也曾隨人生的角色扮演而起伏，正如樹受著陽光與影子的影響，不能掌握自己。詩云：「土地被陽光漂白／成為一面鏡子／樹樂於看　八等身的自己／樹也悲哀過　逐漸矮小的自己／樹的心情　一熱一冷／任光與影擺布」，這棵任光影擺布的樹其實便是受角色（假像）控制的陳秀喜。直到有一天，陽光消失，樹處於孤獨時，才發現到「扎根在泥上才是真正的存在」，「再也不管那些／光與影的把戲」，這時，女詩人才開始去認識自己，讓心安定下來。這首詩可以詮釋作女詩人，終於認識了自己的存在，不再受人生角色的限制，扮演真實的自己。象徵覺醒的關鍵是她終於肯定對土地與故鄉的愛，如同樹扎根於泥土，不再受著虛幻光影的迷惑。在〈強風中的稻〉（《全集 2》，頁 1～2）中，也指出唯有扎根於泥土才能抵抗強風的摧殘，「強風中的稻／根緊緊抓著泥土／背負著累稔／為了站穩而掙扎」，疾風勁草，支持的力量即來自泥土的執著。

　　泥土與故鄉意象的連結，也具有詩學上的重要意義，在〈鄉愁〉（《全集 1》，頁 190～191）詩中，她寫道：「離別時／鞋底夾著／故鄉的泥土／磨損一雙鞋子／在異鄉放浪中／黏著心頭／仍然是／故鄉的泥土香好」，由鞋子的流浪異鄉，比喻女詩人行走天涯，而鞋底的泥土喚醒了女詩人對故鄉的依戀，她於是憑窗許願，「跨越異國的天空／直向故鄉」。

　　陳秀喜由愛故鄉而落實對臺灣的愛，足以使她獲得臺灣優秀女詩人的榮耀，在〈臺灣〉（《全集 1》，頁 116～117）一詩，她把臺灣比喻為母親的

懷抱，而稻草、榕樹、玉蘭花正代表著母親的奶香。不論有多高的海浪，
都不畏懼，因爲這是堅固永恆的，代表母親的搖籃。詩云：

> 形如搖籃的華麗島
>
> 是　母親的另一個
>
> 永恆的懷抱
>
> 傲骨的祖先們
>
> 正視著我們的腳步
>
> 搖籃曲的歌詞是
>
> 他們再三的叮嚀
>
> 稻　草
>
> 榕　樹
>
> 香　蕉
>
> 玉蘭花
>
> 飄逸著吸不盡的奶香

　　這首詩也經梁景峰改編成歌詞，李雙澤作曲，改名成〈美麗島〉，由楊
祖珺主唱在校園中風行一時。陳秀喜透過了文學活動，回歸心靈的故鄉，
她正式的文學活動可以溯自 1967 年，47 歲時，由吳瀛濤介紹，加入笠詩
社，成爲同仁。自此，她即熱心協助社務的工作，並協助推廣訂戶。對她
而言，加入笠詩刊，更是創作生涯上的重大關鍵，因爲她毅然放棄了駕馭
自如的日文，重新學習自己的語言來創作。在〈編造著笠〉（《全集 1》，頁
136～141）中，她自述臺灣光復後，回到祖國的懷抱中，原本高興萬分，
卻苦於不能以筆舌表達，焦急又苦惱。「爲了要寫詩／學習國語／忍耐陣痛
／有時候胎死在腹中／有時候揉碎死胎兒／丟棄後苦悶著」。最後她終於克
服了語言的障礙，得到肯定。1971 年，她接受笠詩刊發行人黃騰輝之聘
請，自《笠》第 42 期起擔任社長，致力新詩的創作及臺灣本土詩的推廣。

1979 年，她定居於關仔嶺，為了紀念與笠詩刊的緣分，特別在花園中建造一座笠影涼亭，並將寓所取名為「笠園」，招待來訪的詩友。

詩的創作與推廣是陳秀喜晚年最重要的活動，而她最終的希望，即詩的精神能一代一代傳承下去，她在〈編造著笠〉中又云：「在詩園的片隅／我在編造著笠／如果手指滲血也要繼續／讓下一代青年們／唱出美人魚的歌聲／搖籃會把小的養育大／希望自由與和平／從搖籃成長／不管握過的手落在地上／我們以詩心結合／Formosa 是寶島／是人情極濃厚的燈塔／是自由和平的城堡／今天我也在編造著笠／盼望年輕人能夠唱出美人魚的歌聲」（《全集 1》，頁 136～141）。

走過流浪生涯及女性滄桑的陳秀喜，終於找到了最終的愛，那是故鄉及土地之愛，這代表著她心靈之旅，終於回歸到真實的本我，可以說，她的本我即愛的根源，其實便是對故鄉及土地的愛。加入笠詩刊之後，她以認同的語言，透過詩的創作，道出了內心的渴望。

六、結論

以「臺灣女性的內在花園」做為陳秀喜新詩的分析，主要在凸顯作者內在真實自我的聲音，而這也正是臺灣跨越日本時代與戰後時期傳統女性的真實心聲。陳秀喜是臺灣第一位女性詩人，加上跨越語言一代的歷史地位，使得她在臺灣文學上具有重要的定位。

撰寫本文時，筆者不斷想起 1990 年 12 月 22 日，在臺北陳林法學基金會，出席臺灣筆會年會暨臺灣文學會議時，與陳秀喜初次會面的情形，當時，她還好意地留下關仔嶺的地址，熱情和善，至今仍深深留在筆者的心中，謹以此文，紀念這一位值得令人敬佩的臺灣女詩人。

——選自陳玉玲《臺灣文學的國度：女性·本土·反殖民論述》
臺北：博揚文化公司，2000 年 7 月

從十三首詩談親近陳秀喜的兒童閱讀策略

◎黃秋芳[*]

一、前言

陳秀喜，新竹市人，1921 年 12 月 15 日生，射手座。她的一生亦如一張飽滿的弓，不能蟄伏，把人生行囊裡裝載著的所有的箭，遠遠地，全部射出去！

在那個經歷日據侵略、兩次世界大戰的飄搖年代，陳秀喜即使接受的正統教育有限，仍然藉由嚴格的漢文家教（以河洛音讀華文），又從一本《唐詩合解》引發對華文詩的熱情。戰後，37 歲，開始自修華文，一方面寫日文俳句、短歌，另一方面更以華文詩多次獲國際詩獎，出版過華文詩集《覆葉》（1971 年）、《樹的哀樂》（1974 年）、《灶》（1981 年）；詩選集《嶺頂靜觀》（1986 年）和詩文集《玉蘭花》（1989 年）。

她在 1968 年加入「笠」詩社，越兩年擔任「笠」詩社長，以迄 1991 年謝世，成為臺灣文學重要舵手；曾被列入英國劍橋國際傳記中心《國際詩人名錄》（1967 年）；香港大學曾有人以陳秀喜詩作博士論文專論；詩作譜成歌詞流通一時的有〈雨中思情〉、〈瀟灑的你〉（1964 年，波音唱片，雙燕姊妹唱）、〈青鳥〉、〈山與雲〉（1977 年，新格唱片，金韻獎），以及不斷傳唱的〈美麗島〉（1978 年），由李雙澤作曲、楊祖珺主唱、掀起「唱我們的歌」的音樂尋根風潮；1992 年 3 月，陳秀喜往生後一年，她的長女張

---

[*]發表文章時專職寫作、專題採訪撰述，現為黃秋芳創作坊負責人。

瑛瑛和女婿潘俊彥設立「陳秀喜詩獎基金會」，標舉「獎勵臺灣詩人，豐富人類愛，提升善美與真摯情操及充實本土文化的努力」為宗旨，採推薦制，每年於母親節頒發陳秀喜詩獎。

「詩是我的興趣，詩是我的神，詩是我的真理。」陳秀喜一直這樣相信。並且豪情萬千地表示：「有一句話說，美人一笑可以傾城。我卻想，假如詩一首能給地球傾斜多好。」[1]

可以說，無論從「文學成績」或「臺灣文化版圖」審視，陳秀喜在詩的領地，據有一定位置。她不只是女詩人，臺灣詩人，更重要的是，她夢想要成為一個「傾斜地球」的詩人。

本文聚焦於陳秀喜的詩在「文學成績」和「臺灣文化版圖」上的重要性，試圖釐清在距離出版第一本詩集《覆葉》已然超過 30 年的現代社會，我們還要讓兒童親近陳秀喜及其作品的理由。並且從《陳秀喜全集》（以下簡稱《全集》，並以一、二、三、四指稱集數）134 首詩中，確立標準，選輯適合兒童閱讀的 13 首詩，計有〈嫩葉———個母親講給兒女的故事〉、〈小皮球〉、〈魚〉、〈牽牛花〉、〈小菫花〉、〈樹的哀樂〉、〈泥土〉、〈渴望〉、〈鳥兒與我〉、〈灶〉、〈強風中的稻〉、〈榕樹啊，我只想念你〉、〈花賊與我〉，分成對兒童認知發展最重要的「愛」、「生活」與「未來」三個方向加以闡釋。

最後，再以「聲音」、「共讀」、「生活延續」這些準備歷程，深入說明關於陳秀喜詩作的兒童閱讀策略，讓我們在建立臺灣兒童文學主體性的同時，也讓兒童閱讀的可能性，多一點時間歷史的延續，並且在空間地景上發生密切關聯。

二、在陳秀喜的文學花園裡

陳玉玲以〈臺灣女性的內在花園〉一文做陳秀喜的新詩研究，篇目設

---

[1]摘自，〈陳秀喜自傳〉，《陳秀喜全集 10》（新竹：新竹市立文化中心，1997 年 5 月），頁 8。全文原收於 1984 年 9 月 16 日中央圖書館「現代詩三十年展望」詩人卷宗檔案，陳秀喜親筆所寫。

計都以花與樹做素材，凸顯陳秀喜的時空觀從花園開始，通過「花語與心情」呈現自我影像；用「捧花與荊棘」對照婚姻之路；以「覆葉與嫩葉」隱喻人母的悲歡；以「榕樹和泥土」回溯詩人的追尋與回歸，從一大片香氣襲人的花海中，把「花草樹木」的意象和陳秀喜的作品和人生串連起來。[2]鍾玲進一步以女性主義角度切入陳秀喜詩作〈花絮〉：「抱著一粒小種子／柔細的花絮飄進來／她有能開花的細胞／她有札根的本能」，歌頌女性生生不息的力量。[3]

　　關於花與樹的意象擴散，可說是臺灣文學萌芽時期培育女性作家的沃土。從楊千鶴的小說〈花開時節〉開始；陳秀喜的花與土、葉與樹；杜潘芳格的芙蓉、月桃、夫妻樹和相思子花……。我們在分析閱讀陳秀喜的理由之前，真覺得隨著一條臺灣島的時光走廊，也幽幽掩掩地走進一座文學花園，循著花的芬馥、詩的情韻，聽見經歷過幾十年後的詩，仍然在傾吐千言萬語。

　　這種特屬於陳秀喜的「詩的語言」，溫緩從容，絮絮說來，稍覺白描平淺。所以，《全集》主編李魁賢在前序裡提出：「她的中文內容或修辭上有所不足，但不礙其詩質之美。」（頁 7）；黃一容在《笠》詩刊第 66 期（1975 年 4 月）評論她的詩常出現一些缺點：

　　1.詩句斷或接的笨拙。

　　2.多用白描，缺少間接性表達。這是陳詩大部分的現象。

　　3.語句太口語化，經不起咀嚼。[4]

[2]詳見陳玉玲，《臺灣文學的國度——女性、本土、反殖民論述》（臺北：博陽文化事業公司，2000年 7 月），頁 7～37。

[3]見於鄭明娳主編，〈臺灣女詩人作品中的女性主義思考〉，《當代臺灣女性文學論》（臺北：時報文化出版公司，1993 年 5 月），頁 204。

[4]詳見陳秀喜著、李魁賢主編，《陳秀喜全集 8・評論集》（新竹：新竹市立文化中心，1997 年 5月），頁 344～350。

　　無論是內容與修辭過於率性自然，或者是詩句笨拙、白描口語，這些成人文學上的講究和挑剔，放進兒童閱讀模式，反而成為一種驚喜。特別要說明的是，閱讀者在本文論述中或有共識、或有爭議，研究者都無意解說與辯護，因為，兒童文學的創作與研究，常常只是成人的意識形態和價值判斷，本文目的不在確定這些討論為唯一標準，反而樂意並熱切地邀約更多的研究和意見加入臺灣文學的研究區塊，為我們的兒童閱讀，拓墾更多和「此時此地」交會的臺灣經驗。

　　以下分別說明陳秀喜詩適合兒童閱讀的特性和編選標準：

（一）陳秀喜詩的兒童適讀性

　　1.在形式表達上，純粹口語化和白描手法。沒有艱字深句，閱讀起來非常輕鬆，沒有距離。

　　2.在內容上，運用豐富的敘事。把詩寫得像處處存在著的生命故事，親近而真實。

　　3.在取材上，出現重複的母題。把擬人的動植物，充滿感情的大自然，和繽紛熱鬧的人情互動串連在一起，讓兒童在閱讀時有一種「熟悉感」，並且擁有能夠充分掌握的「權威感」。

（二）為兒童編選陳秀喜詩的標準

1. 兒童性，兒童觀點

　　同樣以「覆葉」照顧著「嫩葉」茁長的主題，沒有收錄一向被視為陳秀喜代表作、最受評論者反覆評論的〈覆葉〉[5]，反而選輯較具兒童觀點的〈嫩葉〉。我們可以比較〈覆葉〉中膾炙人口、反覆被引用的名句：「倘若生命是一株樹／不是為著伸向天庭／只為了脆弱的嫩葉快快茁長」，這種母親的溫柔與自我犧牲，其實是成人的憂傷，和〈嫩葉〉裡的驚奇和冒險相

---

[5]專文討論過〈覆葉〉這首詩的評論者，計有陳鴻森，〈因愛而頑強〉，《笠》詩刊第 47 期、陳學培，〈《覆葉》讀後感〉，《笠》詩刊第 58 期、郭成義，〈評介陳秀喜詩集《覆葉》〉，《笠》詩刊第 61 期、陳德恩，〈從《覆葉》到《樹的哀樂》〉，《笠》詩刊第 71 期、李瑞騰，〈長青〉，《華岡詩刊》第 1～2 期；《笠》詩刊第 78 期、林外，〈以愛心燃亮詩燈的陳秀喜〉，《笠》詩刊第 101 期、李魁賢，〈陳秀喜《覆葉》讀後感〉，《臺灣風物》第 22 卷第 3 期。

較：「恐惶慄慄底伸了腰／啊！多麼奇異的感受／怎不能縮回那安祥的夢境？」讀詩，就成為一種遊戲。

2. 文學性，兒童邏輯

以一種超越理性藩籬的飽滿能量，在現實與想像邊緣自由流動，接受一切「違反常情常理」的人事物，並且一定可以找出一些「切合兒情兒理」的連結。大自然，動植物，我們使用著、生活著的各種空間、器具，都處在能夠了解、對話、互動的介面裡。像急著「把彩傘展開／衝向天空／高揚花瓣的帆／和晨陽同時綻放」的牽牛花；像失寵的小皮球會迷惑：「我不知錯在那裡／我知道最幸運並不是最幸福／從此我沒有和小妹妹再見面」。

3. 遊戲性，兒童趣味

因為源自於兒童邏輯裡「萬物合一，沒有界限」的天真飽滿，兒童趣味常常從大自然的物我交融中洋溢出來。像「草坪是綠玉／佛桑花是心愛的紅寶石／泥土以造福茂盛為樂」；「強風是牧羊狗／趕雲的羊群來／眺望／稻如翡翠的衣裙／掀起波浪的舞姿」；「鳥兒不知不怕／在「有電勿近」的電桿上／囀著悅耳的通話……我怕高壓電／不怕牠的小眼睛／牠不怕高壓電／怕我的眼睛」，咀嚼起來，有一種意想不到的驚奇和趣味。

4. 教育性，兒童哲理

一點點感傷，一點點生命中的無可奈何，但又是淡淡地，絕對不能說盡，只能在詩的音韻和節奏中迴盪，才不至於讓人生厭。像牽牛花急著要盛開：「兒童們！／清晨短暫／坦誠地去擁抱它／結一個結實的種子／凋謝得有意義」；像離家的兒童思念榕樹：「我在異鄉／椰子樹的懷抱裡／還是只想念你」；像尋找自我價值的樹：「陽光被雲翳／樹影跟鏡子消失／樹孤獨時才察覺／扎根在泥土才是真的存在」。

選輯之前，沒有設定要挑出 10 首詩、12 首詩或 20 首、30 首等機械式

標準，純粹秉持著「兒童性」、「文學性」、「遊戲性」和「教育性」[6]這些標準，總計挑出 13 首詩。

三、在愛的地獄裡種出詩的天堂

莫渝從愛的散射方式討論陳秀喜如何架構她的詩世界，並且反覆重疊在六大母題裡：1.母愛的無怨；2.親情的真切；3.友誼的追念；4.情愛的溫盼；5.鄉土的擁抱；6.國族的熱愛。[7]林鍾隆則著眼於陳秀喜詩裡獨有的真璞與純誠，指出她的詩具有真摯美好的女性特質：1.母愛；2.愛心；3.愛眼（用愛的眼光看見的世界，充滿溫暖）；4.民族愛；5.人生的睿智。[8]

可以說，詩是陳秀喜種愛的土壤、悲歡拉鋸的煉獄，也是她千錘百鍊後的天堂。在生命的諸多不如意中，陳秀喜總是傾注更多的愛去面對，這是她生命的基點，她的詩，也是從愛開始。

接下來，本文將這 13 首詩分成「用叮嚀與摸索編織愛」、「用溫柔與悲傷編織生活」、「用遠方與泥土編織未來」三部分，呈現詩的全貌，冀望成為更多有興趣者，欣賞研究、參考選用、教學分享的基礎。

（一）用叮嚀與摸索編織愛

1. 嫩葉——一個母親講給兒女的故事（《全集》一，頁 3）

風雨襲來的時候

覆葉會抵擋

星閃爍的夜晚

露會潤溼全身

催眠般的暖和是陽光

---

[6]參見林文寶、徐守濤、陳正治、蔡尙志合著《兒童文學》（臺北：五南圖書出版公司，1996 年 9 月），林文寶〈總論〉中關於兒童文學特性界定，頁 12。
[7]莫渝，〈陳秀喜的詩世界〉，《文學臺灣》第 2 期（1992 年 3 月）。收於《全集》8，頁 212～227。
[8]林鍾隆，〈《樹的哀樂》的魅力〉，發表於《笠》第 65 期（1975 年 2 月）。收於《全集》8，頁 321～325。

摺成皺紋睡著

嫩葉知道的　只是這些──

當雨季過後

柚子花香味乘微風而來

嫩葉像初生兒一樣

恐惶慄慄底伸了腰

啊！　多麼奇異的感受

怎不能縮回那安祥的夢境？

又伸了背　伸了首

從那覆葉交疊的空間探望

看到了比夢中更美而俏麗的彩虹

嫩葉知道了歡樂　知道了自己長大了數倍

更知道了不必摺皺紋緊身睡著

然而嫩葉不知道風雨吹打的哀傷

也不知道蕭蕭落葉的悲歡

只有覆葉才知道　夢痕是何等的可愛

只有覆葉才知道　風雨要來的憂愁

　　像一則甜蜜的耳語，透過風雨和彩虹的對照，透露出溫柔的忠告，完全不著墨於父母愛子女這種形式上的說教，卻讓每一個兒童從閱讀這首詩開始，一刹那間讓愛灌滿。值得注意的是，「影像世代」裡的兒童注意力較易分散，這首詩的反覆醞釀，節奏溫舒緩慢，需要更多的情境引導和體會，必須兼顧閱讀情緒才能進入詩的領地。

2. 小菫花（《全集》一，頁93）

　　只想往頂峰爬的腳

　　踏殘一朵小菫花

啊！
不回顧她淤血的痛楚
只想往頂峰爬的腳
怎麼會愛惜她？

徬徨的人看到小堇花
驚喜她是
去世的父母的眼睛
看到她淤血著
以掩過臉的手
捏過拳頭的手
採過小堇花的手
抓一撮泥土給與淤血的莖

在愛惜她的淚光中
小堇花終於屹立了
靠著一撮泥土的愛

　　當我們努力「往頂峰爬」的時候，生命中的愛與美麗都會被我們忽略。直到我們跌過倒、受過傷、經過教訓，才學會用曾經掩過臉悲傷，曾經捏過拳頭憤怒，曾經採過小堇花破壞的手，重新抓一把泥土，把愛給了大地，只要願意付出愛，詩讓我們相信，永遠都有機會。

3. 灶（《全集》一，頁185）

百年之後
大家都使用瓦斯
人們只知道工業用的煙囪
不知道曾有泥土造的灶

灶的肚中

被塞進堅硬的薪木

灶忍受燃燒的苦悶

耐住裂傷的痛苦

灶的悲哀

沒人知曉

人們只是知道

詩句中的炊煙

嬝娜美麗——

　　並不是愛一定會得到回報，也不是付出一定會有收穫。當時代輪替得越來越快，被我們遺忘的，不只是灶，還有許多曾經親密的人，更多更多從來沒有得到回報的愛……，和兒童一起回顧，究竟有多少無言無聲的犧牲與成全，一路為我們鋪陳出成長的機會。

4. 花賊與我（《全集》二，頁49）

那個人

以迅速的手

摘了玉蘭花

口袋裡洋溢著花香

他以為沒人看見

嘴邊留著

暗自高興的微笑走了

那個人不知道

比他高興的是我

玉蘭花跟他下山

讓更多的人欣賞

　　我在他的背後
　　偷偷地微笑
　　覆葉下還有一朵
　　那個人沒有看見的
　　大玉蘭花

　　在詩的頑皮趣味裡，學會寬容、學會分享，學會體認，讓更多的人快
樂，其實是讓我們自己快樂的最有效方法。

5. 渴望（《全集》一，頁 181）

　　空地
　　可以種菜
　　菜是食物
　　可以種花
　　花給人心悅
　　空地有它的價值

　　倘若
　　心空著
　　沒有菜
　　沒有花
　　怎能得到詩

　　渴望一顆心
　　充滿著愛人
　　擁有心愛的
　　灌溉精神的菜
　　灌溉愛的花

收穫一首詩

　　當我們學會珍惜被愛，學會去愛別人，接下來，是不是要想一想，我們生命裡的空地，還可以栽種什麼？想一想究竟我們要去過什麼樣的生活？

（二）用溫柔與悲傷編織生活

1. 小皮球（《全集》一，頁58）

　　　　同室的朋友為數一打
　　　　其中我最幸運
　　　　那隻大手掌看上我說：
　　　　「這一個的彈力最好」
　　　　小妹妹可愛的小手一拍
　　　　我跳得比她還高
　　　　要讓她高興
　　　　不辜負大手掌的賞識
　　　　我更起勁地　跳　跳　跳
　　　　有時碰到桌了角或椅了上
　　　　順便滾入沙發下　床下

　　　　小妹妹不會捉迷藏
　　　　看不到我就叫　要我
　　　　馬上大手掌會伸來抓我
　　　　小妹妹午睡時也抱著我
　　　　可是大手掌竟把我放進黑暗的角落
　　　　並且說：「跳來跳去　滾來滾去　真討厭」
　　　　我不知錯在那裡

　　我知道最幸運並不是最幸福
　　從此我沒有和小妹妹再見面

　　我知道最幸運並不是最幸福。這是多麼傷痛的溫柔呢？然則，生活的真相恐怕都是這樣，一點點的歡喜，很多很多的失望和落空，可是，還是要找到生命值得高興的地方，這是我們的功課。

2. 鳥兒與我（《全集》一，頁 83）

　　鳥兒不知不怕
　　在「有電勿近」的電桿上
　　轉著悅耳的通話
　　快來！早餐有番石榴
　　快來！含笑花好香

　　庭隅的電桿
　　不敢靠近的我
　　羨慕鳥兒
　　不知不怕
　　自由自在

　　鳥兒的小眼睛
　　碰到的眼睛
　　關掉旋律飛走了
　　我怕高壓電
　　不怕牠的眼睛
　　牠不怕高壓電
　　怕我的眼睛

　　每一個人都有他不同的歡喜、悲哀、專長、興趣和禁忌。不一樣的成就和稟賦，造就每一個不一樣的人，無論我們是鳥還是人，總有一些讓別人羨慕的地方，想起來，其實也不用太羨慕別人。在詩裡，我們也看見了，自己很棒，不是嗎？

3. 樹的哀樂（《全集》一，頁107）

　　　　土地被陽光漂白

　　　　成為一面鏡子

　　　　樹樂於看　八等身的自己

　　　　樹也悲哀過　逐漸矮小的自己

　　　　樹的心情　一熱一冷

　　　　任光與影擺佈

　　　　陽光被雲翳

　　　　樹影跟鏡子消失

　　　　樹孤獨時才察覺

　　　　扎根在泥土才是真的存在

　　　　認識了自己

　　　　樹的心才安下來

　　　　再也不管那些

　　　　光與影的把戲

　　　　扎根在泥土的才是自己

　　這首詩表層寫出樹在光和影的引誘中，確定泥土才是生命中最重要的價值，引領我們去思考人生的判斷與選擇；深一層看，又把樹和影看做生命的成全與凋零，父母育養孩子，師長提攜學生，環境涵毓個人，都得付出代價，樹從影子裡看到自己從魁梧的「八等身」（頭與身體的比例為 1：

8）到日漸縮小，然而，生命的循環就是這樣，每一天，都會看到一次影子的茁長與凋零，我們必須找出，有什麼是我們必須相信的，像樹相信，扎根在泥土的才是自己。

4. 魚（《全集》一，頁 77）

> 我和兄弟姊妹們都是啞巴
> 我和兄弟姊妹們都在浮萍中長大
> 小時候為著尋覓食物奔走
> 或者逃避追逐而忙碌
> 如今偶而有個吐出一口泡沫的安適
> 卻比不上美人魚的歌聲
>
> 想念祖先們
> 敬佩他們曾渡海而來的勇氣
> 可是不知道他們都到那裡去了
>
> 當我知悉祖先們的去處
> 我已在俎上
> 跳動一下微弱的抗拒
> 嗟歎歲月養我這麼大
> 羞愧不曾唱出美人魚的歌聲

從單純一條魚的命運，投射同一個時代的創作者，經歷日據殖民前後從日文轉換成華文過程中不能熟練地運用文字創作的悲哀，既表現了個人的遭遇，也呈現了時代的集體創痛。兒童可以在詩的討論中看一看自己，時代進步了，物質豐富了，是不是就能夠唱出美人魚的歌聲？還是，究竟在什麼地方，讓自己也變成啞巴？檢視自己生活的籌碼和限制在哪裡，才能安全而安心地走向未來。

（三）用遠方與泥土編織未來

1. 牽牛花（《全集》一，頁 91）

　　　孩子們！

　　　把彩傘展開

　　　衝向天空

　　　高揚花瓣的帆

　　　你們和晨陽同時綻放

　　　勇敢地跟晨陽爭光彩吧！

　　　孩子們！

　　　不要怕逆風

　　　我長了眼睛似的蔓

　　　既把支柱牢固地纏好

　　　不要擔心土壤貧瘠

　　　我有許多貪婪的根

　　　儲蓄了足夠的營養

　　　孩子們！

　　　清晨短暫

　　　坦誠地去擁抱它

　　　結一個結實的種子

　　　凋謝得有意義

　　　留給人們年年稱讚

　　　錦繡綠野的牽牛花

　　西方兒童文學模式習慣用「在家，離家，在家（Home, Away, Home）」
來看待兒童成長過程中的生命追尋；東方思考裡的「見山是山，見水是

水；見山不是山，見水不是水；見山又是山，見水又是水。」也傳達「走
向遠方」的重要和必要，所以，每一個兒童都會經歷「把彩傘展開衝向天
空」的過程，這背後的蔓根、支柱、營養，成為壯大遠方的信心和勇氣。

2. 強風中的稻（《全集》二，頁1）

　　　　強風是牧羊狗
　　　　趕雲的羊群來
　　　　眺望
　　　　稻如翡翠的衣裙
　　　　掀起波浪的舞姿

　　　　走向田畦
　　　　強風是
　　　　嚴酷的叱詫聲
　　　　稻心不由己
　　　　如瘋人散亂的頭髮
　　　　驚惶呼救著

　　　　佇立觀看
　　　　強風中的稻
　　　　根緊緊抓著泥土
　　　　背負著累稔
　　　　為了站穩而掙扎
　　　　也許　稻知道
　　　　農夫一季的辛苦

　　牧羊狗趕雲的羊群來，原來是一個輕鬆頑皮的視象，沒想到，一下子
就轉換成挫折磨難，然後隨著稻子的堅忍，經歷「緊抓泥土，背負累稔，

爲了站穩而掙扎」的成長祭禮，最後思考自己，是爲了農夫一季的辛苦？
還是有更多其他的理由？

3. 泥土（《全集》一，頁 112）

　　泥土暗自欣慰
　　培養過許多種根
　　以她看來
　　草坪是綠玉
　　佛桑花是心愛的紅寶石
　　泥土以造福茂盛爲樂
　　不曾有過　杞人之憂

　　突然　泥土被壓平
　　被冒煙的柏油倒灌的瞬間
　　令她感到痛苦的
　　是草坪和佛桑花的遭遇
　　激烈地燒灼她的心

　　被熱柏油燙傷的泥土，依靠在她身上的草坪和佛桑花的倉促凋零。兒
童通過詩的討論，還能感受到這世界還有哪些更多的改變？那些自由的生
命、新鮮的顏色，會在破壞與燒灼中，走往什麼樣的未來？

4. 榕樹啊，我只想念你（《全集》二，頁 29）

　　飛過幾重山與海
　　隨雲走過幾百里
　　仰看王宮，尖塔
　　鳥瞰街道，田園

徘徊廢墟，古蹟

眺望低山，樹林

湄南河邊也找不到

熟悉的你

焦急又寂然

喁喁喃喃安慰自己

遠離你反而

心不斷呼喚

眼到處尋覓

對了

你是故鄉的象徵

故鄉的樹

怎能到處都有

榕樹啊

你的葉子是

我最初的樂器

你是我童年避雨的大傘

你是曬穀場的涼亭

你是老人茶，講故事的好地方

你是小土地公廟的保鏢

你是我家的門神

我在異鄉

椰子樹的懷抱裡

還是只想念你

Home, Away, Home 的最後，詩人的經歷和她創造出來的藝術生命融合

了。經歷追尋與失落，驕傲與挫敗，從原始的好奇張望中甦醒過來，生命有一些永遠不會褪色的依戀，會牢牢銘記。兒童也許在誦讀時並不一定明白，但在很久很久以後，他們會忽然想起，因為，詩住在他們的身體裡，隨時尋找著合適的機會和兒童對話。

四、詩與兒童的對話

本文在介紹這 13 首適合兒童閱讀的陳秀喜詩同時，嘗試速寫陳秀喜人生故事裡的一些片段，這些愛的試煉、生命的動盪，都會在她的作品裡發生影響。不過，陳秀喜作品中的營養，很大部分來自於環境的涵育，很難在限定的範圍裡想像出來，往往需要更多的直覺和感受，所以，閱讀陳秀喜，必須延伸出更多機會，讓兒童在聲音裡感覺、在生活裡延續，這樣的嘗試與配合，才能在花繁色豔、即生即死的出版環境裡，確定一些深沉雋永的意義。

藉由「聲音」、「共讀」、「生活」這些準備歷程，陳秀喜的故事和臺灣的故事，其實也在詩裡緩緩拉開，我們可以很容易在與兒童的對話中親近陳秀喜。

（一）在聲音裡感覺陳秀喜

陳秀喜的詩，非常口語化，極易誦讀。而且，她常常在面對許多評論者認為她在詩的掌握上岔出太多贅字累句時，為了經營出句與句間的韻律感，仍不惜反覆使用那些評論者認定的「贅字累句」，那是因為她從日文的俳句短歌入手，吟誦漫歌的韻律節奏已經內化成身體的一部分了。

所以她寫的詩誦讀起來，真如一首歌的旋律在動盪。像《詩經》裡的十五國風，習慣性的三疊形式，如〈鄭風·緇衣〉：「緇衣之宜兮，敝，予又改為兮！適子之館兮，還，予授子之粲兮！緇衣之好兮，敝，予又改造兮！適子之館兮，還，予授子之粲兮！緇衣之蓆兮，敝，予又改作兮！適子之館兮，還，予授子之粲兮」，從一件新衣服的美好、鬆遢，到舒適，如同婚姻生活的適應過程，其中所有的衝突、調整與適應，聚焦在簡單的口

語對話：「你去上班吧！回到家來，我已經做好熱熱的飯菜等你一起分享。」

　　遠古的《詩經》在歌唱吟詠中流傳，現代的陳秀喜詩也一定要經過口語誦讀才能體會她反覆的情味。攤開她的詩頁，最簡單的兒童閱讀策略，自然是大聲朗誦。進行朗讀、閱讀、分享與討論之前，可參考吉姆‧崔利斯（Jim Trelease）的《朗讀手冊》，艾登‧錢伯斯（Aidan Chambers）的《打造兒童閱讀環境》、《說來聽聽——兒童、閱讀與討論》，這些書，沒有艱澀的理論，只是實例和討論，非常實用。

　　不斷在誦讀中重複，讓兒童在熟悉中慢慢熟記、熟背，在不影響學習樂趣、不增加學習壓力的狀態下，鼓勵兒童自由地背詩、畫詩、寫詩、表演詩，或者只是單純地表演「背詩」，針對個別興趣，找出更多相關資料，分組討論，幫助兒童發展提問、比較、判斷的能力，豐富詩裡的聲音、顏色和形狀影像，描摹出鮮明的「意象世界」，累積越多「意象」的準備，就越有能力表現生動準確的語言。並且上臺報告。

　　一旦發現兒童不自覺運用從詩中「模仿」的句型和創作，應該鼓勵，而不是嚴厲斥責與制止。努力在和諧的共同討論中，找出更多更好的屬於自己的描寫方法，把特屬於陳秀喜的愛與寬容，慢慢內化成兒童身體裡的一部分。

（二）在共讀裡親近陳秀喜

　　M. H. 艾布拉姆斯（M. H. Abrams）在《鏡與燈》中專章討論〈風格與人〉，以約翰遜（Samuel Johnson）所寫的名人傳記為例，說明在探索作家與作品間相近而又不相疊的弔詭關聯。約翰遜遵奉的傳統做法是，把「引言性的傳記」和「批評性的介紹」相結合，這似乎提供一種經常性的誘惑，讓他從詩的種種跡象中蒐集作者的性格資料做補充，並利用傳記性事實去闡明詩歌。不過，艾布拉姆斯強調，應用這種方法多半得到的只是「可能的猜測」，單憑文學證據得出的結論不足為誠，應輔以根據外在材料

得出的「準確的傳記解釋」才能生效。[9]

　　介紹陳秀喜的詩和尋找陳秀喜「準確的傳記解釋」，其實可以相互補足。

　　在新竹長大的陳秀喜，走進殖民、戰爭、社會動盪的荒寒歷史。1942年（22歲）結婚後，隨夫移居上海，在混亂而戰事不斷的中國，她經歷長子夭折（1944年）的痛楚；輾轉客旅杭州、南京、鎮江；1949年回臺後暫居彰化；1949年遷居臺北，震驚於臺北街頭槍決示眾的原始慘烈。隨著丈夫的工作不斷遷調，她就這樣身不由己地輾轉在彰化、臺北、基隆、豐原、桃園。直到1967年（47歲）加入日本短歌社臺北支部和「笠」詩社，她在詩的花園裡嗅聞到自由的芬芳，才總算，真正地碰觸到只屬於她自己的，快樂和悲哀。

　　50歲以後，她出書、開會、演講，赴日參與詩人會議和對於她的作品討論。才以為幸福正慢慢靠近，1978年（58歲）又因為情感生變，決議離婚後在天母上吊自殺獲救，聲帶受損，長期喑啞。1985年再婚後又於同年離婚，隨後因婚姻官司纏身，身心俱受重創，仍參與創辦「臺灣筆會」，提攜後進不遺餘力。

　　厭世避居嘉義關仔嶺時，慕名而來的拜訪者和受她提攜過的無數晚輩，都叫她「陳姑媽」，她還是認真活著，只是生命的氣血與熱情，慢慢消歇。我們在閱讀陳秀喜白描而恬靜的詩，對照她動盪不安的一生，真覺得在詩裡有一種淬洗生命的重要意義。

（三）在生活裡延續陳秀喜

　　文學共享是一種獨特的生命經驗，越來越多教育上的多元嘗試，深耕閱讀與文學的影響。

　　當我們在親近陳秀喜詩時，教學活動必須以「樂趣」為優先考量，聲音，影像，人際互動，工藝製作，參觀活動，情境模擬，資料收集與展

---

[9]關於風格與人如何表現在作家與作品的拉鋸與辯證，詳見 M. H. 艾布拉姆斯（M. H. Abrams）《鏡與燈》，頁364～373。

示……，其中，最準確也最重要的學習模式是，走向大自然。

1. 大自然教室

陳秀喜的創作，取材於和她完全貼合著的山河草木、日夜風花，取材於她日日看見的鳥獸蟲魚、門灶塵土，那種特屬於大自然的聲音、顏色和芬芳，和來自日常生活的磨鍊重疊，大自然的起伏變化就是她的起伏變化，大自然的感觸就是她的感觸，所以，要進入她的詩世界，勢必融入大自然的教室，在無邊欄的肌膚撫觸中，感受她著力描繪著的那種永恆。

2. 愛的洗禮

她並不是要在這個與天地交接的大教室裡，學會超脫凡塵，看淡人事情纏，反而這所有大自然的示範，一棵樹是愛，一朵花是愛，泥土是愛，鳥是愛，無論是灶、賊、皮球裡都飽涵著愛，叫她讀出了愛的無怨無悔無藏無私。當我們在兒童的閱讀視野裡，放進了這麼多「愛的洗禮」時，最重要的是檢查我們自己，是不是也進入了陳秀喜一向相信著的「愛的真摯和珍貴」，因為，透過我們有形的行為示範和無形的理念價值，兒童正跟著我們，在生命起步時，張望，並且逐步摸索著對於他們而言，究竟要至確定什麼是愛。

3. 多元詩集

最後，試著讓詩在生活裡萌芽。藉著閱讀陳秀喜詩，習慣詩的韻律，寫幾句話，用「一本書」的形態做整體的思考與討論，引領著兒童，同時也為自己留下一本，只屬於自己的，獨一無二的詩集。詩集可以是簡素的，也可以鮮豔豐富，不拘任何媒材，拼貼、素描、彩繪……，樹葉也好，畫也好，照片也好，學習對生活的珍惜與記錄。

很可能，閱讀陳秀喜詩的時間是短暫的，對於生活的正視與感恩，卻可以陪著兒童、陪著我們，一直到很久很久。

五、結論

兒童文學發展，原來就持續存在於有機的生養幻滅中。原意為大英帝

國殖民發聲的《魯賓遜漂流記》和爲諷刺菁英階層矯揉做作而寫的《格列佛遊記》，都因爲洋溢在書中的兒童性和遊戲性，先後被「兒童文學」據爲己有。

在現有的出版環境裡，兒童可以選擇的閱讀文本很多，不一定要閱讀陳秀喜詩；陳秀喜詩也一直不被當做兒童詩來看待。只是，當我們認真去檢視這個聲光眩目的後現代社會，看起來選擇變多了，兒童的閱讀基模卻慢慢被鮮豔的顏色、喧囂的聲音和破碎的影像統一起來。所以，本文從「臺灣文學」板塊裡的陳秀喜詩，切割下一小塊據爲「兒童文學」版圖，特意整理出一種溫柔、素樸、更具有臺灣情味的文字模式，允許兒童閱讀多出一種經驗常模。

當然，關於親近陳秀喜詩的兒童閱讀策略，一定也還有更多可能。本文無意「統一標準」。取意只在嘗試，提出一種讓臺灣文學和兒童文學接軌的可能。因爲，多元並立、眾聲喧譁，才能讓各種文學風景，一如陳秀喜所期待的：「把彩傘展開，衝向天空，高揚花瓣的帆，和晨陽同時綻放，勇敢地跟晨陽爭光彩。」

參考書目

・艾登・錢伯斯（Aidan Chambers）著；許慧貞譯，《打造兒童閱讀環境》（臺北：天衛文化圖書公司，2002 年 1 月）。

——艾登・錢伯斯（Aidan Chambers）著；蔡宜容譯，《說來聽聽——兒童、閱讀與討論》（臺北：天衛文化圖書公司，2002 年 2 月）。

・M. H. 艾布拉姆斯（M. H. Abrams）著；酈稚牛、張照進、童慶生譯，《鏡燈——浪漫主義文論及批評傳統》（北京：北京大學出版社，1989 年 12 月）。

・吉姆・崔利斯（Jim Trelease）著；沙永玲、麥奇美、麥倩宜譯，《朗讀手冊——大聲爲兒童讀書吧！》（臺北：天衛文化圖書公司，2002 年 1 月）。

・林文寶、徐守濤、陳正治、蔡尙志合著，《兒童文學》（臺北：五南圖書出版公司，

1996 年 9 月）。

・陳玉玲著，《臺灣文學的國度——女性、本土、反殖民論述》（臺北：博陽文化事業公司，2000 年 7 月）。

・陳秀喜著、李魁賢主編，《陳秀喜全集 1～10》（新竹：新竹市立文化中心，1997 年 5 月）。

・鄭明娳主編，《當代臺灣女性文學論》（臺北：時報文化出版公司，1993 年 5 月）。

　　　　　　——選自「兒童文學資深作家陳千武先生及其同輩作家作品研討會」

　　　　　　　臺中：中華民國兒童文學學會主辦，靜宜大學中文系承辦，2003 年 11 月 22～23 日

家、笠園、臺灣
陳秀喜作品中的空間文本與身分認同

◎洪淑苓[*]

前言

　　陳秀喜（1921～1991），臺灣新竹人，爲臺灣本土派女詩人的代表者，起先以日文寫作，後學習中文，屬「跨語言的一代」的詩人，著有日文詩集《斗室》，中文詩集《覆葉》、《樹的哀樂》、《灶》、及詩文集《玉蘭花》等，今有李魁賢主編《陳秀喜全集》[1]，所收作品與研究資料最豐富。陳秀喜在 1968 年加入笠詩社，1971 年起擔任社長，以迄 1991 年謝世。曾獲國際詩人獎，作品別具本土意識與女性色彩，尤其展現深厚的母性，獲得多位詩友的敬愛，每以「姑媽」相稱[2]；其晚年寓居的關仔嶺「笠園」，也成爲詩友往來聚談的場所。陳秀喜爲人熱情爽朗，醉心於創作，這些都留給詩友相當人的懷念和景仰。

　　有關陳秀喜詩的研究，近年已有不少成果[3]。筆者注意的是，她的（中

---

[*]發表文章時爲臺灣大學中國文學系副教授，現爲臺灣大學臺灣文學研究所教授兼所長、中國文學系暨研究所教授。
[1]李魁賢主編，《陳秀喜全集》共 10 冊，（各冊標題爲：詩集一、詩集二、譯詩集、文集、歌集、書信集、外譯詩集、評論集、追思集、資料集。）（新竹：新竹市文化中心，1997 年 5 月）。
[2]姑媽一稱，殆由林煥彰首先稱呼，見其〈因爲詩的緣故——陳秀喜、姑媽、笠和我〉；「從 1976年，因爲詩的緣故，我認識陳秀喜女士，而一開始，我就喚她陳姑媽；她年長我 18 歲，像我母親的年齡；從此，凡比我年輕的詩人、文友也多這樣跟著我喊她陳姑媽。」《陳秀喜全集》第 9 冊，頁 126～129。以下將以《全集》x：x的形式於正文中標注出處。
[3]例如李元貞，〈陳秀喜詩中的母親意象〉，李魁賢主編，《陳秀喜全集》第 8 冊（新竹：新竹市文化中心，1997 年）；吳達芸，〈跨越語言一代女詩人的臺灣意象——以陳秀喜、杜潘芳格爲例〉，「第二屆臺灣文學學術研討會：詩／歌中的臺灣意象」宣讀論文（臺南：成功大學主辦，2000 年 3 月11、12 日）；陳玉玲，〈臺灣女性的內在花園——陳秀喜新詩研究〉，《臺灣文學的國度》（臺北：博揚文化公司，2000 年）；鄭慧如，〈陳秀喜詩中的倫理與自我〉，《竹塹文獻》雜誌第 22 期，

文）作品中，對空間景物的觀察是相當敏銳的，對「家」、「笠園」以及
「臺灣」這三個空間的描寫、感受與認知，尤其具有特殊的情感。在這三
個空間文本中，陳秀喜每每刻畫、省思她做為女人、詩人以及臺灣人的身
分。而有趣的是，「笠園」與「臺灣」的空間經驗與身分認同，又經常和女
性經驗聯繫在一起，形成國族意識、社團事務與性別文化的交融，在在呈
現了她所擁有的臺灣／女／詩人的多重身分與意義，值得深入探討。

　　以下，將以《陳秀喜全集》為範疇，就其創作活動、詩文、書信等資
料，展開論述。

一、「家」的空間經驗與女性角色認同

　　家、笠園與臺灣三個空間對陳秀喜人生的重要性，可說無分軒輊。因
為它們分別呈現了她在私領域與公領域的人生經驗，其中自然也有重疊的
情形。而考慮到陳秀喜一直身為家庭主婦而非職業婦女，家庭生活的女性
角色對她的身心與創作影響最大，因此將「家」擺在第一個議題；其次為
「笠園」，這是陳秀喜跨出家庭，參與公共事務的中心點，因此置次家與國
之間來討論；最後為「臺灣」，可看出陳秀喜對整體大環境的思考。

　　在傳統女性的生活空間——家，陳秀喜歷經女兒、妻子、媳婦與母親
的角色，她如何看待這些角色與經驗？在傳統的賢妻良母與現代的獨立自
主的女性意識之間，陳秀喜的人生與詩歌作品提供給我們許多的討論題
材。

（一）娘家女兒／夫家妻媳的空間轉變與角色體認

　　從生活空間的變動來看陳秀喜的人生歷程：1921 年陳秀喜在新竹市出
生，父陳買、母施滿，生育四男四女，陳秀喜為四女，排行第六。滿月過
三天，被陳金來、李璧夫婦領養，因為養家的初生兒六天夭折，所以視之
如己出，疼愛有加，陳秀喜自稱是「最幸福的養女，過了快樂的少女時

代」。九歲，入新竹女子公學校受日文教育。14 歲，畢業，養父轉請教席教授漢文。20 歲，擔任小學代用教員。1942 年，22 歲，與張以謨結婚，旋即隨夫居住上海。後又隨之旅居杭州，直到臺灣光復次年，（1946 年，26 歲）才回到臺灣新竹，而養母業已謝世。其後，又隨夫調職，先後居住彰化、臺北、基隆，又調回臺北，然後遷居豐原、基隆、桃園，直到 1969 年（49 歲），由桃園遷臺北市，住松江路。而 1968 年，陳秀喜加入笠詩社，並於 1971 年起，擔任笠詩社社長。直到 1978 年 8 月，陳秀喜離婚，獨自遷居臺南關仔嶺笠園[4]。從上面的遷居史，我們看到身爲女性「嫁雞隨雞」的命運，20 歲起擔任教師的陳秀喜，過兩年，即因結婚而辭鄉，隨著丈夫遷徙。雖然丈夫步步高升，雖然來回臺灣與大陸，雖然在臺灣島上南北行走，在在都是人生難得的經驗，但空間的移轉，並沒有帶給陳秀喜最終的幸福，因爲隨著空間的變動，她的女性處境並無太大改變，反而是不斷擴大她做爲女人的各種女性負擔：人妻、人媳與人母，這些女性角色顯然比女兒辛苦多多。

女兒身分的陳秀喜是幸福的，陳秀喜在〈陳秀喜自傳〉曾說：「養父母待我，勝過生父母。我在如此無邊的慈愛中長成。」[5]這對養女的身分來說，是極爲特殊的例子。臺灣早期的養女，命運大都十分坎坷，在養家受虐待的情形，不乏其例。而陳秀喜雖離開親生父母之家，卻在養家獲得更多的關愛與栽培。在〈養母的摯愛〉一文中，陳秀喜描寫養母對她的照顧無微不至，母女情深，十分感人。在此文中，陳秀喜記載，養母曾說陳秀喜是「我的雙乳才換來唯一的女兒」，爲了哺乳，養母忍著乳頭龜裂的痛苦，任由嬰兒的陳秀喜吸吮，導致雙乳形狀怪異，也甘之如飴。陳秀喜記得幼時與母親共浴的印象，寫道：

[4]參見李魁賢，〈陳秀喜年表初編〉，《陳秀喜全集 10》，頁 165～225；陳秀喜，〈陳秀喜自傳〉、〈回憶錄〉（日文），《陳秀喜全集 10》，頁 1～85。
[5]陳秀喜，〈陳秀喜自傳〉，《陳秀喜全集 10》，頁 4。

> 我又好奇的追問，母親才述說：「……你的吸吮力強，吸破了我的乳頭，細菌引起發炎又發燒。可是你又不吃牛奶，因不時授乳，傷口遂擴大像嬰兒的嘴唇。當你吸吮一口，其痛苦就像針穿刺著，……每次授乳我都得咬緊牙根，忍受痛楚，傷口難癒，終於變成畸型了。」

——《陳秀喜全集 4》，頁 50

　　這使得陳秀喜體會到：「我的生命是母親的慈愛和痛苦換來的」，也可略知養母是多麼寵愛這個女兒，願意為她付出一切。陳秀喜對養母的感情特深，因此在光復後她自上海初次返鄉的途中，腦海中盤旋的念頭是「我要像以前一樣，躲藏在亭子腳的水泥柱後面，窺看母親在做些什麼，空想時，怡悅的微笑浮現在臉上……」（《陳秀喜全集 4》，頁 54）。可見她對娘家這個空間的眷戀，以及想要再回到母親身邊做個嬌嬌女的心願。

　　待陳秀喜 18 歲，養母疼愛掌上明珠，捨不得把她嫁出去，以致一再推辭媒人上門說親。終於訂親成婚，結婚第三天，陳秀喜即隨夫婿遷調上海，長居杭州五年有餘，不曾回鄉探親。據鄉人轉述，其母朝夕焚香向神祝禱，祈求女兒平安歸來。因適逢戰時，直到二次大戰結束，臺灣光復，陳秀喜才能乘船回鄉。奈何造化弄人，母親已於五個月前逝世，父親告訴她：「你媽至死還喚你的名，怕你傷心才不讓你知道。」；文章在這裡有細膩動人的心理描寫，把預期中重逢的欣喜，和突聞惡耗的震撼，形成強烈的對比。最後陳秀喜哭喊著：「母親啊！您知否？我是幾次想自殺，因您的愛使我由死中求生，一心一意想著您。我遵守您的教誨，記住『忍耐』兩個字，忍受百般委屈。如今都已太遲了。」[6]

　　由是可知，婚姻生活帶給陳秀喜的痛苦與折磨。透過張典婉的訪問，陳秀喜也坦承婚姻中的她是不快樂的、受束縛的。據張典婉的採訪稿：

---

[6]《陳秀喜全集 4》，頁 50～57。

陳秀喜回憶早年男權至上的社會，婚姻全靠媒妁之言，嫁人後一切只能從夫命，不能反抗。……於是在多年的婚姻桎梏中，陳秀喜倍受丈夫冷落、婆婆虐待，還要扶侍十一位小姑、小叔，儘管在大陸定居數年，住在風光明媚的杭州，生活富裕，但她並不快樂。[7]

　　陳秀喜的婚姻經驗顯示了婚姻中的女性空間其實是封閉而狹隘的，雖然她的時代已不是「大門不出，二門不邁」的保守社會，就是她本人也曾是新竹第一位騎腳踏車上街的女性[8]，還有她婚後的遊歷，看起來都像是開放了，而且有著相當大的行動自由。然而，她其實一直處於被動、順從與忍耐的空間狀態之中；例如她的〈初產〉詩就重複兩次引述母親的叮嚀：「結婚就是忍耐的代名詞」（《陳秀喜全集 1》，頁 74～75）。而面對婚姻的磨難，陳秀喜認為只有「淚」才能舒解女性的悲哀，〈淚與我〉詩是這樣說的：

　　我們有五千年堅固的父權／我們有默認不幸女人的習俗／鮮有爭取公平的妻權／淚不是女人的專利／淚不是女人的武器／被欺負、被壓迫、苦悶時／擠出來的淚是／防衛自己都不如的盾／淚卻是女人的知己／秋燈下孤單的女人／重數著淚的回憶／為人媳的淚／曾給西湖的水增高／為人妻的淚／曾給蘭潭的水增高／每次想死的邊緣／險些把我噎死的淚／救我回來。

　　　　　　　　　　　　　　　　──《陳秀喜全集 1》，頁 123～124

<hr>

[7]張典婉，〈自修寫作　快樂辦詩社──陳秀喜走出痛苦婚姻　開朗有抱負〉，《陳秀喜全集 8》，頁120。而其他資料也顯示，陳秀喜因丈夫發生外遇，上吊自殺獲救，終於離婚，結束 36 年的婚姻。是婆媳之間，也頗多齟齬，長子於坐月子中夭折而死，似乎也和婆婆延誤送醫有關。見陳玉玲，〈臺灣女性的內在花園──陳秀喜新詩研究〉，《臺灣文學的國度》（臺北：博揚文化公司，2000 年 7 月），頁 18。
[8]張典婉，〈自修寫作　快樂辦詩社──陳秀喜走出痛苦婚姻　開朗有抱負〉，頁120。

　　這首詩顯現了鮮明的女性意識，對父權文化發出不平之鳴。「爲人媳的淚」、「爲人妻的淚」分別對應了西湖、蘭潭的空間記憶，卻都反映身爲女性的無奈。

　　再看她的〈棘鎖〉詩，藉新郎送給新娘的捧花，帶出女性不幸的宿命：

　　卅二年前／新郎捧著荊棘（也許他不知）／當做一束鮮花贈我／新娘感
　　恩得變成一棵樹
　　鮮花是愛的鎖／荊棘是怨的鐵鏈／我膜拜將來的鬼籍／冷落爹娘的乳香
　　／血汗淚水為本份／拼命努力地盡忠於家／捏造著孝媳的花朵／捏造著
　　妻子的花朵／捏造著母者的花朵／插在棘尖／湛著「福祿壽」的微笑／
　　掩飾刺傷的痛楚／不讓他人識破
　　當　心被刺得空洞無數／不能喊的樹扭曲枝椏／天啊　讓強風吹來／請
　　把我的棘鎖打開／讓我再捏造著一朵美好的寂寞／治療傷口／請把棘鎖
　　打開吧

　　　　　　　　　　　　　　　　　　　——《陳秀喜全集 1》，頁 168～170

　　在這裡，婚姻生活被形容成「愛的鎖」與「怨的鐵鏈」，「鎖」與「鐵鏈」的意象，無疑構成了一個封閉苦悶的空間，綑綁了女性的一生，因此詩末有著痛苦吶喊：「請把我的棘鎖打開」、「請把棘鎖打開吧」（《陳秀喜全集 1》，頁 168～170）。這兩個「綑綁」的意象，最能說明女性在婚姻中的命運，呈現性別不平等的空間文化。

（二）守家／離家的空間形式與母親角色的體認

　　陳秀喜育有二子二女，其母親形象是十分動人的。她的〈初產〉詩寫初爲人母的身體經驗：「如爆發前的火山／子宮硬要擠出灼熱的溶岩石」（《陳秀喜全集 1》，頁 74），也極具震撼力。她的〈嫩葉〉與〈覆葉〉二詩，則展現出爲人母者的護犢之心，讀者莫不深深感動（《陳秀喜全集

1》，頁 3、72～73）。陳玉玲曾結合此二詩與其他作品，以「生命樹」的原型，剖析陳秀喜詩中的母愛：「〈覆葉〉是母愛無悔的犧牲，承擔母性的快樂和憂愁，並期待嫩葉的成長茁壯。〈嫩葉〉強調襁褓嬰孩的甜蜜及幸福，更點出母愛無悔的犧牲偉大。這正是陳秀喜心中的『善良母親』，做為十字架的生命樹受難犧牲的特質。」[9]。

　　筆者頗贊同這些分析，因為「樹」的意象，是屬於空間的，「生命樹」的解讀也很成功的把女性成為母親的心境與歷程，用空間分布的圖象展現出來。而〈嫩葉〉與〈覆葉〉二詩中樹枝的交錯、葉片的伸展都充滿了動態之美，因為陳秀喜用風、雨、日、星、柚子花香等自然景物加以鋪陳，使詩中的樹及其枝葉都宛如在自然曠野中生長，迎接陽光，也抵抗狂風暴雨、蟲鳥的侵食；這在空間美感的營造，是相當值得讚賞的。而尤其值得注意的是，「生命樹」的空間意象背後也顯現一種固守家園的精神：樹的生根成長，綠蔭遮天，正可代表一個母親旺盛的生命力，以及堅忍不拔、為家庭子女奮鬥犧牲的精神。我們看〈歸來〉詩，更可得到印證。此詩寫道，當失意的女兒歸來，做母親的陳秀喜感到驚喜和心痛，強忍住欲哭的嗓聲，衝口而出的是：「我做一道妳最喜歡的菜好嗎」，以照顧子女的衣食溫飽為母愛的顯露，一向都是傳統母親表現愛的方式，詩末「妳歸來／整個世紀的春天一齊飛進來／淒冷的寒風已從後門溜走」（《陳秀喜全集 1》，頁 27～28）[10]尤能令人感覺這深厚的母愛，不管世事如何變化，母親永遠守候在那裡，為子女療傷，為子女提供身體與心靈的溫飽。對陳秀喜而言，也許婚姻的負擔是沉重的，但她對子女的疼愛，卻使她無怨無悔的付出一切。於是，我們看到陳秀喜對子女的細心呵護，無不處處顯現她護守一個家的苦心。

---

[9]陳玉玲，〈臺灣女性的內在花園──陳秀喜新詩研究〉，《臺灣文學的國度》（臺北：博揚文化公司，2000 年 7 月），頁 8～37。

[10]同樣的，兒子出車禍，經濟破產，也都引起陳秀喜深刻的關懷與痛惜。其〈趕路〉、〈自剖〉二詩，讀來也令人深深為其流露的母愛感動。見《陳秀喜全集 1》，頁 20～21、《陳秀喜全集 2》，頁 119～126。

陳秀喜的確具有濃郁的母愛與守家精神，但當女兒有叛逆與離家行為時，卻挑戰了她的家庭觀。我們試著從相對的角度，亦即子女的眼光觀察陳秀喜的母親形象，會有什麼發現呢？譬如〈嫩葉〉：

> 從那覆葉交疊的天空探望／看到了比夢中更美而俏麗的彩虹／嫩葉知道了歡樂　知道了自己長大了數倍／更知道了不必摺皺紋緊身睡著／然而嫩葉不知道風吹雨打的哀傷／也不知道蕭蕭落葉的悲歡／只有覆葉才知道　夢痕是何等可愛／只有覆葉才知道　風雨要來的憂愁
> ——《陳秀喜全集 1》，頁 4

詩中母親對子女的呵護，已臻於化作春泥更護花的境地（風雨來襲時，也可象徵母親的老朽，覆葉將成落葉，落入泥土），實無可挑剔，但「從那覆葉交疊的天空探望」的有限空間與視野，被保護的嫩葉感受如何？根據報導，陳秀喜次女張玲玲曾認為母親對他們保護過度，讓她感覺自己像溫室花朵，幾乎和外面的世界隔絕[11]。可見子女的感受未必和母親的想法一致。而玲玲因為戀愛而背叛母親，促使陳秀喜寫出〈愛的鞭〉（《陳秀喜全集 1》，頁 8），詩中的語氣相當嚴酷：

> 你該知道「逆女」的態度／必須由我來教訓／自從你未成熟的十八歲曲解了母愛　自由　民主／忘卻了東方美德是「孝」行／不願你背著「不孝順女兒」的名出嫁／以野蠻的行為　鞭打你
> ——《陳秀喜全集 1》，頁 9

---

[11]陳秀喜次女張玲玲說：「可是她總把我們保護得太好了，我出社會做事真是覺得會死掉，好像溫室裡的花朵。」「像〈覆葉〉那首詩就是給我的。」「我小時候很乖，是家裡最乖的，我後來不聽話對她是很大的打擊，她沒有想到我突然會變成這樣。」由此也可理解陳秀喜疼愛女兒，卻又管教嚴格，使女兒有被保護過度的感覺。參見簡偉斯訪問稿，〈真心真意過生活〉，見施叔青、蔡秀女編：《世紀女性臺灣第一》，（臺北：麥田出版社，1999 年），頁 211。

在傳統美德中,「孝」是和「順」連在一起的,也和西方的自由、民主,開放式的教育態度不能相容,在我們的社會已逐漸浸染這些觀念時,陳秀喜仍要求女兒要孝順,是否也是順從於父權的觀念下呢?當一個母親在執行「母權」時,她會不會是「父權」模式的翻版,甚至更釋放內心被壓抑的權力欲望?誠如一位西方女作家對自己扮演母親的角色的反省與掙扎:「居於弱勢的女人常常用母職作為──狹窄但深入的──管道,滿足她們人性中的權力慾,並藉此對這個世界加諸在她們身上的待遇以牙還牙。」[12]這個反省的聲音,也許不完全和陳秀喜的心靈相印,畢竟陳秀喜的母親形象不是張愛玲筆下的「七巧」,到頭來連子女的命運都要掌控[13]。但吳達芸的解析是可以參考的:「抬出『母愛如海』的大帽子,以愛之名鞭打,要已訂婚的女兒仍然孝順,不可逆己,要以愛鞭喚她重回母親的懷抱;覆葉犧牲的愛至此一變而為鞭撻掌控的愛,其間脈絡是如此自然,這儼然是一種我們也很熟悉的臺灣母親的典型。……詩人雖然能對婚姻制度以及相關的父權宰制提出非常精采的見解及詩作,卻不能見悟感知自己在為母實踐方面的生命盲點,這也是人們多半無法超越時代的立德;真是無可奈何之事。」[14]

---

[12]安菊・芮曲(Adrienne Rich)著、嚴韻譯,〈憤怒與溫柔〉:「母子之間的權力關係通常只是父權社會中權力關係的反映。『你必須做這個,因為我知道這是為你好』和『你必須做這個,因為我可以逼你做』其實沒什麼太大的差別。居於弱勢的女人常常用母職作為──狹窄但深入的──管道,滿足她們人性中的權力慾,並藉此對這個世界加諸在她們身上的待遇以牙還牙。」收入顧燕翎、鄭至慧主編,《女性主義經典》(臺北:女書文化公司,1999年10月),頁149。

[13]在小說〈怨女〉中,七巧為了金錢而嫁給殘廢丈夫,備受族人欺凌。後來,守寡的七巧刻意讓兒子吸食鴉片、又破壞女兒的婚姻,以便永遠掌控他們。像這樣的母親形象可說反映了女性父權壓制,又反過來壓制她的子女。

[14]見吳達芸,〈跨越語言一代女詩人的臺灣意象──以陳秀喜、杜潘芳格為例〉,「第二屆臺灣文學學術研討會:詩/歌中的臺灣意象」宣讀論文(臺南:成功大學主辦,2000年3月11、12日),頁3~5。母愛化作春泥更護花之解,亦見於吳文。吳文此處將這樣的母子關係引申解嚴前,政府對人民的呵護與限制,等到有機會接觸外面的世界,人民的信心動搖,反而產生不利結果。在諸多肯定陳秀喜詩的崇高母性時,吳文首度注意到從子女角度,不同立場的審視,論點相當獨到。但吳文中對〈父母心〉一詩的臆測,筆者認為諸家都忽視了這可能是個代言,是陳秀喜為某友人12歲的女兒雅玲慘遭車禍喪生而寫,因此詩中的母親才會寧可小玲斷手斷腿,以便終生留在母親身邊──這是為人母親亟盼枉死的女兒能夠復生,向神提出的交換條件。詩中的小玲並非其次女玲玲。參見其《斗室》歌集,〈雅玲〉,《陳秀喜全集5》,頁74。

　　筆者更認為，陳秀喜要求女兒乖順，潛意識裡應該還摻雜著對自己母親的思念，因為自己結婚後遠離娘家，不能及時事奉母親，因此希望女兒不要急著背叛母教，私自離家。

　　試以〈白色康乃馨〉為例證。此詩由母親節串起「女兒——我——母親」的情感聯繫，以前年、去年與今年的母親節作對比，前年，女兒從學校寫信來，表示「我愛您多麼深」；去年，「去年母親節／女兒的男友來談判／為著解釋歐美式的愛情和強調歐美式的……／她失望地自廿世紀後退後退」；今年，女兒與人私奔了，往日曾使她驚喜的「我愛您多麼深」的字句，陡然浮現眼前，於是使她聯想自己從未曾向母親說過類似的話，如今母親雖已逝，但她下定決心，明年母親節要佩戴一朵白色的康乃馨紀念母親。這首詩雖是以第三人稱「她」為主角來寫，但仍使人感覺其中的自傳色彩，是陳秀喜對女兒自由戀愛、企求脫離母親羽翼，心中產生了驚愕、痛惜之情。[15]詩最後回到對母親的思念，應是由此而了解母親當年對自己的惦念——可惜的是，這種「養兒方知父母恩」的反哺心情，往往只有子女自己也晉身為人之父母，才能深刻體會。

　　由〈白色康乃馨〉更可了解，陳秀喜的「守家」精神，已深深扎根於她的生命底層，因此面對女兒的叛逆，爭取歐美式的獨立自主，當然不能接受。而若果女兒執意求去，捨親情就愛情，那種往日與母親生離死別的遺憾，必然悄悄而強烈地襲擊陳秀喜心頭。這中間實夾雜了一些矛盾的情緒——陳秀喜和母親的感情深厚，但是她把這種母女的情感轉化為對家庭規範的順從，因此她顯現了擁護「孝順」的觀念，而不能接受女兒想要突

---

[15]〈白色康乃馨〉發表於《笠》第 25 期，1968 年 8 月 15 日。編注：未收入詩集（《陳秀喜全集 1》，頁 15）。而〈愛的鞭〉以女兒訂婚為寫作背景，編注：寫於 1967 年 5 月 14 日母親節。發表於《笠》第 20 期，1967 年 8 月 15 日。未收入詩集（《陳秀喜全集 1》，頁 9）。對照之下，〈白色康乃馨〉詩中「去年母親節」，正是寫作〈愛的鞭〉之時，也就是女兒訂婚不久之際，可見兩詩有若干現實上的疊合，為人母者的心情也用了誇大的筆法來傳達。這裡很難查證，詩中的女兒、現實中的女兒是真的與人私奔，還是比喻的說法，因為詩中的母親並不贊成女兒的愛情，有被女兒背叛的感覺。引人好奇的是，二詩均未收入詩集，〈歸來〉詩卻已收入《覆葉》詩集，是否因為前二詩中母親的形象較不同於平日，因此未收入？

破父母之命，實踐自由戀愛的獨立意識。陳秀喜捨不得離開母親，她的女兒卻急於離開她，由此我們看到兩個女兒對守家／離家的各自表述。相較於對婚姻空間的抗議，在這個「母親——我——女兒」的女性空間裡，我們反而看到陳秀喜女性意識的分化。

以上，我們了解了陳秀喜身爲女性，在女性角色上的心境：受嬌寵的女兒、受冷落的妻子、受虐待的媳婦、慈愛而嚴謹的母親，從她的作品，我們也看到女性本身對「家」的解讀方式：女性在原生家庭、身爲女兒時，享有較多的照顧，因此這段記憶是甜蜜幸福的，它可能使得女性眷戀母親的慈愛，也忽略了父權威制隱藏的束縛。是故雖云「未嫁從父」，但這個原生家庭對女性的意義是受到關愛與照顧的「娘家」，此由陳秀喜對母親的惦念與依賴可知，故結婚後的「離」家（娘家），並不是爭取自由自主，反而充滿被迫如此的痛苦。這和她女兒的心理與作爲是絕然不同的。

其次，女性對婚姻中自我的處境，比較容易察覺性別上的不平等，因爲一旦踏入婚姻，就必須承擔更多的壓力與責任，夫家終究不如娘家的安逸舒適。娘家／夫家，「家」的意義不同，女性的感受也不同。這點，我們看到陳秀喜對婚姻的體會與批判是相當敏銳的，儘管她遵從母教，忍耐三十餘年，最後終於「離」婚，也就是「離開」了夫家，以她的輩分年齡看，確實具有莫人的勇氣，顯露非常堅決的女性意識。但對其女兒而言，由於時代風潮的影響，「離」家（娘家、原生家庭）正是求取自由獨立的第一步。在這裡我們看到了新舊兩代女性的觀念差異。因爲陳秀喜最初的「離」家經驗是痛苦的，所以她把這種感受投射在女兒身上，未察覺其盲點。而她的「不願」離開娘家、原生家庭，也轉爲「不可」離開夫家，唯有「忍耐」，直到無法忍耐爲止。

值得注意的是，離婚後的陳秀喜並未與兒女同住，獨居笠園，可以說是她真正打破「未嫁從父，既嫁從夫，夫死（按，這裡可改爲夫去，離去也）從子」（《儀禮‧喪服篇》）的傳統觀念。根據她自己的說法：當子女成年之後，做母親的人，因爲無償的愛被拒絕，會感到失望和寂寞。於是她

忙著寫詩、閱讀、旅行等事，由此度過寂寞的難關，更珍愛屬於自己的時
間和結婚三十餘年後始得的自由（〈尋找的人〉，《陳秀喜全集 4》，頁 61～
62）。我們不妨說，這一次，陳秀喜才真正的「離家」，離開家庭對女性的
拘束。

　　孟悅、戴錦華認為：「父系社會對女性的所有規定幾乎無不源於家庭秩
序的建立、維持、鞏固之需，……它（家庭和氏族制度）將女性之異己、
他性的本質盡數洗去，轉化為可接受的東西，如轉化為傳宗接代工具或
妻、母、婦等職能，從而納入秩序。無怪乎女人的一生都逃不脫家庭的規
定，只有在家庭裡，她才是女、母、妻、婦、媳，而非女性。這樣她才能
納入在秩序內，成為秩序所規定的一枚螺絲釘」[16]。陳秀喜的母親捨不得將
女兒嫁人，又不得不為她選定婚事，不也是傳統觀念使然？陳秀喜少女時
代即嶄露語文方面的長才，但她的人生還是被規畫在妻、母、媳這樣的秩
序中。是故，透過陳秀喜對守家／離家觀念的岐異，以及母親／女兒角色
的體認，我們看到女性在「家」這個生存空間所遭遇的種種命運，也似乎
只有「離開」，才能解開其束縛，進一步追求自由和實現自我。

二、「笠園」的空間文化與女詩人的自我認同

　　陳秀喜晚年的住處笠園，是她隱居、寫作的地方，其作品中也有許多
與之相關的人、事、物，因此「笠園」在空間上便具有多層次的意義。概
略觀之，陳秀喜的笠園及其相關的活動、作品，使「笠園」具有笠詩社的
「聖地」、耕讀的田園、友誼的花園、女詩人的樂園等多重空間層次。

（一）「聖地」、田園與花園

　　據李魁賢〈陳秀喜年表初編〉云：1978 年，陳秀喜 58 歲，年初，因
婚姻變故而自殺獲救，聲帶受損，長期瘖啞。而文友張文環於 2 月 12 日逝
世，讓她悲痛不已。七月，離婚，結束 36 年的婚姻生活，並於 11 月自臺

---

[16]孟悅、戴錦華合著，《浮出歷史地表——中國現代女性文學研究・緒論》（臺北：時報文化公司，
　1993 年），頁 7～8。

北天母遷居至臺南關仔嶺「笠園」。本年，其詩〈我的筆〉英譯獲美國詩人協會國際詩第二名，自二萬多件作品脫穎而出，可謂殊榮（《陳秀喜全集10》，頁 200）。故遷居「笠園」一事，可說是其人生的分水嶺，而「笠園」自然也成為其後半生主要的活動空間，[17]最重要的是，完成「女詩人」的這個身分與形象。

　　笠園有一個實際的地址：臺南縣白河鎮關仔嶺明清別墅 250 號，因此它不是虛無的「烏托邦」，是實際存在卻又逸出現實世界的一個特殊地點[18]。陳秀喜在庭園中建了笠亭，並立了一塊碑石，題為「笠園」——已任笠詩社社長八年的她，此舉用意明顯，即慷慨的把笠園當作詩社同仁的聚會場所，也歡迎各界文友到訪。鄭烱明〈一個洋溢著母性光輝的詩人〉曾有詳細的描述，還說明：「自 1971 年任笠詩社社長後，正值《笠》經費拮据時期，都虧她四處奔走、募集，才得以繼續出刊。」（《陳秀喜全集 9》，頁 63）。可見陳秀喜的社長之職可不是虛位，而是為笠詩社努力奔走、慘澹經營。因此把笠園解讀為笠詩社的精神堡壘、神聖之地，並不為過；事實上，很多人是抱著朝聖的心情而去的。曾經拜訪過笠園者，對陳秀喜的熱情、慈愛、健談，都印象深刻。這可以從王昶雄〈無限淒清悼秀喜〉（《陳秀喜全集 9》，頁 143～144）及其他追思詩文、書信略窺一二。對這些詩友來說，笠園是一個實有的空間，他們可以和主人談詩論文，彷彿文藝沙

---

[17]1985 年 3 月 12 日，因再婚，陳秀喜曾短暫遷居嘉義市。但此次婚姻不諧，又導致官司纏身，其心靈亦深受創傷。《陳秀喜全集 10》，頁 210。

[18]當代學者傅柯（Michel Foucault）曾對「空間」提出「差異地點」的說法，他認為，除虛構地點（如烏托邦）外，現實社會還存在著「差異地點」（"heterotopias"），這類地方雖然存在於真實空間，但它卻充滿象徵性，甚至是以再現、對立、倒轉等方式，反映出其象徵的文化。差異地點有若干特性：一是特權的、神聖的、禁制的，這類差異地點是保留給社會中某些族群，使他們度過生命關口；二是同一個差異地點會因文化的歷時性，而有不同的作用；三是差異地點可在同一地點上，呈現數個彼此矛盾的基地與空間；四是有些差異地點是因時間而形成；五是差異地點經常預設一個開關系統，以隔離或使之變成可以進入；六是差異空間對其他所有空間具有一個功能，那就是創造一個幻覺空間，以揭露真實空間其實更具有幻覺。見米歇‧傅柯（Michel Foucault）著、陳志梧譯，〈不同空間的正文與上下文（脈絡）〉，收入夏鑄九、王志弘編譯，《空間的文化形式與社會理論讀本》（臺北：明文書局，1999 年），頁 399～409。參照此說，「笠園」可謂一個「差異地點」，它因為訪客身分、時間等的不同，而顯現多層面的意義；但它與「差異地點」仍有相異處，它是不設開關的，只要是喜好文藝者皆可來訪。詳見下文的論述。

龍、咖啡館一樣。甚至，主人還可以提供住宿，因為她是那麼的好客、親切。即使因故未曾到訪者，也常存嚮往與抱憾。[19]由此可見笠園是個溫暖的社交空間，有其文化上的意義。

但笠園的地理環境仍屬僻靜之地，若無自用轎車，出入就顯得困難，必須仰賴班次有限的客運車與步行。從這個角度看，笠園又以耕讀的田園的形象呈現。陳秀喜給莫渝的信說：「現在我是每天五點半起床就去拔草的工人，餵雞（六隻）、種花、種南瓜、澆水等，過著山中的人一般的生活，來訪的朋友說這裡是世外桃源，我也承認我非常快樂過著美好的寂寞。」（《陳秀喜全集 6》，頁 48），其他資料可以證明，這些果菜土雞，都是陳秀喜待客的佳餚，美麗的花卉更是怡人。[20]如此看來，這遠離塵囂的笠園，又不像都會時髦的文藝場所了，它很符合笠詩社：戴「笠」的詩人的形象，和土地是親近的。但那「美好的寂寞」之語，指的就是身為詩人的內心；而陳秀喜是用寫詩、讀書、寫信、結交文友來排遣寂寞的，這和晉代陶淵明的田園生活頗有相通之處，和前輩的臺灣文學家楊逵的「東海花園」也有相似的意趣。[21]

許多評論者注意到，陳秀喜經常以花草意象入詩，陳玉玲就曾以「花園」的空間觀來匯整陳秀喜的自我形象。[22]筆者要補充的是，笠園栽種的花果以及由此衍生的詩篇，大都流露了陳秀喜對友情的眷戀與記掛，例如

---

[19] 例如莫渝，〈憾──未完之稿，未赴之約〉、岩上〈詩的覆葉〉皆表達了未及拜訪的遺憾。《陳秀喜全集 9》，頁 113～116、頁 130～134。

[20] 許振江，〈關仔嶺的永生之戀〉：「陳姑媽親手栽植的香椿，拿來炒蛋濃香熱騰，竹筍湯清冽可口，土雞既嫩又香甜」、「笠園前的大鄧伯花綻放掌大紫花，陳姑媽笑問我倆是否識得？再解說這是楊逵拿來送她的。旋即踩碎一地露珠，尋花問草，雖說不見得株株奇葩，卻也爭奇鬥豔，看得我倆讚歎舖連。」《陳秀喜全集 9》，頁 75。又如 1982 年 4 月 29 日給張良澤的信：「今春山徑結滿野草莓，採了四斤多，大收獲。」《陳秀喜全集 6》，頁 189。而〈稀客〉詩，也以山徑的野草莓盛產，欣告偶然來訪的文友，《陳秀喜全集 2》，頁 79。由此可見花果菜蔬在陳秀喜生活中的意義是，經常和友誼連接的。

[21] 當然，陳秀喜的隱居耕讀，也有別於這二位古今（男）詩人，陳秀喜給莫渝的信：「然而，抱著一顆破碎的心，找不著歌和詩，詩神不給我筆，卻給我鋤頭。請來一遊，並且看看我種的草林、南瓜、茄子等等。」此信寫於 1980 年 7 月，也就是她婚變後第三年，「破碎的心」當指此傷痛，也說明她避居笠園的原因；鋤頭與筆，正是此中生活與心靈的象徵。

[22] 陳玉玲，〈臺灣女性的內在花園──陳秀喜新詩研究〉，同註 9。

〈關愛的手掌——贈葉香小姐〉（《陳秀喜全集 2》，頁 14～15），寫葉香教其栽種木玫瑰遮陽，使她深深感念葉香的關愛；又如〈鬱金香遇險記〉，以鬱金香的口吻，寫主人外出一趟，它差點乾枯而死，最後慶幸終於得救，總算對得起贈球根的友人。詩的語氣幽默，而珍惜友情的心意也自然流露（《陳秀喜全集 2》，頁 109～111）。又，〈望友誼更溫馨〉由阡插螃蟹蘭寫起，期待雲遊的友人莫忘友誼，「你還記得嗎？／關仔嶺沿路的花／是相識時盛開的聖誕紅／順著聖誕紅到盡處／望友誼更溫馨的人／期待你敲門的聲音」（《陳秀喜全集 2》，頁 81），此詩或係寫給許振江，詩中借花訴情，祈願共賞花開，特別是以聖誕紅的紅豔，更能凸顯其心中的慇懃。又如笠園中的玉蘭花，也是陳秀喜用以招待客人共賞花香的雅品，甚至任人偷摘也不吝惜，只因她樂見花香隨之遠播，有更多人欣賞。[23]

笠園的花木因友情而更茂盛，事實上笠園也宛如友誼的花園，花園中有人生的盛宴，包含男女老少，中日美韓的朋友，體現可貴的晚年知己與忘年之交，也跨越性別的藩籬與文化的差異。其中，與作家張文環、醫生蔡瑞洋兩位先生的友情最令陳秀喜珍惜，因為都是晚年遇知己，頗有惺惺相惜、相見恨晚之意。蔡瑞洋先生進關仔嶺明清別墅，1977 年 10 月，三人曾在蔡瑞洋的住所聚會，相談甚歡（陳秀喜〈悼念張文環先生〉，《陳秀喜全集 4》，頁 77）。後來陳秀喜也搬去關仔嶺，和蔡瑞洋先生成為「奇文共欣賞，疑義相與析」（陶淵明〈卜居〉）的知交，散步、談天、和詩，無所不談，有如水乳交融般的彼此欣賞（陳秀喜〈敬悼蔡瑞洋先生〉，《陳秀喜全集 4》，頁 79～89）。張文環於三人聚會後的次年二月逝世，陳秀喜十分哀傷，有〈時間終於向你屈服〉與〈你是滾心漢〉二詩追悼；1979 年 1 月，蔡瑞洋又病逝，更使陳秀喜十分悲痛。陳秀喜在〈敬悼蔡瑞洋先生〉說：「我們是已懂世故、成熟的晚年才遇到知音，比什麼都難能可貴的友

---

[23]參見陳豔秋，〈關仔嶺的寂寞詩人〉：「在嶺頂姑媽住的別墅花園裡有一棵玉蘭花，每次上山小住，隔天一大清早我總要摘下幾朵，用線串成項鍊，戴在頸上，和姑媽漫步在清靜、優雅的別墅區，玉蘭花的幽香飄散在我們之間。」（《陳秀喜全集 9》，頁 123）。陳秀喜也有〈花賊與我〉詩寫玉蘭花遭竊之事，《陳秀喜全集 2》，頁 49。

誼，我們曾談到天明還覺不夠。鮑叔牙、管仲之交，只失去知音一位，然
而我卻失去了兩位知音，還要忍度殘生。」（《陳秀喜全集 4》，頁 89）真摯
激切的語言，使我們更了解這三人友誼的珍貴。陳秀喜以〈你是詩　你是
愛〉獻給蔡瑞洋，並且一直希望爲蔡瑞洋出版追思錄，但因故未能完成，
使她耿耿於懷，其古道熱腸、厚愛故人，可見一斑。[24]「笠園庭中的菊花盛
開著，滿園都是康乃馨的芬芳，那是我們渴望的母親的味道，唯有你不來
共賞，深切感到人比草木脆弱。」（《陳秀喜全集 4》，頁 87）在給蔡瑞洋的
追悼文中，美麗芬芳的花朵，也勾起陳秀喜對故人的無限懷念。

（二）女詩人的「詩樂園」

　　如是，笠園是實體也是象徵的存在，我們再進一步，無論耕讀的田
園、友誼的花園，都極可能是「樂園」的模型與再現。在中國，樂園由先
秦神話中西王母的崑崙懸圃進展到晉陶淵明的桃花源，可說由超越時空進
展到落實於俗世的理想典型與想像。在西方，從《聖經》的伊甸園到柏拉
圖的理想國，以及文學作品中的烏托邦，都代表一種精神的嚮往，「樂園」
的追尋，遂成爲文學重要的主題。[25]笠園環境花木扶疏，優雅舒適，是構成
「樂園」的初步條件，尤其地處林野，更具有自然之美。這個園地因爲主
人的耕讀生活，周遭的田園意趣，所以呈現「桃花源」的輪廓，但它不是
處於遙遠難尋的地方，而是車馬可及的人間樂土。

　　但陳秀喜也曾說過，她的房子有過白蟻、毒蛇，別墅區也曾經一夜豪
雨成災[26]，她的經濟狀況日見拮据，身體也有宿疾，且漸感衰老；離婚，再
婚，以及第二次婚變的官司纏身，更嚴重干擾她的心神[27]。這些負面的訊

---

[24]在給張良澤的信中，陳秀喜一連幾封都提到此事。從字裡行間，可隱約感覺是因爲蔡夫人不許之
　故，這也令陳秀喜略有微詞。參見（《陳秀喜全集 6》頁 167～173）。
[25]參見歐麗娟，《唐詩的樂園意識》緒論，（臺北：里仁書局，2000 年 2 月）。
[26]給利玉芳的信曾提到房子正在驅除白蟻，1988 年 11 月 15 日，《陳秀喜全集 6》，頁 77。〈仲夏夜
　事件〉，記打死一隻潛入室內的龜殼花蛇，日文原作，陳千武譯成中文，《陳秀喜全集 4》，頁 129
　～133。〈關子嶺夜雨〉詩描寫豪雨成災，「岩石擋山路／泥沙陷入深谷」，交通、電力、電話，均
　遭阻斷，令居民憂心惶惶。〈一隻鳥發出苦歎的聲音〉主旨亦同，二詩發表於《笠》第 106 期，
　1981 年 12 月 15 日，所述之事當不遠。
[27]1985 年 3 月，65 歲的陳秀喜再婚，對象爲顏清輝，然婚後不諧，當年 12 月即與顏分手，加上離

息，其實更是笠園的現實面，也是陳秀喜日以繼夜所面對的，必須不斷與之抗衡與超越的艱難：生活的、生命的雙重艱難。而支撐她的力量，正是來自於詩。對詩的創作與推廣毋寧是她獲得救贖的有效途徑。散文〈尋詩的人〉把這種心境和盤托出，其中還包括釋放她對兒女的（過度）關愛（《陳秀喜全集 4》，頁 61～62）；〈也許是一首詩的重量〉一詩，也可看出她對詩的堅定信念（《陳秀喜全集 2》，頁 39）。〈靜觀〉與〈未完成的故事更神奇〉二詩更互相印證的效果，說明在笠園的自然景觀中，藉詩的寫作，陳秀喜撫平了內心的創傷。〈靜觀〉共二段：

> 下雨的時候／在窗前／一個清瘦的人／眼裡沒有彩虹／也沒有夢痕／心裡沒有詩歌／也沒有歎息／唯是滿意那一座山／像屏帷遮蔽著／廢紙同然的往事
> 枕頭山／風吹來宣撫／霧以柔功／表現動與靜／閃電割破天空／鞭策雷雨圍攻山谷／一個清醒的人／層雲散後靜觀著／枕頭山仍然翡翠／天空還是天生麗質」

——《陳秀喜全集 2》，頁 45

　　從山水詩的角度看，這裡有個觀賞者「我」的存在，透過「我」的眼睛，看到了雨後枕頭山的清新秀麗，而「我」的心情也因此得到抒發。從「一個清瘦的人」到「一個清醒的人」的轉換，可資證明。這首詩表面上雖然沒指出「物我合一」的感悟，但末二句的「翡翠」、「天生麗質」仍然可視爲其心境的反映，以及對自身品格的某種自信。這首詩透露了詩人此際心情的平靜，「廢紙同然的往事」代表休戀逝水、不再與往事糾纏的解

婚官司纏訟多時，陳秀喜身心受到重創。參見李魁賢，〈陳秀喜年表初編〉，《陳秀喜全集 10》，頁 210。從與利玉芳的書信往來亦可略知其中的情形，但陳秀喜仍不願接受額外的接濟，連藥丸費、郵費都堅持歸還。《陳秀喜全集 6》，頁 69～84。兩人通信時間爲 1986 年至 1990 年。

脫，而枕頭山如同遮蔽的帷幕，也點明了笠園是她身心的安頓之所。

〈未完成的故事更神奇〉較長，共三段 76 行，爲其集中少見的長詩，
而且以第三人稱的角度，大量採用對白，藉年輕女詩友與「她」的對談，
以幽默的語氣寫出自己的人生歷練與心路歷程。在詩中，陳秀喜化身的
「她」說自己是從婚姻中覺醒，「抱著還在淌血的心／不是被放逐卻像逃來
／離開喧嘩的臺北／我到這裡／驚訝是桃源／請看我／像不像仙女一樣瀟
灑？」在訴說悽屬的心事之後，「她」卻以平常的笑容說：「聽過故事的客
官／請惠贈一元錢」（《陳秀喜全集 2》頁 94～95），的確是辛酸中見幽默，
表現了陳秀喜一向爽朗風趣的個性[28]。不能忽視的是，這首詩是一開始就以
描寫笠園的景觀展開：

> 一片翠綠的山坡上／關仔嶺頂的中央／笠園山莊背向大凍山／遠望白
> 河，布袋鎮／左鄰枕頭山，麒麟山／右鄰是霧和彩虹的故鄉／偶有化石
> 可拾得的溪谷／細流緩緩匯入白河水庫／羌仔崙的峭壁／夕陽下呈顯著
> ／最秀麗的天然美
>
> ——《陳秀喜全集 2》，頁 91～92

這麼詳盡的地理描述，當然不可能是初來乍到的訪客所能說出的，必
定是透過主人陳秀喜的引介，訪客的眼睛才能收視這些美景；這一段描
述，也是「她」說：「我到這裡／驚訝是桃源」的基礎。在這世外桃源中，
具有詩人身分的「她」沉澱了人生的苦痛，昇華爲詩的創作，以更開闊的
心看世界。這一段心路歷程，事實上也就反射在聽者「我」的感悟中，詩
的末段，「我」對這位世外桃源的仙女仍充滿好奇，故結語說：「也許，未
完成的故事更神奇」（《陳秀喜全集 2》，頁 96）；由此點出詩的題目與題

---

[28] 詩中此處有「她的幽默反使聽者肅然、辛酸」句，顯得太淺白，但此詩以第三人角度寫出，也還
可接受。詩中的五位年輕女訪客，想必實際來過笠園，但也許正是要勇敢直率地表露心聲，故藉
由聽者的「我」來發出喟歎，更能傳達陳秀喜省與對自己疼惜的心情。這也不妨視爲此詩在體
裁、視角上的寫作策略之考量。

旨，未完成的故事，意謂尚未走完的人生，柳暗花明又一村，還有更多豐
富的旅程等待經歷，更多完美的作品等待創造。這首詩在形式與內容有密
切的結合，也充分呈現女詩人陳秀喜在笠園的心境。笠園也因此構成女詩
人的「詩樂園」，藉由詩與自然的滋養，調適身心。經由上文的分析，我們
看到，「笠園」對陳秀喜個人生命上的特定意義，如同其個人的庇護所、神
聖空間，也成為笠詩社及愛詩者聚談的「聖地」，它不設門禁，並不限定只
有笠詩社同仁始得進入，可以說它是以「詩」為入門之鑰。它的矛盾性在
於，它是勤苦的耕讀田園與熱情的友誼花園之匯合；它本是女詩人避世療
傷的隱居之地，卻又開放接納詩人文友的造訪。在公共空間上，笠園是文
友往來唱和的雅聚場所，在私人空間裡，笠園是女詩人獨立自主、積極寫
作的私密空間[29]。這兩個空間是並存的，差異只是在時間，當文友聚集，女
詩人就扮演「姑媽」的角色，為之準備食宿，與之談詩論文[30]；當訪客散
去，這兒便成為女詩人創作的「斗室」，在寂寞與清靜中寫作；「笠園」空
間的多層次，也就由此朗現。

三、「臺灣」的鄉土空間與「臺灣人」的身分認同

　　國族、鄉土是根基於某個特定空間的象徵概念，有實質上隸屬的土地
與人民，但由此型塑的情感與認同，又呈現抽象的概念形式，表現了空間

---

[29]若依女性主義先驅者維吉妮雅‧吳爾芙的說法，女性要從事寫作，要獨立自主，首先要擁有固定
收入以及一間可以上鎖的「自己的房間」，則笠園也很像「自己的房間」，因為它正是陳秀喜結束
婚姻關係後的獨立住所，她在這個空間裡，實現了她的詩人自我。參見維吉妮雅‧吳爾芙
（Virginia Woolf）著、張秀亞譯：《自己的房間》（臺北：天培文化公司，2000 年 1 月）。

[30]陳秀喜擔任笠詩社社長，卻被暱稱具有母親形象的「姑媽」，此現象，學者的看法不一。例如李
元貞認為這是有爭議的：「但從未聽人稱呼哪位詩人為『伯父』呢？稱男詩人為先進或前輩甚至
大師的情況則常見。……但老以『母愛形象』來讚美她，會因此詞的陳濫而簡化她詩的豐富
性。」見其〈臺灣當代女詩人的詩壇顯影〉，《女性詩學──臺灣當代女詩人集體研究》（臺北：
女書文化公司，2000 年 11 月），頁 371～372。鄭慧如則以為，姑媽當然是敬稱，然而聽起來卻
和老有關，和陳秀喜詩中對少女情懷的渴慕，極不相稱：「姑媽之稱，對陳秀喜的創作而言，是
個倒扣式的封誥。……姑媽和社長之稱……它既凸出了陳秀喜慷慨熱情母性的個人特質，也為笠
詩社同仁打造了家的氛圍，暗藏母性形象背後那隱形的家長，以陰柔的修辭實踐詩社的在地色
彩，更符合笠詩社的父兄傳統。」見其〈陳秀喜詩中的倫理與自我〉，《竹塹文獻》雜誌第 22
期，2002 年 1 月號，頁 27。而本文著重的是在「笠園」、「笠詩社」的空間中陳秀喜的身分是多
重的，因此具有矛盾性與差異性。

與政治、歷史、文化的交涉。陳秀喜的詩歌作品中，經常表現對國族與鄉土的關愛；對於所生長的臺灣，以及這塊土地上的國家政權、風土民情，陳秀喜藉著詩歌表現了她的喜愛之情與認同的方式。這其中引起我們注意的是，她如何處理中國／臺灣的認同問題，以及她所描摹的臺灣鄉土，究竟是理想的原鄉還是現實的寫照。

（一）中國／臺灣的國族認同

陳秀喜的兩首詩：〈我的筆〉與〈耳環〉，廣受注目，不只因為〈我的筆〉（英譯）曾經獲得「美國詩人協會國際詩競賽第二名」大獎，更由於它們都是借女性身體意象來比喻國族認同，因此形成其詩作的特點。

〈我的筆〉一詩中的「我」以眉筆和唇筆，亦即畫眉和塗唇的動作，展開對殖民命運的抗議和聲明。這裡「我」的女性身分是毋庸置疑的，因為畫眉塗唇，畢竟大多數是女性的習慣，而非男性。尤其陳秀喜本人相當注重穿著禮儀[31]，化妝打扮的事件，使此詩更具真實性，是自我真實的心聲。試錄原詩如下：

> 眉毛是畫眉筆的殖民地／雙唇一圈是口紅的地域／我高興我的筆／不畫眉毛也不塗唇
> 「殖民地」，「地域性」／每一次看到這些字眼／被殖民過的悲愴又復甦
> 數著今夜的歎息／撫摸著血管／血液的激流推動筆尖／在淚水濕過的稿紙上／寫滿著
> 我是中國人／我是中國人／我們都是中國人

依編註之說：「發表於《笠》48 期，1972 年 4 月 15 日。發表時，最後兩段未分，且『我是中國人』句未重複。收入詩集《樹的哀樂》。」（《陳秀

---

[31] 杜潘芳格，〈秀喜姊，您的玉蘭花〉與張典婉，〈自修寫作　快樂辦詩社──陳秀喜走出痛苦婚姻開朗有抱負〉都記述陳秀喜裝扮光鮮亮麗，得體合宜。《陳秀喜全集 9》，頁 135；《陳秀喜全集 8》，頁 120。從《全集》所附各時期照片，也可感覺此點。

喜全集 1》，頁 81)《樹的哀樂》於 1974 年出版，此詩於 1978 年經景翔英
譯，獲美國全國詩人協會詩競賽獎第二獎，所據版本應是修改過的四段、
重複「我是中國人」句的今貌。相較之下，今見的修訂版本的〈我的筆〉，
重複「我是中國人」句，是比較有感染力，更可以顯現其堅定的國族立
場。

　　此詩的創作背景，陳秀喜自言：「寫這首詩是由於《水星》詩刊公然在
詩刊上批評《笠》詩刊是日本詩壇的殖民地，這更令我深痛，我是個受日
本教育的人，我可以用日本話，日本文字寫日本詩，但我為何卻辛辛苦苦
的學中文寫中國詩呢？因為我不甘被殖民，我是中國人，《笠》詩刊當然是
中國人的詩刊，這種憤怒，我就把它寫成〈我的筆〉。」(《陳秀喜全集
8》，頁 22)。[32]；李魁賢〈賀陳秀喜榮獲國際詩獎〉一文，也指出這層背
景：「從女人化妝的日常動作中，反射出一份民族愛的強烈情感，顯示出詩
人感情之豐富，被異族殖民的悲愴，雖漸平復，但受到同胞以另一種殖民
主義者的心態加以輕蔑時，那種悲哀豈是淚水濕過的稿紙就能表達於萬
一？」(《陳秀喜全集 8》，頁 29)可見此詩牽涉的詩壇恩怨，也占重要分
量。如果因為惡意的中傷，反而激發出更優秀的作品，未始不令人欣慰。

　　按，臺灣各詩社的論戰，自有淵源。自 1954 年以紀弦為代表的現代派
「橫的移植」之說開始，臺灣現代詩壇詩社紛紛成立，可謂各據山頭，各
領風騷。1970 年代由關傑明、唐文標引發的現代詩論戰，以及同時的鄉土
文學的風潮，更促使現代詩壇彼此間的關係惡化。笠詩社被視為親日、本
土，在當時大環境下是相當不易發展的。如果配合 1971 年，也就是〈我的
筆〉發表的前一年臺灣因釣魚臺事件退出聯合國的大背景來看，仇日的情
緒與退出國際舞臺的悲憤，當然很容易把笠詩社當成箭靶[33]。臺灣曾是日本
的殖民地，這是事實；陳秀喜是在這段時空下成長的，這也是事實；陳秀

---

[32] 見〈訪陳秀喜談文論詩　詩情斗室‧人間風土〉，訪問者：徐熙、果隱、陌上春、穆無天，由穆
　　無天執筆，發表於《笠》第 83 期，1978 年 2 月。
[33] 吳達芸，〈跨越語言一代女詩人的臺灣意象——以陳秀喜、杜潘芳格為例〉曾注意到這個時間點
　　與歷史意義，但她可能沒有注意到本文此處引用的陳秀喜自明寫作動機的資料。同註 14。

喜熟諳日文，這又是另一個事實；但她努力學中文，要做中國人，也是不容抹滅的事實。因此她寫出「『殖民地』，『地域性』／每一次看到這些字眼／被殖民過的悲愴又復甦」的悲情，也是我們可以體諒和接受的。

另一首〈耳環〉，以穿耳洞、戴耳環做爲臺灣光復後「中國女孩」的憑證，尤其這是透過母教，更有薪火相傳的意義。在這裡，「中國女孩」仍是用來和日本殖民者區別之用。本詩以女性穿耳洞、戴耳環的標記和國族觀念相對應，也是成功運用了女性身體的符碼，轉喻爲國族的象徵。詩中除了穿耳針，穿旗袍也是「中國女孩」的妝扮；這也是陳秀喜堅持的漢和之別：例如在她 1975 年訪日時，曾有日人井上小姐縫製和服上衣相贈，她婉拒了，因爲「我都穿旗袍」[34]。服裝是身體的延伸，也是身分的代表，可見陳秀喜以女性身體意象比喻對殖民的反抗，是相當成功的。

此外，〈魚〉、〈編造著笠——給嶋岡　晨先生的信〉二詩，亦流露強烈的反殖民情緒，並表達她的希望：年輕人不必再受殖民的痛苦，而能自由自在唱出美人魚的歌聲（《陳秀喜全集 1》，頁 77～78、136～141）。陳秀喜抗拒日本殖民的立場是明確的，這還包括不得已使用日文的羞愧與尷尬[35]，總此，皆可見她的反殖民情感。接下來我們關注的焦點是，詩中所投射的國族空間究竟爲何？

試看〈我的筆〉的結尾「我是中國人」、「我們都是中國人」的熱情呼喊，這在針對日本殖民政權時，並沒有太多疑義，但如果涉及現實中兩岸分治情勢時，就衍生待解讀的空間。在這個地方的解釋上，前引李魁賢的用語是讚許它充滿「民族愛」；但有論者特別強調：「血液的激流」就是愛

---

[34] 見其〈東瀛紀行〉，《陳秀喜全集 4》，頁 160。

[35] 最明顯的例證，陳秀喜捨日文而就中文創作，她說：「與其寫一千首日文詩，不如寫一首讓下一代的兒女們能看得懂的中文詩。」見林煥彰，〈陳秀喜的畫像〉，《陳秀喜全集 8》，頁 12。又如 1975 年，陳秀喜到日本訪問，曾與日本名詩人堀口大學晤談，對方誇讚她日語流利，陳秀喜當場回答：「我懂日語是悲哀，我的故鄉，被殖民過的傷痕還在。」對方立刻正坐低頭陪不是，見莊金國，〈陳秀喜幽居關仔嶺〉，《陳秀喜全集 8》，頁 42；陳秀喜寫給施善繼的信也曾提及此事，《陳秀喜全集 4》，頁 185。而此次訪日，也順道訪韓，與韓國女詩人金良直餐聚，兩人以日語交談，「日語只是交換方便，我們各自愛自己的國家，不是因爲懂日語就能左右的。」見其〈東瀛紀行〉，《陳秀喜全集 4》，頁 169。

國的激流，沒有黃河、長江、濁水溪之分，顯然，這是「國家愛」的說法[36]；大多數評論者是國家愛、民族愛混用；吳達芸則以「國族」稱之；「當時還未解嚴，蔣經國總統也還未說出『我是臺灣人』，所以陳秀喜在詩中亦是以三行三次呼出『我是中國人／我是中國人／我們是中國人』以表現她的國族意識。」[37]，可見「我是中國人」和「我是臺灣人」的空間有互相重疊和差異的地方，而如何詮釋這些身分認同的差異性，也顯現了研究者本身所處的時空社會、文化位置的特性。

由於民主的開放、政治局勢的改變，高唱「我愛臺灣」，已然是進入 21 世紀的主流聲音，但 1973 年陳秀喜在《文壇》發表〈臺灣〉詩，三年後被譜成民歌「美麗島」，據說風行校園，次年（1979 年）即被禁唱。有人以爲是受當時黨外雜誌《美麗島》同名之累，或說被「美麗島事件」牽連，換言之，在戒嚴的年代，「臺灣」仍是個政治禁忌，不能公開表述。陳秀喜寫了許多關愛臺灣鄉土風物的詩，在前引〈編造著笠——給嶋岡　晨先生的信〉詩中，她寫出歡慶臺灣光復、回到祖國懷抱、學習祖國的語言文化，是熱情洋溢的，而臺灣、Formosa、寶島等詞語，也自然參雜其間。如此，則她的「中國（祖國）」與「臺灣」似乎是並存的，不衝突的。究竟她心中的「中國」與「臺灣」如何平衡？我們可從其個人言談與笠詩刊的立場兩方面探討。

按，在笠園的文友往來中，陳秀喜很少涉及政治的話題。因此像王浩威就曾在〈我的記憶隨著您的死亡而展開〉寫出他心中的疑惑：「寫〈美麗島〉的詩人，爲什麼也是快樂無憂的〈曼波姑娘〉詞人？」「在這眾人歌頌悲壯英雄的男性時代，我不知如何看待她如此樂於做爲女性的這種時代雜音。我感覺一種快樂的放鬆，一種對禁慾著的誘惑，卻又有著不安的騷動」（《陳秀喜全集 9》，頁 217～221）那是 1980 年，20 歲的王浩威本來抱著

---

[36]例如林外，〈以愛心燃亮詩燈的陳秀喜〉，《陳秀喜全集 8》，頁 186。
[37]參見吳達芸，〈跨越語言一代女詩人的臺灣意象——以陳秀喜、杜潘芳格爲例〉。吳文此處接著將 1978 年本詩得獎和次年中美斷交的歷史環境並提。同註 14。

「朝聖」的心情拜訪笠園，卻獲得截然不同的印象，完全與〈美麗島〉的政治氛圍無關。事實上，大多數拜訪陳秀喜的人，惦記都是她慈母般的照顧，只有陳芳明〈微雨松江路——悼記祖母詩人陳秀喜〉一文最爲特別，陳芳明指出，陳秀喜告訴他「只有離開臺灣，你才知道做臺灣人的滋味」、「不要忘記，你是臺灣人」，而做臺灣人其實是苦澀而痛楚，飽受屈辱的；陳芳明對陳秀喜的心境解讀是：「她關心的，是另一種政治，是一種與體制無關的政治。她那近乎瘖啞的故事，原就是被統治者所遺棄、封鎖的歷史，她拒絕討論當時的政局，因爲她拒絕認同那樣的體制。這種精神上的抵抗，不也見諸於她那時代的臺灣知識分子之中。」不過，陳秀喜「只是精神流亡，並沒有逃離臺灣歷史；在恰當時候，她會以影射、隱喻的方法，表達她的鬱悶。」但最後，在 1979 年的一封回信上，陳秀喜以「from republic of Taiwan」註記地址，陳芳明認爲「她的隱喻，都在那段時間明朗化了」。對陳秀喜與現實政治的關係，陳芳明有著這樣的結論：「她那近乎瘖啞的故事，原就是被統治者所遺棄、封鎖的歷史」、「這種精神上的抵抗，不也見諸於她那時代的臺灣知識分子之中。」（《陳秀喜全集 9》，頁 206～216）

　　王、陳二位的文章，分別寫出陳秀喜對政治的隱、顯兩種心態，這當然和來訪者的年齡身分，以及彼此間關係深淺有關。何況，當時陳芳明也是因政治因素而出國留學，因此兩人才有如此沉重的談話。參考陳芳明的記述，我們可以感覺陳秀喜對現實失望了，但不是吶喊抗議，而是轉而以「母親」、「搖籃」等意象的溫暖包容，召喚大家對本土的認同。[38]雖然民歌「美麗島」（〈臺灣〉詩）被禁多年，但她所運用的柔性書寫策略卻是成功的，避開了「中國人」與「臺灣人」的衝突，用「我是中國人」的民族意識對抗日本外族，而以臺灣風物入詩，建構一個「寶島」的鄉土形象，容納對本土的認同與關愛。如同現今論者常以「國族」替代「國家」或「民

---

[38]李元貞，〈陳秀喜詩中的母親意象〉云，陳秀喜係以母親意象的溫暖包容來召喚大家認同本土。《陳秀喜全集8》，頁 206～211。

族」之稱，應該也是一種權宜的說法，在國與族之間有較多轉圜的空間。

　　這裡我們當然不能忽略笠詩社對政治的態度，根據劉滌凡的研究，《笠》詩刊的基本精神係在於「建立臺灣本土詩文學」，但在戒嚴時期的《笠》詩刊，則一直苦心積慮的淡化它的本土色彩，採兼容並包、門戶開放、細水常流的方式，譯介日據時期本土作家作品、討論中國現代詩的發展、廣泛介紹各詩社詩人以及翻譯外國詩人作品等，以避免當局對其本土意識的疑懼。這份堅持，一直到 1980 年代解嚴以後，才由地底潛流浮現地表。簡要而言，笠詩社詩人有濃厚的本土意識以及共同的族群認同——例如李敏勇解釋「笠的精神」：「寧戴臺灣草笠，不戴中國皇冠」——但如同杜國清所說，他們對政治是保持距離的，只堅守詩的立場，不願參加實際的政治活動，而在作品上卻出現明顯的本土性、深厚的生活性和強烈的批判性。[39] 參照這個背景，我們對陳秀喜詩中的國族認同與政治立場也就更加了解，「明顯的本土性」正是她的表現方式，她的「中國」應是透過歷史文化認同而來的，對於實際所生活的土地——臺灣，她的關注其實更多。[40]

（二）臺灣的鄉土場景與鄉土認同

　　描摹臺灣的風土人情是陳秀喜詩作的一特色，「鄉土」的概念在她心中是個心靈原鄉，使她一再謳歌頌贊，因此其詩中的鄉土，比較傾向於永恆固定、美好自然的空間觀；只有少數作品蘊藏異質的空間場景，代表她對工業化以後的臺灣社會之省思。

　　首先看的是，她通常以溫和的手段介入鄉土與國族的歧異點，使鄉土

---

[39] 劉滌凡，〈六〇年代臺灣新詩本土意識的研究——以「笠詩社」爲考察對象〉，《中外文學》第 349 期，2001 年 6 月，頁 84～113。

[40] 從發表時間看，以上所討論的作品都是在 1970 年代初，1972 年：〈魚〉、〈我的筆〉，1973 年：〈臺灣〉詩，1974 年：〈耳環〉、〈編造著笠——給嶋岡　晨先生的信〉，而這些作品中的「中國」與「臺灣」是相容並存的。但據李魁賢所編年表，1977 年：「（陳秀喜）欣見臺灣基督教長老教會在臺北街頭散發的〈人權宣言〉，要求臺灣『成立一個新而獨立的國家』，把傳單出示親友閱覽。」、「發生鄉土文學論戰（8 月）。（陳秀喜）出席《笠》詩刊爲呼應此項論戰所舉辦『現代詩的批評』座談會（9 月 18 日）。」《陳秀喜全集 10》，頁 198。若果如此，則 1970 年代後期起，陳秀喜的臺灣意識可說已逐漸明朗化，而此後她也發表了更多的鄉土詩。但囿於整個政治局勢的限制，陳秀喜仍和其他笠詩社的詩人一樣，以詩來表現對本土的關愛。

成爲國族認同的根源。例如其〈臺灣〉詩，歌頌臺灣的風土人情，讚揚它是個「美麗島」：「形如搖籃的美麗島／是　母親的另一個／永恆的懷抱」，搖籃，用以形容臺灣島的地形，也用以譬喻鄉土如母親般，滋養它的子民。

　　李元貞認爲這樣的詩想與主旨，都顯得溫和，不如「蕃薯」意象，譬如鄭烔明〈蕃薯〉詩的強烈抗議；但陳秀喜的這種寫作策略仍有其意義與價值，李元貞說：「這可以說明女詩人在認定本土時，較以母親意象的正面含意，或者母親意象的低姿態來包容臺灣 1970 年代的動盪與紛爭。詩中用『稻米、榕樹、玉蘭花』及『奶香』和『誠懇的叮嚀』，來召喚大家愛戀臺灣，來整齊腳步繼承傲骨祖先們的志業。」[41]筆者大致同意這個說法，但我們不妨說，這種溫和包容的態度，正是女作家書寫鄉土家國的一種修辭，而大量描繪鄉土景物的可親可愛，也就是運用空間意象，充實這股鄉土情懷，這也是陳秀喜詩充滿空間感的重要因素。

　　再者，像陳秀喜這輩本省籍的女詩人，當她歷經日據時代、臺灣光復、國民黨政府，從戒嚴到解嚴的政治變動，她並不需要直接加入政治權力的爭鬥，她對臺灣光復歡欣鼓舞，立即自杭州返鄉，其中包含了回歸故土與母親的懷抱的雙重喜悅（雖然母親已逝，後一個夢想破滅）。因爲婚姻生活的逼迫，她的杭州經驗是不愉快的，而臺灣是她的童年故鄉，一切都代表著美好的意義。所以不管政治上唱什麼曲調，她都以臺灣鄉土做爲情感的依歸。她加入笠詩社，應也是著眼於鄉土風格的訴求，而非是政治論調的鼓吹。[42]訴諸於「斯土斯民」的愛，應比政治上的旗幟與論戰，來得切合實際。

---

[41]李元貞，〈陳秀喜詩中的母親意象〉，《陳秀喜全集 8》，頁 209。

[42]陳玉玲，〈笠新詩精神活動及其影響〉一文指出，笠詩社強調現實性的精神，可包括時代性、真摯性、社會性與鄉土性等，但由於堅持「社會責任」，《笠》詩刊也逐漸凸顯出在野的批評性格，形成政治色彩濃厚的詩刊，「尤其許多的『社外詩』在意識形態的誇張下，失去藝術導向，我們希望《笠》能堅持現代與現實的融合之精神，爲現代詩再造一次高峰。」見其《臺灣文學的國度》（臺北：博揚文化公司，2000 年），頁 232～255。而陳秀喜加入笠詩社，係由主張鄉土性的吳瀛濤推介，因此筆者認爲論陳秀喜也是笠詩社的鄉土派，而不是走政治批判的路線。

　　有關臺灣自然景物的描寫，陳秀喜除了像〈臺灣〉詩中，將稻米、榕樹、玉蘭花做爲意象的並列之外，個別的描寫有〈強風中的稻〉（《陳秀喜全集 2》，頁 1～2）、〈玉蘭花〉（《陳秀喜全集 2》，頁 114～116）等，其中又以榕樹最凸出。在〈榕樹啊，我只想念你〉詩中，以「你是故鄉的樹」的句子點出主題，並且和異鄉（湄南河流域的東南亞）的椰子樹相比，襯托思鄉之情。詩的後半部，仔細描繪對榕樹的記憶：「榕樹啊／你的葉子是／我最初的樂器／你是我童年避雨的大傘／你是曬穀場的涼亭／你是老人茶，講故事的好地方／你是小土地公廟的保鏢／你是我家的門神」（《陳秀喜全集 2》，頁 30～31）。按，臺灣地處亞熱帶，田間庭園、廟前村頭都常見茂盛的榕樹，這首詩著重對榕樹形象的描摹，點綴生活場景，比直接陳列意象的方式更能打動人心，引起共鳴。

　　同樣的，〈玉蘭花〉一詩也傳達了細膩的情感。詩從玉蘭花的外形寫起，再描寫在車陣中兜售玉蘭花的小販，並爲之憂慮：「小心！賣花的人！／一串拾元的廉價／生活重擔使然／不顧生命的推銷法／自街頭消失是何日」（《陳秀喜全集 2》，頁 114）這個穿梭於街頭車潮的小人物形象，至今猶爲常見，在這裡陳秀喜表達了她對小人物的同情。按，玉蘭花屬落葉喬木，於春初開白花，花形長而肥腴，香味甜而不膩，可以供佛，也可以佩戴，如同此詩的第三段寫著：「一串別在胸前／母親的笑容融和／淑女的青春氣息襲人／少婦的煩惱脈脈傳來／工人耳邊夾著一朵」（《陳秀喜全集 2》，頁 115）可說雅俗共賞。比起當作藩籬的拂桑花，玉蘭顯得含蓄高雅；比起嬌小的茉莉，玉蘭顯得大方高貴；因此在諸多花卉中以玉蘭花當作臺灣的精神象徵，是十分合適的，正顯現臺灣的蓬勃生命力與美。以往研究者多注意陳秀喜描寫其鄉土景物的象徵意義，較少論及其描寫手法與美感，從上文的分析，我們應更能貼近詩人的感性心靈。

　　〈灶〉（《陳秀喜全集 1》，頁 185～186）、〈關帝廟晨陽〉（《陳秀喜全集 1》，頁 31～32）、〈市場〉（《陳秀喜全集 1》，頁 142～143）與〈你的手〉（《陳秀喜全集 1》，頁 125～126）等詩，則以素樸的筆調寫出臺灣鄉里生

活的幾個代表場景。〈灶〉受人談論最多，因爲它被解讀爲鄉土的寫照，也被解讀爲女性經驗的再現。原詩共三段 13 行，第一段寫瓦斯興起後，灶將沒落。次段則模擬灶的親身體驗：「灶的肚中／被塞進堅硬的薪木／灶忍受燃燒的苦悶／耐住裂傷的痛苦」，末段點出主題：「灶的悲哀／沒人知曉／人們只是知道／詩句中的炊煙／嬝娜美麗——」在《灶》詩集出版時，做爲書名的「灶」的意象，即引起熱烈的討論，老一輩的詩人如巫永福，中間輩的趙天儀都曾經說明了他們自己經驗中的灶，燒水煮飯、烤地瓜等，而這些記憶通常和母親、祖母的身影聯想在一起；臺灣民俗中祭灶神、「大目新娘找不到灶」的俗語等，更說明灶在早期農村生活的重要意義。此外，也有梁景峰指出灶和女性有密切關聯。[43]

很多學者都注意到〈灶〉詩所反映的農村婦女的命運，但大都採取同情歌頌的態度，比較犀利的，例如李元貞說：「陳秀喜不同意鄉愁式的浪漫扭曲了經驗裡的真實，不會爲了批評現代化的瓦斯就美化了從前的灶，也說明做爲母親的女詩人由於跟灶的親密經驗，力求在語言資訊裡澄清美麗詩句的虛無飄渺，只適合『遠庖廚』的君子們去陶醉迷戀」[44]。從這個角度看，〈灶〉所建構的鄉土空間，確實已呈現異於鄉土文學的想像空間，說它是因女性的經驗而發出的批判，是可以成立的。這正如有些女性小說家的鄉土作品，其實已經顛覆鄉土小說的懷舊、浪漫化的情調，而揭露各類的女性經驗，使鄉土可能是救贖的泉源，也可能是沉重的束縛，或者更是女性情慾經驗的拓展空間[45]；陳秀喜的〈灶〉確實在「炊煙裊裊」的詩情畫意之外，提供另一種痛楚的女性經驗。

此外，本詩開端說：「百年之後／大家都使用瓦斯／人們只知道工業用的煙囱／不知道曾有泥土造的灶」（《陳秀喜全集 1》，頁 185），這首詩發表

---

[43] 趙迺定記錄，〈陳秀喜詩集《灶》出版紀念會座談記錄〉，1981 年 1 月，見《陳秀喜全集 8》，頁 364～374。

[44] 李元貞，〈陳秀喜詩中的母親意象〉，《陳秀喜全集 8》，頁 208。

[45] 邱貴芬，〈女性的「鄉土想像」——臺灣女性鄉土小說初探〉，見梅家玲主編，《性別論述與臺灣小說》（臺北：麥田出版社，2000 年 10 月初版一刷），頁 119～143。

於 1976 年，然而不需百年，1980 年代出生的世代，大多已不知灶爲何物了。而愈往後的時代，不只是「遠庖廚」的君子，恐怕大多數人對「灶」只能發思古之幽情。如此，〈灶〉的異質性就不只是針對男性、父權主流文化，也是針對都市、不事烹調，或者說瓦斯、電鍋、微波爐世代的異質生活經驗。這無疑是〈灶〉所具有開放式對話的空間。

綜觀陳秀喜對於臺灣鄉土的描繪，來自於 1.自然景物：稻、香蕉、榕樹、相思樹、玉蘭花、梔子花、茉莉花等，這些都是臺灣鄉間常見的植物；2.庶民生活：用灶升火煮飯、關帝廟上香、菜市場買菜、捉田螺摘野花的童年記趣；3.溫厚淳樸的人情：父母親的疼愛、少女時代的情愫、文友故人的往來；4.以泥土總稱這份鄉土之愛。藉由這些鄉里的空間景物、生活場景，與個人的情感記憶，陳秀喜建構了一個溫暖明亮的「臺灣鄉土」；這相當符合地理學者所說的：「經由人的居住，以及某地經常性活動的涉入；經由親密性及記憶的積累過程；經由意象、觀念及符號等意義的給予；經由充滿意義的『真實的』經驗或動人事件，以及個體或社區的認同感、安全感及關懷的建立；空間及其實質特徵於是被動員並轉形爲『地方』。」這裡，將「地方」換以「鄉土」之詞，觀念是相通的，人們懷念鄉土，正是因爲它是記憶底層的東西，彷彿永恆不變，可以隨個人心靈自由地詮釋經驗世界，而將歷史與權力結構置之度外。同時，也因爲地方（鄉土）是「被每一個個體視爲一個意義、意向或感覺價值的中心；一個動人的，有感情附著的焦點；一個令人感覺到充滿意義的地方」[46]，因此即使已進入都市化的鄉鎮，它留存在其居民的記憶與情感，也仍然是永恆的故鄉、美好的鄉土這樣的概念。是故，在陳秀喜筆下，臺灣鄉土是超越任何政治權力架構的，是她記憶底層溫暖與富含意義的生命沃土。

然而我們更可感覺她對農業社會、鄉土自然的喜愛遠遠超過工業化的

---

[46]此爲段義孚、瑞夫的說法，見艾蘭・普瑞德（Allan Pred）著、許榮坤譯，〈結構歷程和地方——地方感和感覺結構的形成過程〉，夏鑄九、王志弘編譯，《空間的文化形式與社會理論讀本》，同註 18，頁 81～103。兩引文見頁 86、87。

現代的社會。此由〈灶〉詩可知：陳秀喜筆下的鄉土，雖是寫實，但未必是現實社會的呈現。事實上，1970 年代鄉土文學的熱潮可說是對逐漸現代化的「鄉土」的緊追不捨，甚至含有緬懷的意味了。因此，〈灶〉詩才會一開始就提出瓦斯來對比；類似的，〈市場〉一詩描寫賣菜的老婦人，以及市場活絡的交易景象，結語是「她的笑臉吸引了我／買了一籃／工業社會買不到的／泥土的溫暖／可愛的笑容回來」（《陳秀喜全集 1》，頁 143）顯然，「工業社會」的現實性是不能視而不見的，但陳秀喜仍希望在此現實中採擷到屬於農業時代的淳樸人情。於此，我們可了解，陳秀喜的「鄉土」隱含的即是一個「美好的過去」，但隨著嫁作人婦、結束受嬌寵的少女時代，以及母親、父親先後過世，「美好的過去」其實已經去而不返，只能留存在詩中。又如，以〈荒廢的花園〉（《陳秀喜全集 1》，頁 155～157）為例，此詩寫一次避雨的經驗，在一座荒廢的花園中，「我」想起的是薔薇、棗樹、少年和水彩畫，這背後隱藏著她少女時代情竇初開的美好記憶[47]，但一切時過境遷，「走出荒廢的花園／追迫而來的是／落寞的我的背影／以及衰老的年齡」（《陳秀喜全集 1》，頁 157），頗有歲月不留情的感慨。又如〈目擊拓寬公路〉（《陳秀喜全集 1》，頁 8385），以縱貫公路兩旁的老樹被砍倒，景觀改變，使得原本「我的故鄉漸近」的喜悅，瞬間化為「覺得故鄉那麼遙遠」的感歎。這首詩發表於《笠》49 期，1972 年 6 月 15 日，和前文所引諸詩時間上相近，可見這種今不如昔的感傷，也是同時存在於其鄉土情懷中，只不過數量非常少，未形成影響。

　　陳秀喜在 1980 年代發表的幾首詩，才開始探觸到現實對鄉土的侵害。例如〈仙丹花〉（發表於《笠》第 101 期，1981 年 8 月 15 日，《陳秀喜全集 2》，頁 51～53）、〈溪魚的話〉（發表於《臺灣時報‧時報詩學月誌》第 2 號，1981 年 8 月 30 日，《陳秀喜全集 2》，頁 54～56），二詩分別針對 1980 年代的世界弊病，包括石油漲價、人權問題等，與河流汙染的環保問

---

[47]參見其散文，〈綺年‧綺思〉，《陳秀喜全集 4》，頁 91～96。

題，抒發感想。〈仙丹花〉還點出 1979 年發生的「高雄的不幸事件」（美麗島事件），但僅是做為感歎的事件之一，未多加評論。這代表陳秀喜介入現實社會的努力，但作品數量少，也有敘述太直接、散文化的現象，因此獲得評價不如以往的鄉土、母性之作。平心而論，以一個「跨語言的一代」的詩人，要在克服語言的障礙之後，再開拓題材、提煉思考深度，是相當艱難的挑戰。因此，陳秀喜在大量、正面讚揚的鄉土詩之外，能夠將眼光延伸到現實社會的變遷，已屬難能可貴。

無論如何，陳秀喜以最真摯的愛獻給故鄉，她的鄉土洋溢著泥土的芬芳。例如〈最後的愛〉以乘船為喻，經歷人生的風浪，船上的人終究渴望回歸田野，詩的末段云：

心靈如奔荒野的年齡／重新認識故鄉的可愛／荒野長出野草的新葉／一枚小葉／是詩／是愛／故鄉啊／我想你好久／你不是船／你是平穩的大地／這首小詩是我最後的愛／親愛的故鄉啊／接受我最後的愛」

——《陳秀喜全集 1》，頁 189）

詩中的情感淺顯明白，但以「你不是船／你是平穩的大地」比喻故鄉，則相當貼切，凸顯故鄉是人生永久的港灣之意，「大地」之詞即言泥土，只有落地歸根，才能生長如「勁草的愛」。這首詩大體以陳秀喜婚後自杭州返鄉的心情為背景，但所領悟的鄉土之愛，卻是她畢生的情感寄託。另一首〈鄉愁〉，詩末註明「寫於美國旅行中」，指的是 1976 年 6 月赴巴鐵摩爾出席第三次世界詩人會議，詩中即以故鄉的泥土代表鄉愁：

離別時／鞋底夾著／故鄉的泥土／磨損一雙鞋子／在異鄉放浪中／黏著心頭／仍然是／故鄉的泥土香好／許多個／疲憊的夜晚／……／小願望啊　飛翔吧／跨越異國的天空／直向故鄉

——《陳秀喜全集 1》，頁 190～191

此詩在語言與描寫上，都較前一首爲佳，而藉由離鄉的經歷，再次展現愛鄉的情感，也更加證明陳秀喜以泥土爲象徵的鄉土情懷。

四、結語

陳秀喜受到詩壇與評論者的注意，一方面是因爲她「跨語言」的寫作背景，另方面也因爲鄉土與女性研究的潮流所致。本文嘗試從其作品中的空間文本解析她的身分與認同觀念，也獲得若干新的成果：1.陳秀喜對「家」的空間概念呈現眷戀娘家，困鎖於夫家的差異，這使得她顯露鮮明的女性意識，對以男性爲中心的婚姻制度發出抗議；而她被人盛讚的母性精神，在作品中則體現爲「守家」觀念，不能接受女兒背叛、離家的行爲。這個「守家」的觀念也使得她的女性意識被分化，因此她可以忍受婚姻的桎梏，直到離婚、離開兒女獨立生活，才幾乎可擺脫「家」的空間對女性的束縛。2.「笠園」及以此爲背景的詩，呈現多層次的意義，〈靜觀〉與〈未完成的故事更神奇〉尤其可以表露陳秀喜在這個寫作環境中，心靈的消化與提升。尤可注意的是，笠園因時間、社群不同，而有公共／私密、姑媽社長／女詩人等的區別與重疊；它的不設「門禁」，開放給愛詩的人，尤其別具意義；3.陳秀喜詩中的女性身體意象與國族認同，呈現許多可以討論的想像空間；她善用女性的裝扮（耳環、旗袍）來強調自己的中國人身分，又以不裝扮（不畫眉塗唇）來表示對殖民者的抗議，都可說是將女性身分與國族尊嚴結合在一起。而她以鄉土之愛取代對現實政治的吶喊抗議，可說充分展現母性的溫柔，有「大地之母」的包容精神。此外，透過一系列的鄉土意象，包括自然景物、生活場景、美好人情與芬芳泥土的組合，陳秀喜詩中的鄉土，乃深具臺灣鄉土的特色，烘托了她所讚揚的鄉土之愛。

是故，從空間的角度解析陳秀喜的作品，確實使我們看到一位女詩人多重的身分認同與文化位置。陳秀喜身爲女兒、妻子、母親，詩人、詩社社長、女詩人、中國人、臺灣人的身分與角色扮演，以及她與自我、他

人、社群、國族的關係，都在她所隸屬的生活空間顯現，也在她作品中的空間文本體現。

　　總結而言，陳秀喜的新詩作品以蘊含母性精神、臺灣鄉土意象與女性意識而受人注目。陳秀喜屬於傳統保守世代的女性，最後卻對婚姻與男權發出抗議之聲，其女性意識的覺醒是相當可貴的：就身為笠詩社的一員而言，她的詩作語言明朗，表現對現實社會的關懷，具有濃厚的本土色彩，反映被殖民的心聲，這些都和笠詩社詩人的文學特質十分吻合[48]，也可見陳秀喜擔任笠詩社社長的表率作用。而更為凸出的是，她擅用與女性有關的意象，如：母親、搖籃、服飾、化妝等，成功地傳達了她對臺灣這塊土地的包容與關愛。在臺灣現代詩史上，這位女詩人、女性社長，都該有其地位，值得重視。[49]

參考書目

・王瑞香，〈血淚翩然化為詩——詩人陳秀喜〉，李魁賢主編，《陳秀喜全集》第 8 冊（新竹：新竹市文化中心，1997 年）。

・李魁賢主編，《陳秀喜全集》（新竹：新竹市文化中心，1997 年）——：〈陳秀喜年表初編〉，李魁賢主編，《陳秀喜全集》第 9 冊（新竹：新竹市文化中心，1997 年）。

・李元貞，〈陳秀喜詩中的母親意象〉，李魁賢主編，《陳秀喜全集》第 8 冊（新竹：新竹市文化中心，1997 年）——：《女性詩學——臺灣當代女詩人集體研究》（臺北：女書文化公司，2000 年）。

・李瑞騰，〈常青樹——從《覆葉》到《樹的哀樂》〉，李魁賢主編，《陳秀喜全集》第 8

[48]參照阮美慧，《笠詩社跨語言一代詩人研究》第八章「跨語言一代詩人的文學特質」歸納四點：語言風格明朗、現實精神的體現、本土意識濃厚、殖民歷史的檢證（臺中：東海大學中文所碩士論文，1997 年 6 月）。
[49]陳秀喜於 1991 年辭世，次年，長女張瑛瑛與女婿潘俊彥特設陳秀喜詩獎基金會，並在每年母親節頒獎；以詩的傳承紀念一位時代女詩人，可謂意義深刻。又，透過李敏勇先生的引介，筆者於 2001 年 9 月 12 日電話訪談張瑛瑛女士，得知「笠園」已讓售吳先生，目前並無成立紀念館的計畫。這使得「笠園」的空間意義，在現實界中即將消逝，更走入象徵的樂園空間，平添後人追思之情。

冊（新竹：新竹市文化中心，1997 年）。

· 杜潘芳格，〈秀喜姊，您的玉蘭花〉，李魁賢主編，《陳秀喜全集》第 9 冊（新竹：新竹市文化中心，1997 年）。

· 阮美慧，《笠詩社跨語言一代詩人研究》（臺北：東海大學中文所碩士論文，1997 年 6 月）。

· 吳達芸，〈跨越語言一代女詩人的臺灣意象——以陳秀喜、杜潘芳格爲例〉，「第二屆臺灣文學學術研討會：詩／歌中的臺灣意象」宣讀論文（臺南：成功大學主辦，2000 年 3 月 11、12 日）。

· 林煥彰，〈因爲詩的緣故——陳秀喜、姑媽、笠和我〉，李魁賢主編，《陳秀喜全集》第 9 冊（新竹：新竹市文化中心，1997 年）——〈陳秀喜的畫像〉，李魁賢主編，《陳秀喜全集》第 8 冊（新竹：新竹市文化中心，1997 年）。

· 林外，〈以愛心燃亮詩燈的陳秀喜〉，李魁賢主編，《陳秀喜全集》第 8 冊（新竹：新竹市文化中心，1997 年）。

· 孟悅、戴錦華合著，《浮出歷史地表——中國現代女性文學研究》（臺北：時報文化公司，1993 年）。

· 邱貴芬，〈女性的「鄉土想像」——臺灣女性鄉土小說初探〉，梅家玲主編，《性別論述與臺灣小說》（臺北：麥田出版社，2000 年）。

· 岩上，〈詩的覆葉〉，李魁賢主編，《陳秀喜全集》第 9 冊（新竹：新竹市文化中心，1997 年）。

· 莫渝，〈憾——未完之稿，未赴之約〉，李魁賢主編，《陳秀喜全集》第 9 冊（新竹：新竹市文化中心，1997 年）。

· 莊金國，〈陳秀喜幽居關仔嶺〉，李魁賢主編，《陳秀喜全集》第 8 冊（新竹：新竹市文化中心，1997 年）。

· 郭成義，〈美人魚的歌聲——評陳秀喜詩集《樹的哀樂》〉，李魁賢主編，《陳秀喜全集》第 8 冊（新竹：新竹市文化中心，1997 年）。

· 陳玉玲，〈臺灣女性的內在花園——陳秀喜新詩研究〉，《臺灣文學的國度》（臺北：博揚文化公司，2000 年）——〈笠新詩精神活動及其影響〉，《臺灣文學的國度》（臺

北：博揚文化公司，2000 年）。

· 陳德恩，〈從《覆葉》到《樹的哀樂》——論陳秀喜詩中的執著和語言〉，李魁賢主編，《陳秀喜全集》第 8 冊（新竹：新竹市文化中心，1997 年）。

· 陳豔秋，〈關仔嶺的寂寞詩人〉，李魁賢主編，《陳秀喜全集》第 9 冊（新竹：新竹市文化中心，1997 年）。

· 許振江，〈關仔嶺的永生之戀〉，李魁賢主編，《陳秀喜全集》第 9 冊（新竹：新竹市文化中心，1997 年）。

· 張典婉，〈自修寫作　快樂辦詩社——陳秀喜走出痛苦婚姻　開朗有抱負〉，李魁賢主編，《陳秀喜全集》第 8 冊（新竹：新竹市文化中心，1997 年）。

· 趙天儀，〈崇高的母性——評陳秀喜詩集《樹的哀樂》〉，李魁賢主編，《陳秀喜全集》第 8 冊（新竹：新竹市文化中心，1997 年）。

· 劉滌凡，〈六〇年代臺灣新詩本土意識的研究——以「笠詩社」為考察對象〉，《中外文學》第 349 期，2001 年 6 月。

· 趙迺定記錄，〈陳秀喜詩集《灶》出版紀念會座談記錄〉，李魁賢主編；《陳秀喜全集》第 8 冊（新竹：新竹市文化中心，1997 年）。

· 鄭慧如，〈陳秀喜詩中的倫理與自我〉，《竹塹文獻》雜誌第 22 期，2002 年 1 月號。

· 戴寶珠，〈一株樹的文化寓言：陳秀喜戰後新詩之反殖民內涵與呈現〉，靜宜人文學報第 17 期，穆無天執筆，〈訪陳秀喜談文論詩　詩情斗室‧人間風土〉，《笠》第 83 期，1978 年 2 月。

· 簡偉斯，〈真心真意過生活〉，施淑青、蔡秀女編，《世紀女性臺灣第一》（臺北：麥田出版社，1999 年）。

· 安菊‧芮曲（Adrienne Rich）著、嚴韻譯，〈憤怒與溫柔〉，顧燕翎、鄭至慧主編，《女性主義經典》（臺北：女書文化公司，1999 年）。

· 艾蘭‧普瑞德（Allan Pred）著、許榮坤譯，〈結構歷程和地方——地方感和感覺結構的形成過程〉，夏鑄九、王志弘編譯，《空間的文化形式與社會理論讀本》（臺北：明文書局，1999 年）。

· 米歇‧傅柯（Michel Foucault）著、陳志梧譯，〈不同空間的正文與上下文（脈絡）〉，

夏鑄九、王志弘編譯，《空間的文化形式與社會理論讀本》（臺北：明文書局，1999
年）。

．維吉妮雅．吳爾芙（Virginia Woolf）著、張秀亞譯，《自己的房間》（臺北：天培文化
公司，2000 年 1 月重排初版）。

──選自《臺灣詩學學刊》，第 6 期，2005 年 11 月

陳秀喜的詩世界

◎莫渝[*]

　　陳秀喜，1921 年（日本大正十年）12 月 15 日出生，臺灣省新竹市人。童年時，接受日本教育，至小學階段畢業後，由養父另聘家庭教師，學習漢文。15 歲，開始以日文寫詩，短歌俳句。1942 年結婚，隨夫赴上海居住，並旅遊杭州、南京、鎮江等地，二次大戰結束返臺。戰後，1985 年（37 歲），開始學習中文、1968 年，加入笠詩社，1971 年接掌笠詩社社長，直到 1991 年 2 月 25 日辭世，享年 71 歲。

　　陳秀喜自幼愛好文學，結集出版的著作，包括日文短歌集《斗室》（1970 年）、中文詩集《覆葉》（1971 年）《樹的哀樂》（1974 年）、《灶》（1981 年）、詩選集《嶺頂靜觀》（1986 年）、詩文集《玉蘭花》（1989 年）、日文譯詩集《陳秀喜詩集》（1975 年）、英文譯詩集 *The Last Love*（《最後的愛》，1978 年）。

　　底下，試著從愛的散射方式，討論陳秀喜以此架構的詩世界：母愛的無怨、親情的真切、友誼的追念、情愛的溫盼、鄉土的擁抱、國族的熱愛。

一、母愛的無怨

　　父母對子女的呵護、照顧、撫養，不僅無微不至，幾乎達到無怨無悔的地步，身為子女是無法領會，只有輪到自己扮演這角色時，才悟出當年春暉的深廣。這類作品包括：〈嫩葉〉、〈父母心〉、〈初產〉、〈歸來〉、〈覆

[*]本名林良雅，發表文章時為國小教師，現為《笠》詩刊社務委員。

葉〉等，也是她投入文壇，最受矚目的主題。〈嫩葉〉和〈覆葉〉二詩分別以子女和母親做象徵，表現兩者間的交錯關係，更隱喻覆葉的堅強。〈父母心〉稱得上是為人父母的祈禱文，寧願自己受苦做奴，也想盡力代替他們呵護他們，希望受傷的子女擺脫惡魔死神（不露面的神）的摧殘。〈歸來〉則是子女長大，偶爾負氣離家出走，母親在家等候的心焦，以及回來時，兩人見面的擁泣與喜悅，流露了情的母愛，臆想孩子在外的風霜，詩中一句母語：我做一道妳最喜歡的菜好嗎？足夠驅走寒意。

在她與林煥彰合編散文選集《我的母親》的序言中陳秀喜起筆：「母親是愛的源泉。她的愛是溫和嫵媚，有盈無缺的慰藉的光。」就抱以這樣慈靄的溫馨，陳秀喜在 1970 年代初踏入臺灣詩壇，受到年輕一輩詩作者的愛戴。

二、親情的真切

這裡的親情，指子女對父母的追念。陳秀喜自幼被領養，受養父母的「格外疼愛」，自認為是「最幸福的養女」，及長，對長輩親情的感恩。這樣的詩作有：〈晒壽衣的母親〉、〈爹！請你讓我重述你的故事〉、〈今年掃墓時〉等。第一首，看見母親很超然、泰然、坦然地晒壽衣，無懼死神的掠奪，自己深怕與母親訣別，很想去搶回那件壽衣，不讓母親真的走了，表現對母親的依戀、眷愛。相同的，對父親的情懷是：「想抱住父親痛哭一場／卻觸及到／硬且冷的碑石」（〈今夜掃墓時〉）。因而只能在心中反覆著：碑石不是我父親。

一襲壽衣、一尊碑石，都是對父母親情的真切追思。

三、友誼的追念

陳秀喜雖然類似隱居於關仔嶺的笠園，由於好客，不時有文藝界朋友登山造訪，與她締結不同層次的情緣，出現在她筆下的有：楊逵、林榮德、蔡瑞洋、池田敏雄、張文環、蘇雪林、李雙澤、葉香等人，這些人只

是她友誼圈的少部分，尤其是對張文環的兩首悼念追憶詩篇：〈你是滾心漢〉和〈時間終於向你屈服〉，既有兩人同是跨越語言的心疼相惜，也為張文環確立文學史地位。在臺灣新文學史上，張文環是日據時代日文作家中創作量和水準最高一的一位，其文學作品，主要是小說創作，具有濃厚的鄉土氣息與民族精神，更融合人道主義思想，凸顯卑微人物的苦難。在詩句中，陳秀喜如此禮贊：

　　臺灣的文學史上
　　你是一棵常青樹
　　追隨你的人們發現
　　你坐鎮在書架上
　　時間追不到你
　　時間終於向你屈服

四、情愛的渴盼

　　少女時代的陳秀喜和思春期的青年男女同樣，在「全盲的瞳中／天使和魔鬼一樣可愛／海賊和王子一樣可親」，只要有傾心者，都自願跳入狩獵者的掌心，就這樣，愛情給予世人無比的活力，甚而無悔地投身。法國 19 世紀女作家喬治桑（1804～1876）的一生，幾乎是「愛的追求史」，先後與多人戀愛，結婚，短者數年，長者十年，較著名的對象包括詩人繆塞（1810～1859）和鋼琴家蕭邦（1810～1849）。陳秀喜的婚姻生活有過歡樂，也有波折，自然有她的期許，和表現出她對情愛的渴盼。情愛，依感情的發展，可粗略分成情侶的愛和夫妻的愛，前者純是兩情相悅的纏綿，後者有待昇華為相守的恩愛。比較上面，陳秀喜在第一類的詩作少，對第二類「人間重晚情」的期許與盼望相當多。在「透視」一詩，藉美容院一則真摯感人的故事——老先生每週推輪椅陪老伴到美容院梳洗一次，以補

償 17 年來枯萎的幸福花蕾。親睹這幕「恩愛的真諦」，女詩人希望自己丈夫的臉「重疊著老先生的臉」，以表達「不逾的恩愛」。類似的情景，亦出現在〈美妙的戲言〉一詩內。「戲言」二字想必引自唐朝詩人元稹（779～831）〈遣悲懷〉的「昔日戲言身後意，今朝都到眼前來。」夫妻間隨口說出「我的墓塚建在你的旁邊好嗎？」一句話，引發詩人遐想：

> 願美妙的戲言來一點浪漫和微笑
> 伴著我渡過人生下坡的路途
> 沖淡我始知哀傷的眼淚

〈玫瑰色的雲〉一詩是這種盼望的最佳寫照：

> 夕陽逐漸沉下
> 一朵白雲多情
> 還在天邊逗留
> 染上餘暉依依之情
> 愛意一致之時
> 天空一朵玫瑰色的雲
> 造成和諧的黃昏。
>
> 回顧時
> 彩雲已無影蹤
> 心中深深銘刻著
> 遐想　愛相映的形象
> 回憶一朵玫瑰紅的雲
> 到老邁愈是溫馨

晚霞的依戀與黃昏的和諧，形成這首詩的寫景與寫意，深富象徵意義——情愛除相悅外，更要延伸成鰈鰈情深，「到老邁愈是溫馨」的境界。當然，這是詩人的理想，也是眾人嚮往的。這首〈玫瑰色的雲〉被選入大陸出版的《中國百家愛情詩選》（貴州人民出版社）。

五、鄉土的擁抱

對鄉土、鄉里、社會的關愛，是每位文藝創作者的出發點。陳秀喜這類的作品有〈關帝廟晨陽〉、〈鄉里之樹〉、〈臺灣〉、〈魚〉、〈你的手〉、〈泥土〉、〈灶〉、〈探訪烏腳病人記〉、〈榕樹啊，我只想念你〉、〈溪魚的話〉等。這些詩篇有的是環保公害，有的是探視病人，有的是呼喚遠適異國的鄉人回來，有對臺灣的讚美，有出國時懷念家鄉。〈臺灣〉一詩，經梁景峰改編，李雙澤作曲，題改為「美麗島」，是詩句（歌詞）貼切，語調溫和的鄉土詩：

> 搖籃是堅固的
> 搖籃是永恆的
> 誰不愛戀母親留給我們的搖籃

可以同楊喚在 1950 年代初的〈美麗島〉一詩相輝映，遺憾的是陳秀喜的作品因政治因素曾禁唱八年。最具鄉土氣息的詩是〈灶〉了。

> 百年以後
> 大家都使瓦斯
> 人們只知道工業用的煙囪
> 不知道曾有泥土造的灶
>
> 灶的肚中

被塞進堅硬的薪木
灶忍受燃燒的苦悶
耐住裂傷的痛苦

灶的悲哀
沒人知曉
人們只是知道
詩句中的炊煙
嬝娜美麗——

——〈灶〉

　　古詩〈依依墟里煙〉，現代詩人余光中的句子炊煙是「黃昏在遠方伸淡
漠的懶腰」、「一聲空渺的呼喊」、「煙自吟一小令」，或者炊煙裊裊，都是美
化了的語句；日據時代作家吳新榮的詩句「這黑色煙囪上／喘出勞動者的
嘆息」，則道出工廠煙囪的本質。同樣的，陳秀喜也站在與農村婦女息息相
關的爐灶立場，寫出這首詩，既點明「灶」的存在，也表達她們一生的勞
動心聲——忍受燃燒的苦悶，耐住裂傷的痛苦，這種悲哀，只換得嬝娜
美麗的炊煙。灶的生命就是農村婦女的生命！這首鄉土氣息濃烈的小詩，堪
稱陳秀喜的代表作。

六、國族的熱愛

　　由親情、母愛、鄉土情懷、昇華到對國家的熱愛，陳秀喜在三首詩中
強烈的表現出來。由母親的民族觀念衍成〈耳環〉一詩，強調日據時代以
耳朵穿針洞——純中國式的打扮來消極抵抗暫失國土的民族性。「一杯咖啡
中拾到的寶石」，不是拾到現實中的寶石，而是在對談時，肯定國籍觀念
「都是中國人」這顆名貴美麗的寶石。受到大家重視，且獲得國際詩獎的
〈我的筆〉，把曾經被殖民過的悲愴，有很深刻的體認，這首詩，可以同法

國詩人艾呂亞（1895～1952）在德國占領期間寫的〈自由〉，具同樣詩的效用。全詩如左：

　　眉毛是畫眉筆的殖民地
　　雙唇一圈是口紅的地域
　　我高興我的筆
　　不畫眉毛也不塗唇

　　「殖民地」，「地域性」
　　每一次看到這些字眼
　　被殖民過的悲愴又復甦
　　數著今夜的嘆息
　　撫摸著血管
　　血液的激流推動筆尖
　　在淚水濕過的稿紙上
　　寫滿著

　　我是中國人
　　我是中國人
　　我們都是中國人

　　　　　　　　　　　　　　　　　　　　　　　　——〈我的筆〉

　　以上分六子題討論陳秀喜詩創作的精神內涵。就表現技巧言，早期的詩作，雖未刻意修飾，倒也善於意象的經營，例如：

　　心比路燈還早
　　就點燃「等候」

　　　　　　　　　　　　　　　　　　　　　　　　——〈等候〉

女兒出嫁之後
黃昏任寒風變色

——〈復活〉

她的微笑有魔力
殺死多年流浪的人

——〈微笑〉

　　這幾個詩句，不僅用語強勁，且體切鄉適中，予人較具震撼感受。晚
期，尤其是詩文集《玉蘭花》及之後的作品，在詩的結構顯出鬆塌的現
象，主題也因意觀念，而有牽強文詞，造成敗筆，令人遺憾，幸而這類的
作品不多，無損於她在詩世界裡架構的大殿。

　　總之，在陳秀喜的詩歷程，有她積極的肯定：「樹孤獨時才察覺／扎根
在泥土才是真的存在」（《樹的哀樂》），也有藉由愛所散發出不同層次的人
性光輝，無忝於孕育她的這塊土地，在臺灣文學史上又增添珍貴的遺產。

——選自《文學臺灣》，第 2 期，1992 年 3 月

常青樹

從《覆葉》到《樹的哀樂》

◎李瑞騰*

做爲一個詩人,陳秀喜女士是很能夠了解「樹」在中國人思想形式中的象徵意義,套用傳述先先生在「詩人與樹」中的話來說明,那就是:「總之,樹無疑常被視爲沉默的象徵。除此而外,樹還象徵不少可貴的觀念」,所謂可貴的觀念,便是希望、和平、青春、愛情等等。

放在我們社會的普遍經驗上來看,「十年種樹,百年樹人」、「前人種樹,後人乘涼」諸種說詞無疑都傾向於高貴情操的歌誦,正如《國語》一書中所做的一個譬喻:「人之有孝也,猶樹之有枝葉,猶庇蔭之,況君子乎?」這個簡單的明喻,喻體便是兩代之間一種微妙的牽繫,更準確地說,是做爲母性一種高度的光輝,無疑的,這是貫串陳秀喜女士兩本中文詩集的主題題旨。

從「斗室」裡走了出來(《斗室》是陳女士在民國 59 年用日文寫就的一本短歌集),詩人出版了中文詩集《覆葉》(民國 60 年)和《樹的哀樂》(民國 63 年)在「覆葉」時期略顯得生硬的詩語言,到了「樹的哀樂」時期自然而然順暢起來,可是無論如何我們都不能忽視,對於一個自幼接受日文教育的詩人,轉換另一種語言寫作,在自然的變易底層是含有多少的痛苦詩人曾不只一次表白過這種悲哀:「被殖民過的痛苦,迄今不但尚未消失,握筆時,那種陣痛的苦悶,還是折磨我」(《樹的哀樂‧後記》),就在這種情況之下,她有了如此卓越的表現,難怪熟悉她的人會有「終於跨過

*發表文章時爲中國文化大學中文研究所博士生,現爲中央大學中國文學系教授、國立臺灣文學館館長。

了那極限的鐵欄柵」（趙天儀語）、「像過了一道危險的獨木橋」（林煥彰語）等讚嘆的語言出現。

無可否認，她的詩中沒有美麗繽紛的意象，沒有浪漫的色彩，然而就詩構成的三要素：題材、題旨、技巧去看，在平淡的語調當中卻傳達出詩人內心底層濃郁的感情，縱使是面對最平常的事物諸如花與樹，她都可以給予較為高貴的生命情操，將她「細膩而敏銳的心靈」（借用趙天儀的話）客觀地投射出來。以下我試圖從她所塑造的一個主要意象「樹」出發，看她如何借著這個意象的隱喻與象徵去體現她的內裡世界，首先看與「樹」息息相關的「葉」。

「覆葉」既被做為詩集的命名，則這意象語的含意在她的詩中自然擁有不可輕視的地位，「風雨襲來的時候／覆葉會抵擋」（〈嫩葉〉），抵擋暴風雨的襲擊無疑是一種艱辛，一種生命的痛苦煎熬，然而這種忍受，竟「不是為著伸向天庭／只為了脆弱的嫩葉快快茁長」（〈覆葉〉）：

　　繫棲在細枝上
　　沒有武裝的一葉
　　沒有防備的
　　全曝於昆蟲饑餓的侵食
　　任狂風摧殘
　　也無視於自己的萎弱
　　成為翠簾遮住炎陽
　　成為屋頂抵擋風雨
　　倘若生命是一枝樹
　　不是為著伸向天庭
　　只為了脆弱的嫩葉快快茁長

　　　　　　　　　　　　　　　　　　　——〈覆葉〉

嫩葉無視於風雨打會有的哀傷，無視於蕭蕭落葉的哀嘆，卻是「從那覆葉
交疊的空間探望／看到了比夢中更美而俏麗的彩虹」，這一強烈的對比──
透露出一種嘲弄意味。在這裡，「覆葉」當然是比喻父母，「嫩葉」比喻子
女，天下「父母心」，在詩人筆下總是如陽光普照著子嗣的生命，女兒不幸
在車禍中喪生，詩人把它比喻成「嫩葉」被摧殘於車輪下，年老的情境已
如「枯葉」，淚盡而繼之以血，「吞飲刻刻的悲愴」，猶是呼喚著一個「小靈
魂」，盼她「歸來」，然而「無可奈何花落去」，只能如是地發出囈語：

> 神啊
> 請把小玲的腿打斷
> 罰我抱她的手臂，直至癱瘓
> 請把小玲弄成瞎子
> 罰我變為拐杖
> 請把小玲弄成白痴
> 罰我終身為奴隸
>
> ──〈父母心〉

情願自己做牛做馬，只要女兒仍是活著。詩人在這裡便是從個人的感情出
發，將這種深沉的悲愁投射到人類普遍的共同情緒上。

　　「枯葉」或者「落葉」對於詩人來說，豈僅是「悲落葉於勁秋」（陸機
文賦語）而已，其中有著年華老去，對於殘生的感悟：「山腰上有一棵老樹
／樹梢的葉子都隨風飄去了／蒼白的樹幹已灰白／我尋到／共患相鄰的對
相了」（〈復活〉）、「或許那一葉／既是達觀無常／令我感悟到／珍惜殘生」
（〈須臾的美〉），她喜愛將「枯葉」、「覆葉」、「落葉」和「綠葉」、「嫩葉」
對比，於此我們是不難看出她創作時的那心態了。

　　這種譬喻本身是單純的，到了她的關心的「樹」，她的觀物思維依然保
持著原先的細膩的而在詩的脈絡之中，意義顯得繁富了，恰如上面所說的

象徵著不少可貴的觀念諸如希望、青春、愛情等等。

在《覆葉》集中,「那隻鳥飛來樹枝上／樹枝會情願地承擔／最美好的粧飾」(〈愛情〉)比喻愛情的存在與輝煌;「別後你的影子會在我心房／也許是同嚐鄉下濃湯的那棵樹／清潔而茁壯的樹」(〈鄉里之樹〉)烘托出一種純樸的鄉情,而「牽引我到老榕樹下／挖掘童年的溫暖」(〈無形的禮物〉)在溫馨的氣氛中更帶出了童年的美麗記憶。

如同《覆葉》詩集一樣,「樹」在《樹的哀樂》一集中亦是主要意象,用一個批評術語來說,是一個「母題」("motif")。緣由是樹在中國人的生活及思想領域中扮演著相當重要的角色,這只是從被合稱爲「歲寒三友」的松、竹、梅,或者從被合稱爲「四君子」的梅、蘭、菊、竹在整個中國文學或藝術中出現的情況,我們是不難發現,它做被做爲題材用來譬喻或象徵,或直接被拿來當做歌詠對象,在經過創作者的移感(Empathy)之後,它們都成爲有血有淚的生命體,舉鄭板橋的一首詩來看:「咬定青山不放鬆,立根原在破巖中;千磨萬擊還堅勁,任爾東西南北風」(題「竹石」詩,是很能瞭然上面所說的道理。

對於詩人陳秀喜女士來說,「樹」是視爲一種共名使用(當然也有用類名如梅、竹的,不在本文探討之內),她筆下的樹,有哀有樂(如「樹的哀樂」),可做爲探尋消息的對象(如〈荒廢的花園〉),或者用做象徵一種永恆的生命愛情(如〈長青樹〉)。

　　陽光被雲翳
　　樹影跟鏡子消失
　　樹孤獨時才察覺
　　扎根在泥土才是真的快樂

　　　　　　　　　　　　　　　　　　　──〈樹的哀樂〉

　　幾次風雨

惹妳嗔怒

常青樹並不動搖

我暗自嘆息

青葉染上妳的眸色

——〈常青樹〉

詩人的生命彷彿都投注在樹的身上，由於對於自我的凝神觀照，縱使是年齡已衰老，花園已荒廢，她深切體悟到「我是樹，樹是我」的生命哲學，樹有根，根深則本固，而根生在泥土中，她不只一次的提到「泥土」，「扎根在泥土才是真的存在」、「扎根在泥土才是自己」（〈樹的哀樂〉），對於泥土的呼喚，也正是對於國家民族的呼喚，對於這樣一位「在浮萍中長大」（〈魚〉）、擁有「被殖民過的痛苦」（〈《樹的哀樂》後記〉），聽著她發自生命底層的聲音，除了深深地被她感動，我們還能說些什麼呢？

——民國 66 年 3 月 10 日風雨陽明山

——選自《笠》第 78 期，1977 年 2 月

給秀喜姑媽的信

◎陳嘉農[*]

　　北美的春雨正在窗外不停落著。在燈下夜讀，卻突然強烈想念臺北盆地的雨，我決定寫一封信給你。離開臺灣已經這麼久，時間確實長得足夠讓我與你長談。

　　沒有人會原諒我離開那麼久，就是自己，也找不到恰當的藉口來爲自己辯護。當一個人被迫流浪時，就只能以各種形式來表達對鄉土的熱愛。但是，這種愛並不能爲自己長久的離鄉而辯護。我只想告訴你，僅僅依賴這麼卑微的一點愛，我才得以在流浪中繼續活下去。

　　記得在爲你的詩集《樹的哀樂》寫下〈祝福一株不老的樹〉那篇短文時，我說：「我暫時要離開這塊土地，這塊養育我將近二十八年的溫暖的土地，我知道再回來時，必將是跨過了青年的階段，且邁向壯年的時期。」現在回顧這段話，心情居然微近中年了。如果是你自己的孩子離開這麼久，你原諒他嗎？

　　請不必追問我爲什麼我被迫流浪。歷史如果有被歪曲的時候，我們的時代也有不可能避免顛倒錯亂的時候。我想我生在一個錯誤的時代，所以我會被一些流言啃食，歪曲並污辱。我所賴以生存的那一點點愛，也被視爲可怕的禁忌。可是我相信，沒有人能夠剝奪我對鄉土的熱愛，我寧可用我的血，甚至生命來維護我的愛。

　　有一度，我曾經相當絕望，總以爲我和自己的土地全然隔絕了。深陷在絕望的角落時，我幾乎放棄文學，更別提寫詩了。有天我忽然看到臺灣

---

[*]本名陳芳明，發表文章時旅居美國，主辦《美麗島週報》，現爲政治大學講座教授。

寄來的刊物，讀到宋澤萊的〈若你心內有臺灣〉，對我衝擊許久。我沉埋已久的欲望竟好像立即迸發出來。那時，我才知道我並未完全絕望。

宋澤萊的詩，使我又勇敢振作起來。1977 年鄉土文學論戰發生後，使我看清楚每位文學工作者的關係位置，這對我是一個很大的教訓。在曠野裡，有人喊出狼來了的呼聲。對我而言，那簡直是野性的呼喚。經過那次論戰，我對自己從事過的文學批評，竟產生前所未有的鄙夷之感。我為自己的詩評感到可恥、可憎。從那時起，我決心放棄寫詩評的工作。

後來，我又讀了一套名為《現代詩導讀》的磚頭書籍。兩位現代詩的「導師」，寫下那麼厚重的書，不知要將臺灣文學領航到何處去？該書對我的奚落，當然是無可避免的。其中還有一名導師竟然尊稱我為「普羅詩人」。

讀完他的評語，我才知道這位導師根本不知什麼叫做「普羅」。坦白的說，以我這種中智分子的脾性，是沒有資格被尊稱為普羅的。但是，也因為看到他們那麼輕易的下筆，才使我了解臺灣的詩評是如此俯拾可得。這一位導師還算是四十歲以下的青年，說話就已經這樣不負責了，臺灣的詩評還有什麼指望？

然而，這一切畢竟是過去了。我從前希望所寄託的，實在是放錯了地方。讀了宋澤萊的詩，我內心又燃起熊熊的希望；直到我讀了他的〈文學十日談〉，我便預感一個新的時代就要來臨了。

我開始嘗試重新寫詩，我決定要為臺灣土地上的子民好好地寫。流浪了這麼久，見識了那麼多，我覺悟到只有臺灣的子民才值得我寫，值得我去表現他們的善良、純樸和勇敢。有人指控臺灣子民有偏狹的島國心態，這一點我並不想費筆爭論，就讓我的詩來表現他們的偏狹與自私吧。

這兩年來，我陸陸續續寫了一些。有幾首或許你已閱讀過了，有的你或許看不見。但我要讓你知道，每一首詩我都寫得非常用心，因為只有臺灣子民的善良與自私、純樸與偏狹、勇敢與怯懦，才值得我全心全力去刻畫。

離鄉這麼久，我總以爲我在故鄉死了。寫這封信給你，我要向你宣告我就要復活，我要以我的詩，證明我活得勇敢無比。

在流浪中，我曾經遭逢無數的頓挫，曾經脆弱得幾乎要下跪。但我畢竟克服了自己的怯懦，因爲我知道做爲臺灣的子弟，應該比任何人還勇敢。我畢竟做到我們臺灣話所說的：「沒有失人的禮」。

你的詩，我仍時時可以拜讀。在亞洲，要尋找一位像你這麼多產的祖母詩人，並不是一件容易的事。從前我說過你是不老的樹，並說吾鄉吾土生長著這樣一株樹，我感到非常驕傲。那是將近九年前說過的話，到現在我仍這樣堅持認爲。

北美的春雨仍在外面不停落著。在燈下寫這樣一封短箋，並非祈求你原諒我長久的辭鄉，我知道沒有人會原諒我。我只想向你說，我是多麼想念臺灣。請容許我在異鄉的雨聲中，寄出這第一封信。

——選自《文學界》，第 6 期，1983 年 4 月

生命與詩的接合

◎王昶雄[*]

一

　　我曾讀過一本以「華麗與蒼涼」為題的評論書，本書提供張愛玲一生的文學史料，使我對她旅美的孤鴻生活，以及她的文學觀，有了非常清晰的完整認識，確是「知人論世」的極佳入門書。晚近我對於由名詩人李魁賢所彙編的一套十冊的《陳秀喜全集》，從過目至細讀，反覆念過三遍。念完自然而然地使我聯想到「華麗與蒼涼」這個題目來。如果套用這個題目來陳述陳秀喜的一生，也正合適不過。因為陳秀喜的童年、綺年和中年都過得很快活，想不到步入初老時，命運開始變數，一直到了應享頤養天年的時辰，曾鬧過婚變兩次，自戕未遂一次，偏偏坎坷多舛，其隱痛正如李清照所說的「怎一個愁字了得！」這就是「華麗」與「蒼涼」的前後遭遇的絕好對照。

　　「風城」新竹是家鄉，她雖是「養女」出身，但這個養女與眾不同，她被養父母疼愛得像顆掌上明珠一般。初次婚姻，也是令人羨慕不已的恩愛夫妻。她學歷雖低，但秉性聰穎，自小就喜歡愛文學，特別是詩歌，日據時，日本特有的短詩，如和歌與俳句，學生年代就作得頂刮刮。

　　光復後，臺灣人作家為了跨越語言的障礙問題，大多數人都停筆了。在這時候，陳秀喜絕不肯服輸，硬是憑下死功夫，想要克服那種改用語言

---

[*]王昶雄（1916～2001），詩人、小說家、散文家、文學評論家。本名王榮生。臺灣臺北人。發表文章時專事寫作。

的不利條件（HANDICAP）。她在《樹的哀樂》後記，已經表達了她的心聲：「臺灣早就成爲推行國語的模範省。然而，我個人因爲不學無術，握筆時，那種陣痛的苦悶，確是折磨我。當我出版日文短歌集《斗室》之後，我就決心學習國文，以國文寫詩。《覆葉》是我的第一本中文小集，《樹的哀樂》便是第二本。但我確認，努力還是不夠的，今後非更加鞭策自己不可。」其實，她在她所翻譯的《想詩的心》和《覆葉》詩集的〈後記〉中，早已說過：「身爲一個中國人，不會以中文寫東西是件最大的羞恥」。

正如趙天儀所說：「陳秀喜有著一種詩人的天資，毫不猶豫地走進了中國現代詩的創作世界。也許使用慣了日文的語氣，難免在中文的表達上，還有一些生硬的感覺。」又說：「她所操縱的中國語文，是有她的極限的，可是，她竟以她有限的語言寫出了她無法被拘限的詩。並且她卻具有女詩人的細膩而敏銳的心靈，可以注視到男性詩人所觀照不到的角落。」趙教授把它分析得非常切中，透徹到了「無懈可擊」。

宋代黃庭堅曾這樣說：「詩意無窮，而才華有限，以有限之才來追求無窮詩意，確實是『不得工也』，充其量也不過只是偶得萬象之一二而已。」我們現在不談這種繩以定格，不稍假借的尺寸，本來春秋筆法，未免太峻刻了。陳秀喜的詩格，也不是王國維的《人間詞話》裡所說的「格韻高絕，然如霧裡看花，終隔一層。」因爲，她的手法太平鋪直敘，有缺乏層次之弊。其實，中國文字之精深奧妙，這對於一個 37 歲才開始學習以中文寫詩的人，自有難以企及之處。根據林語堂博士的說法，真正的好詩，不在於文字有無語病，或晦澀得使人看不懂，而在於有無靈性和意境。

論資歷，她雖只屬於公學校（今之國小）等級，但她在校年代就偏好詩歌，日據時期，她的作品有日語和歌、俳句的短歌集《斗室》與日語現代詩集《陳秀喜詩集》。當時，她透過日文會讀過東西方諸多詩人的詩。光復後，國內詩運蓬勃，有名無名的詩人們，大家互相較勁，往往表現得高潮迭起，使勤學中文的她，深深體會到詩句組合的魅力，由於情緒無比高昂，一方面產生閱讀興趣，一方面自己也提筆爲詩，開始在詩刊或報紙上

發表。光復後，用中文寫的詩集，如《覆葉》、《樹的哀樂》、《灶》、《玉蘭花》等陸續出籠，除了這些而外，還有英文詩集《最後的愛》和與林煥彰合編的散文集《我的母親》，作品產量之豐，堪稱洋洋大觀。20 年前加入「笠」詩社，再過三年任該詩社社長，直到她辭世爲止。

二

陳秀喜有一首〈靜觀〉爲題的作品，其中一節是：

閃電割破天空
鞭策雷雨圍攻山谷
一個清醒的人
層雲散後靜觀著
枕頭山仍然翡翠
天空還是天生麗質

還有〈心燈〉的詩：

天地一片黑漆中
只有星與祭壇的燈
感嘆人間沒有媲美的燈
倘若有——
唯是充滿愛心的心燈

讀這些詩篇，我很容易推測到：在陳秀喜的天性中潛存著一股靜的傾向，她就是好「靜」。她經常告訴我：她常常單獨跑到附近的小崗上，那兒叢生著好幾種樹木，春夏兩季開遍了山茶花，梔子花和滿山紅，她就是在樹蔭下，鋪開毯子，隨便坐臥。這時松風索索，花香陣陣，伴著天際飄忽

的白雲，把她的靈魂帶到另一個靜心的境界。彷彿只有在靜境中，才感覺到「自我」的存在，也才體會到一種輕靈的清歡。

其實，好靜只是她的一面，另一面是愛好熱鬧，天下本無不散的筵席，我深信她就是最怕筵席散後的那一縷幻滅之感。她廣交、喜客，由於人緣好，擁有許多朋友，她一向珍視每一個朋友，每一刻與知交相處的時光，她愛好那種大家聚在一起的歡樂場面。她寓居的「笠園」，不時都有朋友造訪，涵蓋男女老少，詩壇晚輩都暱稱她為「陳姑媽」。她就是與朋友在一起時，常是最流連光景的人，也正是「好動」的最切合的寫照。

陳秀喜的詩作，大多是以自然草木或日常生活為題材，處處都在描繪自然，但卻也處處飽涵著感情。這些都不過是就眼中所見到、心中所想到的率直寫出來。平凡的詩，不假典故，即使蘊含技巧，卻在字面上排除裝飾性的華麗修辭術。詞句天真、輕快、樂觀，叫人一讀，立刻感到一種充滿著自由不拘的生活氣息。她大部分的時間都住在關子嶺頂清明別墅的「笠園」，環周草木扶疏，青翠奪目，園景也清麗而不落俗。早晨，推開落地窗門，被滿庭院的花草及鳥語吸引。鄰近山頭，一片滿山紅，為溫泉這一帶妝扮，增添幾分醉人的詩意。詩人向藍天，向白雲，向溪流，向嫵媚掠過的和風說著悄悄話，大自然開始盈盈的唱著清越的小調。

是誰怎堪毫無憐憫地
拋擲這一小片的春
臺階的一隅是冰冷的
撿起來輕輕貼近面頰
當花瓣舐觸面頰的微溫
是否反而使它枯萎
頓覺不安
又不忍讓它自指掌間飄落
如抱著初戀的殘骸

在無人的山徑徬徨
心已被一片小小的春佔據

　　這是〈憐惜這一小片的春〉中的一段。陳秀喜的詩，最善於寫花草，也最愛感慨時令，似乎對春，更為敏感。詩人的感覺，是最敏銳而情感又最豐富，春天又是生長的季節，觸景成詩，自多佳句。花朵有花語，這是指花能象徵某種涵義的意思。譬如：康乃馨是象徵對母親的感情，玫瑰則常用來表達男女之間的情愛，牡丹的象徵意義是富貴，蘭花則被稱為「王者之香」，甚至連花朵的顏色也都傳達了不同的感情內涵。

　　她所詠的花草，有〈白色的康乃馨〉、〈玉蘭花〉、〈含羞草〉、〈給牡丹花〉、〈記木犀花〉、〈紫蘭花〉、〈凋謝的曇花〉、〈花賊與我〉、〈玫瑰〉、〈鬱金香遇險記〉、〈醜石頭〉、〈仙丹花〉、〈影子與梔子花〉、〈茉莉花〉等足足有 20 首。

　　至於「樹」，陳秀喜對它最為鍾情，因為她是很能了解樹在臺灣人思想形式中的象徵意義。她最崇敬的是樹，特別是大而老的樹，大而老的樹使她心醉，使她傾倒。年輪是樹接受歲月磨鍊的紀錄，它屹立在時代的頂端，它有一股堅毅不拔的精神，飽經風雨的摧殘，一任時代的變遷，至今仍是神采奕奕地屹立著，有如狂流中砥柱。由於綠蔭遮地，清風徐來，靜臥其下，那一份悠然自得的愜意，會使你漫步於美麗的夢鄉。樹在鄉下或是城市，該是身心的停歇處，特別在繁雜的鬧市生活中，提供一抹綠意，讓忙碌的日子，透露出一絲的浪漫情懷。她在〈樹的哀樂〉的詩中，這樣表現：

陽光被雲翳
樹影跟鏡子消失
樹孤獨時才察覺
扎根在泥土才是真的存在

又在〈榕樹啊,我只想念你〉裡歌詠它古樸、堅實而動人的風采。

榕樹啊
你的葉子是我最初的樂器
你是童年避雨的大傘
你是曬穀場的涼亭
你是老人茶,講故事的好地方
你是小土地公廟的保鏢
你是我家的門神

三

陳秀喜的詩作,每首都是由她的款款深情而發的,處處充滿了對愛心的表白,每一句都閃耀著愛的光輝,以清新婉約的心靈來歌詠這世界。她的作品當中,有關「愛」的詩篇,竟占了一大半。「愛」是人類文字中,不但最具魅力,而且張力也最大的字眼。如果詩文創作是一輩子的志業,則不僅愛情、親情、友情、鄉土情、族群情,甚至鄰人愛、人類愛等不同層次的情感內涵,都值得去挖掘,如此一來,題材得以拓展,作品的風貌更具深度而豐富。詩人的睹物思親之作,心情之沉重,已到了無可言宣的地步,雖然斯情斯景,決非詩人所獨有。同時,也流露出身為母親的護犢深情與些許的複雜情愫。可以說這些血淚結晶,無疑都會使讀者的心靈深處激起共鳴。

兒子遭遇車禍
樹不為我招手
世界無助於我
行人無助於我

捏著沒有力的拳頭吞吐嘆息

倘若能夠乘上閃光多好

老早就趕到現場

倘若能夠乘上破曉的曙光多好

老早就趕到醫院的窗口

白紗布紮不住血

頭破腿斷瀕死的是我

我的血哀喚著兒子的乳名

乖乖等候我等候我

——〈趕路〉

　　除了〈覆葉〉、〈趕路〉以外的有關親情的作品，還有〈嫩葉——一個母親講給兒女的故事〉、〈今年掃墓時〉、〈愛的鞭〉、〈父母心〉、〈歸來〉等好多篇。或許文藝真的是「苦悶的象徵」，那麼她最初的作品〈覆葉〉，就是如此誕生的。〈覆葉〉這首的篇名，既被做為詩集的命名，可見其不可忽視的重要性，本集一共收錄了長短詩 30 首。作者把自己比喻為「覆葉」而把自己的子女比喻為「嫩葉」，也就是母親護衛子女之意，陳秀喜可稱是母親型詩人。母愛即是無微不至，只有無微不至的愛，才是最真、最誠、最深摯、最銘心的愛，它具有犧牲奉獻和無畏的精神。其實，她的愛心並不止限於親人，就是廣被到整個民族，甚至無生命的事物。

　　詩人所要闡釋的一個理念，便是存留於每個人心中出乎自然的情感。如前所述，愛心是陳秀喜的作品最主要的素材，感人肺腑的仁愛的詩，為數也不少。她以滿腔的赤子情懷，寫兒時的軟趣，寫故舊的溫情，寫泥土稻香，把一點一滴彌足珍貴的鄉土情縷縷詠來。讀者也不禁被她牽引進入那番童真的世界，聞到故鄉的飯菜香，體味貼心淳厚的血濃情深。至於男女間的愛情詩，意想不到的寥寥無幾。代表作〈愛情〉中的「奇異的鳥」是愛情的象徵，而最後一句「樹枝等待一隻奇異的鳥」，很明確的表現了它

的需求。這首詩是以謙默自持的手法寫的，遣詞用句猶有餘意，耐人尋
味。

　　一隻奇異的鳥飛翔而來
　　沒有一定的途徑
　　不知何時　它來自何方
　　並不是尋巢而飛來

　　樹枝不曾擺過拒絕的姿態
　　向天空　像要些什麼的手
　　如果那隻鳥飛來樹枝上
　　樹枝會情願地承擔
　　最美好的粧飾
　　而且希望從此這隻鳥沒有翅膀
　　樹枝心願變成堅牢的鎖
　　因為奇異的鳥在樹枝上
　　比勳章更輝煌
　　比夕陽懸在樹梢　更確實的存在

　　樹枝等待一隻奇異的鳥

　　　　　　　　　　　　　　　　　　　　——〈愛情〉

　　知己南北相聚
　　溫暖的笑語
　　擁抱我們
　　忘了將惜別
　　忘了約後期
　　沉緬在友愛中

　　　　　　　　　　　　　　　　　——〈友愛〉

搖籃是堅固的
搖籃是永恆的
誰不愛戀母親留給我們的搖籃
　　　　　　　　　　　　　　　　　——〈臺灣〉

在愛惜她的淚光中
小菫花終於屹立了
靠著一撮泥土的愛
　　　　　　　　　　　　　　　　　——〈小菫花〉

你就是針線
把桃紅的月
縫在我的心裡
擁有光和熱
我的憂傷
逐漸痊癒了
　　　　　　　　　　　　　　　　　——〈望月抒情〉

四

　　懷舊的題材，包括回憶、懷念等作品，是最感人的一部分，有人說如果把懷舊剔除，文學會貧血，藝術會失色。陳秀喜的詩，以平實的筆法去刻畫出她的心路歷程，雖然平鋪直敘，卻也能達到稜角分明，脈路有緻的地步。在全集裡面，有以獲國際詩獎第二名的〈我的筆〉、〈耳環〉等許多她熱愛祖國的詩什。對於她的愛國、愛民族的熱忱，人人都讚不絕口。有人這樣稱道：「只有被殖民過的悲愴心靈，才會揚起血液的激流，也才會激

起寫詩的衝動。」也有人大肆讚揚：「她從那兒血和淚的氣息中，得到一條最寶貴的經驗，一個人可以沒有母親，但絕對不能沒有國家。因此，她用傾注心血的筆，在淚水溼過的稿紙上，歌頌出她愛祖國的情操。」

出現敢死隊的時代

我的國籍觀念更倔強

她責我：你為什麼不能娶我

面對著敢死隊員

我答：因為我是中國人

我是中國人才勝過敢死隊員　愛的忠誠

從此我拚命想忘卻那朵朵幽蘭

然而卻忘不了埋怨的墨水

——〈一杯咖啡中拾到的寶石〉

血液的激流推動筆尖

在淚水溼過的稿紙上

寫滿著

我是中國人

我是中國人

我們都是中國人

——〈我的筆〉

當時十八歲的我

深信母親的話

耳環就是

中國女孩的憑證

臺灣光復那一天

不必檢驗耳朵的針洞

如今年齡已老

照鏡子的時候

習慣地多看一看

去世的母親

留給我的民族觀念

——〈耳環〉

被統治者隔絕了半世紀

想不到痛苦在等著我

回到祖國的懷抱

高興得血液沸騰

卻不能以筆舌表達

——〈編造著笠〉

願妳看了旗袍

繫念血緣

願妳見了我

懷念祖國

——〈給牡丹花〉

　　臺灣人被日本統治半世紀，痛恨日寇，戰後歡天喜地回歸祖國，那是民族感情，也是文化認同的真實表現。然而，歷經二二八、白色恐怖等空前浩劫之後，在臺灣人的心目中，專制腐敗的國民政府變成外來政權，臺灣再成為被殖民地統治的「悲情城市」。四十多年來，臺灣人民忍辱負重建造了奇蹟的民主政治和自由經濟，走出歷史悲情。解嚴後，急遽興起的臺灣本土意識，使幾乎被國民黨政權摧滅的臺灣文化獲得復生。

　　專制政權的主義主張一旦受挫，就陷入了一種迷魂陣而無法自拔，這

個迷魂陣就是民族主義。只要披著「民族主義」的外衣，也就是正義的化身。懷古、尋根是非常響亮的名詞，本來民族主義是利用人的「尋根的本能」為本質。當時，臺灣人在比豺狼還兇的苛政下，開口說話，提筆為文，總是情不自禁或不由自主地說他是中國人，或是炎黃子孫。我相信，所有臺灣人，以二二八作為分界線，從前是光明磊落的大漢沙文主義者，但往後則是暗中主張獨立自主的人，陳秀喜究竟也不能例外。不過，處在中、日、臺之間，在後塵接前塵的過程中，始終有認同上的混淆。如果這個混淆的認同從來沒有過，她是否會有比較快樂的生涯，或者有比較堅決的過程嗎？而這是孰之過呀？其實，人是很脆弱的，是可以被控制而不自知的！

五

有人說，詩是不必盡求人解的，這一來，讀者就無法與詩人心神相通。古人說：「在心為志，出言為詩」，故意讓人不懂的詩，恐怕不僅由於才拙技劣，更由於他心中無「志」。唐詩是最好榜樣，好詩仍然是連老嫗也易懂的詩。詩並非少數人吟哦的珍品，它是一種人人可以探索，介乎虛與實之間的傳媒。

陳秀喜常說，詩作是她精神的寄託、情感的抒發，也是理想的體現，她不管做什麼事都非常投入，對詩更入了迷。她寫詩的來時路，蠻艱苦但比較平坦，不計浮沉，默默而為，堅守自己的方向。綜觀她的作品，素材範圍雖不寬，但題材普遍有通性，又有畫意，平凡中含有不平凡，給人清新感和親切感。不過，創作上的自由發揮到了極限，藝術上的成就恐怕很少。她大部分的作品都是直抒胸臆的，把蘊藏內心的東西，都毫無藻飾地──寫了出來，好像不要技巧，不賣弄才氣似的。在技巧表現上，雖然過於白描而缺乏意象的塑造，但卻能延續她一貫的風格──純真、深摯，讀者猶覺韻致不俗，如涓涓溪流。

原來詩的價值是相對而不是絕對的，所以藝術創作不容許故弄玄虛或

陳腐現象。詩人要把生命特質套在景物的功能上，這種走向大大促成了精神、物質這兩者的整合，也就是所謂「心物合一」的趨勢。此刻使我想起我曾讀過詩人辛鬱的詩觀，他說：對於詩藝中諸如傳統與反傳統、民族性與世界性、理念與感性、現實性與超越性等一系列問題，個人常持相對的觀念，而不採取絕對化的。更要強調的是對立之中相互依存、相互轉化的因素，而這種相反相成，物極必反的思路，又總是通向詩歌想像的整體性、直覺性，從而於小我中見大我，於有限中見無限，體現了傳統的人文精神，頗有益於詩藝的創造。

　　陳秀喜不斷追求理想，遂在苦悶的心境中結晶為意象，慢慢閃爍著「心物合一」的審美理想。她的觀點並不是一成不變的，雖有些「力不足」之虞，但一些新的文藝思潮與特別的技巧，她都能應付自如。

　　酒杯底的一滴酒
　　卻被酩酊著潑在地上
　　地面留著
　　一朵花的痕跡
　　泥土依舊溫馨
　　還有誰是
　　一滴酒的知音

　　　　　　　　　　　　　　　　——〈一朵花痕的酒〉

　　站起麻木又痛的腳
　　舉目望前庭的草坪
　　碧綠如茵的
　　竟是萌芽的雜草
　　如百萬大軍在示威
　　主張「生存的權利」

塞給它們
「杜絕後患」的攤牌
狼狽不堪的我
頓時覺得
慄而心寒

——〈除草記〉

　　這些詩什都充滿著想像與現實交織的畫面,像〈一朵花痕的酒〉一
首,雖是僅僅一滴酒,卻任意發揮了想像力,被酩酊者誤以為是多量的
酒,「潑」在地上。除了在地上勾起「一朵花」和「泥土香」之外,一滴的
知音,還有誰呢?主觀的心情與客觀的景物相烘托,因此,景物顯得那麼
平淡,而感性顯得那麼深沉。陳秀喜不但擅長於刻畫人物的內心世界,更
慣於敘物寫真,她透過人物的眼光來觀賞景緻,也藉著景緻的更迭來刻畫
人物的情感,處處情景交融,令人讀來,覺得好過癮。

　　陳秀喜寫情寫景都要切合環境,使人一見即如身置其中。平時她講話
不婉轉,行動、詩風也比較直接,這些都表示著她秉性直爽,不忮不求。
到底她的愛心與熱情的淵源是什麼?我再三探討的結果,所得到的答案是
「童心」。童心也者,就是童稚、天真的心情,卻不是「幼稚」之意。孩童
的心地純真,易受感動,依她自己的生活感受,來看待這個世界。宇宙萬
事萬物,在孩童的心目中,都是好玩的、可親的、有趣的。有人說得好,
除了歡樂的童心,也應有眼淚的童心,陳秀喜自己哭時,連暱稱她為「陳
姑媽」的人也哭。不啻明哭,還有暗哭和差點哭,但此哭並不會厭煩,反
覺得哭得有理,哭得其時。我所指出的「童心」是真心,也就是愛心、熱
情,年光雖然易逝,但童心一直到了她嚥氣為止,是不會熄滅的。她把童
心和人情味運用得剴切,真是「詩如其人,人如其詩」。

　　下面所舉出的二首,都是 1970 年代的她的作品。她把人人都可以用輕
鬆的心緒來歌詠的詩,竟提升到一首能「傾倒地球」、「挽救全世界的人」,

讓我們聽到自由與和平的有如天使歌聲般的回響。這種「以小搏大」、「以短暫截取永恆」的驚人表現和成果，真是膽大包天的抱負。讀來令人心曠神怡，凝視生命的菁華。

　　詩擁有強烈的能源，真摯的愛心
　　也許一首詩能傾倒地球
　　也許一首詩能挽救全世界的人
　　也許一首詩的放射能
　　讓我們聽到自由、和平、共存共榮
　　天使般的歌聲般的回響

　　　　　　　　　　　　　　——〈也許是一首詩的重量〉

　　這首小詩是
　　我最後的愛
　　親愛的故鄉啊
　　接受我最後的愛吧
　　心靈最傾向的愛
　　雖是野草的一小葉
　　一首小詩
　　是勁草的愛

　　　　　　　　　　　　　　——〈最後的愛〉

　　有人指出詩壇由啓蒙至今，快 80 高壽了，在此期間詩家出版的詩集，真是總總而生林林而群。《陳秀喜全集》雖是其中之一，但論其充實度、清新性，也許可以借用杜詩的「已知仙客意相親，更覺良工心獨苦」。韶華易逝，夢沉書遠，人生要受盡世事的煎熬。她為了詩，為了清高的身價，已經太多的燃燒了自己，她爽朗而毫無矯飾的個性與她不可磨滅的功績，在

有心人士們的記憶中，是永不會消失的。

——選自許俊雅主編《王昶雄全集・散文卷 2》

臺北：臺北縣文化局，2002 年 10 月

美麗島的玉蘭花
陳秀喜的人生與詩作

◎向陽[*]

> 陳秀喜寫第一首日文詩的時候才 16 歲，
>
> 真正開始能夠使用中文寫現代詩，已經是 50 歲以後的事了。
>
> 她給我的信，顯現了「跨越語言」的艱困，
>
> 也顯現了她自小接受的日文、漢文交錯教育塑造的謙遜和雍容。
>
> 我所親炙的陳姑媽，如此謙遜，如此雍容，如此恩慈，
>
> 又如此堅定地愛著她腳下的泥土而無所惑。

1

忽然想起詩人陳秀喜，想起她的詩、她的人，耳畔也響起 1979 年春夜在關子嶺明清別莊聽她清唱〈美麗島〉的喑啞歌聲。三十多年過去，這歌聲一直盤桓於我心中，從未減損其魅力。

1970 年崛起詩壇的年輕詩人大概少有不知陳秀喜這位女詩人的，當時她與龍族詩社的林煥彰、施善繼、陳芳明等常有往來，而他們都稱她「陳姑媽」，久而久之，「陳姑媽」因此成為年輕人對她的共同稱謂，喜歡接近年輕詩人的她對這個稱謂似乎也頗滿意，我認識她的時候，大約是擔任華岡詩社社長之際，大三下，一見面，她就說「你可以叫我陳姑媽」，從此透過見面和書信，順理成章就成為她的「賢姪」一族了（在往來書信中她總

本名林淇瀁，臺北教育大學臺灣文化研究所副教授。

是如此稱呼年輕後輩）。

想起陳姑媽，連帶也想起她在我初入詩壇的種種畫面，其中最難忘的幾個畫面如跑馬燈一般，緩慢而鮮明地流動著。

2

1976 年 5 月，在臺北醫學院北極星詩社辦的朗誦會中，我首次對外朗誦臺語時〈阿爹的飯包〉，朗讀之後，她和詩人林煥彰上前向我致意，她眼眶泛紅，連聲對我說「誠感動」，這幅畫面，彷如昨日

當時的陳秀喜女史擔任笠詩社社長，已出版有日文短歌集《斗室》（東京：早苗書房，1970 年）、中文詩集《覆葉》（臺北：林白出版社，1971年）、《樹的哀樂》（臺北：笠詩社，1974 年）；並有日文譯本《陳秀喜詩集》（大野芳譯，東京：幾瀨勝彬，1975 年）出版，是受到臺灣和日本詩壇重視的成名詩人，而我還是寫詩不久、尚無詩集出版的年輕人，她對我的鼓勵如此直接、坦率而不掩飾，讓我受寵若驚，也增強了當時的我繼續寫作臺語詩的信念。

朗誦會結束後不久，我收到她寄來當天我朗誦臺語詩的相片，讓我再一次受寵若驚，當年沒有數位相機，拍照、洗照片、寄照片的過程都得花費一些時間和精神，做為詩壇前輩的陳秀喜女史如此待我，可謂不薄了。我與她的情誼，就在其後的聯繫（電話、書信）中展開。

1977 年 4 月下旬，我邀請她來華岡詩社演講，她以「詩的欣賞」為題，談她的詩作，也談她的詩觀，朗誦她的詩〈我的筆〉、〈覆葉〉、〈臺灣〉等，細節我已忘掉，但忘不掉的是她的幽默、風趣和直率。次日我寫了封信感謝她，並且也說了一些我的感動；幾天後收到她的回函，信上這樣說：

向陽賢姪 謝謝賜函 每次演講之後 最使我不安的是各位聽眾的 感想如何 因為我自知不學無術 真是汗顏無地自容也 如果相信您的誇

獎　更加使我自心內感為要多多努力求進才是　謝謝您的鼓勵

　　這封信並無標點符號，標誌了陳姑媽從嫻熟的日文跨越到中文書寫的痕跡；更重要的是，就算她已經成名，對於我由衷的誇讚，她的回應依然如此謙遜，這是一種高貴的教養，來自她的教育，也來自她的心靈。

　　根據陳姑媽的自述，生於 1921 年的她出生滿一個月又三天就被生父母送給養父陳金來當養女，養父母待她極好，讓她接受日文教育之外，還請了一位家庭教師教她用臺語讀漢文；16 歲時，她在書店中買到一本插圖版的《唐詩合解》，相當驚喜、震撼，自此一面研讀日文古言文，一面一知半解地自修漢文。儘管如此，在位於天母的住所，她告訴我，她寫第一首日文詩的時候才 16 歲，真正開始能夠使用中文寫現代詩，已經是 50 歲以後的事了。她給我的信，顯現了「跨越語言」的艱困，也顯現了她自小接受的日文、漢文交錯教育塑造出的謙遜和雍容。我接觸過的生於日治年代的臺灣作家，幾乎都共同擁有這樣的特質。

　　除了謙遜和雍容的並存之外，陳姑媽對詩壇後進的關懷、疼愛，一如母親的恩慈，也令我難忘。1977 年 4 月我自費出版第一本詩集《銀杏的仰望》，與當時負責故鄉出版社的出版家林秉欽先生談妥，先付一半印刷費，就將詩集送印，容我出書後賣書，再把另一半尾款付清（這大概也是詩集自費出版的特例了，可以看出林先生對文壇後進的寬容）。這件事後來被陳姑媽知道了，她還寫信來問我印刷費夠不夠，「如果不夠，請示告，我手邊有幾千元，請先拿去敷用如何？請不必客氣。等候您能賺錢的時候才擲還就可以。」（1977 年 5 月 15 日來函）當時大四的我，接讀此信，眼眶也紅了。儘管我並沒有跟陳姑媽借這筆錢，但她的關愛與慷慨，在我年輕的心中已然常駐。

　　1977 年，也是鄉土文學論戰來到最高潮的一年。這年 4 月，《仙人掌雜誌》（故鄉出版社出版）刊登了王拓、銀正雄及朱西甯所寫的三篇文章，揭開了論戰序幕；8 月，彭歌〈不談人性，何有文學？〉、余光中〈狼來

了〉，將論戰推到另一個高峰。在風聲鶴唳之際，我因寫作臺語詩，也在當時詩人趙天儀主編的《笠》詩刊、小說家鍾肇政主持的《臺灣文藝》，以及詩人高準主編的《詩潮》創刊號先後發表臺語詩，掃到「風颱尾」。9 月，即將入伍當兵的我在給陳姑媽的信中吐露了一些苦悶，其後就收到她的來信，信上這樣說：

> 仲秋夜月亮自陽明山昇起　是個黃金紅的大月亮　真是美極了、可是獨自眺望秋月是寂然、還是有談心的朋友共賞才有樂趣是不是。
> 關於鄉土文學云云　大興波浪　真是令人覺得好笑也好氣　誰沒有娘一樣、誰沒有故鄉、誰不愛戀娘　誰不愛戀故鄉、拿行政的數字談鄉土文學　真是怪事也　真是怪事也　不愛一撮泥土的人　不是愛民族的人也不是詩人

　　我收到此信時，已是 10 月 10 日，展讀備覺感動。我知道她是用第一段的中秋月明做為暗喻，希望鄉土文學界「談心的朋友」團結，也要我堅定信心，心如明月，繼續寫作，不為論戰波浪所撼動。一如她的詩〈樹的哀樂〉所說「認識了自己／樹的心才安下來／再也不管那些／光與影的把戲／扎根在泥土的才是自己」那般，扎根泥土做自己。

　　這是我所親炙的陳姑媽，如此謙遜，如此雍容，如此恩慈，又如此堅定地愛著她腳下的泥土而無所感惑。

3

　　另一個難忘的畫面，是 1978 年年初，陳姑媽因婚姻生活發生變故，一時想不開，在天母寓所以粗鐵線上吊自殺，後來獲救，卻因傷及聲帶，導致說話沙啞；事件發生後，我利用假期去看她，她緊拉著我的手，笑著說：「沒事了，只是頸子這有道很長的勒痕，以後會消失的，悲哀也會消失的。」她的談笑中帶著一些無奈，但總之，她還是以慣有的幽默化解了。

　　然而命運又開了陳姑媽一次玩笑。1985 年 3 月 12 日，小說家楊逵謝世，不久之後，我收到她寄來喜帖，擇於 3 月 31 日再婚，對象爲顏姓商人。我不知陳姑媽是什麼原因決定再一次走入婚姻之中，但還是很高興地去參加了她的婚宴，也衷心祝禱她婚後幸福；沒想到這段婚姻還是一次不幸，陳姑媽婚後生活並不幸福，年底就離了婚，離婚後仍爲這樁婚姻纏訟於官司之中。我手頭還保存著陳姑媽於婚宴後寄給我的合照，這時的她 65歲，臉上帶著喜悅，還無法預知九個月後這段婚姻將帶給她晚年更深的創傷。這不是我所熟悉的陳姑媽，她的獨立、自主、堅強的新女性特質，並沒有展現在她的兩次婚姻中，我看到的，反而是一個傳統的接受婚姻束縛的女性的忍耐與絕望（第一段婚姻）、一個被浪漫愛情、依存需求綑綁的女性的寂寞與悲傷。

　　或許，文學（特別是詩）才是陳姑媽真正的歸宿吧。我還記得，結束第一段婚姻後不久，她到關仔嶺明清別墅 250 處居住，並把住所名爲「笠園」。在這裡，她擁抱詩神，也有眾多的詩人、朋友和學生常來探望她；她的留言簿上留下了眾多來訪者的簽名，她種花、畫畫，這階段應該是她人生最美麗、最幸福的階段了。1979 年 3 月，還在當兵的我與方梓去笠園看她，當晚她談興甚濃，詩壇、文壇以及歌壇的趣聞、軼事，都在她沙啞的聲音逐一道出。我記憶鮮明的是，她告訴我們，學者詩人梁景峰以她的詩〈臺灣〉改寫、由李雙澤譜曲的〈美麗島〉就要灌唱片了，這之前她的詩〈青鳥〉、〈山與雲〉都收入新格唱片的《金韻獎》專輯中，有許多年輕人在唱……。這些，我當然都知道，因爲我就是愛唱這些歌的年輕人。

　　特別是〈美麗島〉，在黨外年代，當時的主唱者楊祖珺在多場黨外活動中唱活了這首歌，成爲憤怒青年傳唱的歌曲。從「我們搖籃的美麗島，是母親溫暖的懷抱」，到最後「我們這裡有無窮的生命：水牛、稻米、香蕉、玉蘭花」，這首歌我到今天依然會唱、愛唱。當晚，我聽到的〈美麗島〉，是最獨特的〈美麗島〉，歌聲來自原作者陳姑媽，聲音是她自殺之後「變成巫婆一樣的聲音」，歌詞最後一句的「玉蘭花」則被她頑皮地改成「牛卵

葩」……。詼諧、幽默兼喜自嘲的陳姑媽，在這一晚復活了。

4

　　1991 年 2 月 25 日，陳姑媽告別人世，也告別了她多采多姿卻又坎坷多變的人生。當時我在報社工作繁忙，無法撰文追悼她，但《自立早報》、《自立晚報》兩副刊都製作了全版追悼專輯，肯定她一生為詩奉獻、為臺灣書寫的行誼。我在報館打開副刊，閱讀這些追悼陳姑媽的文章，讀到與陳姑媽同樣跨越兩個年代的女詩人杜潘芳格女史寫的〈秀喜姊，您的玉蘭花〉，其中兩段說得真好：

　　文學、詩、您創作的語帶給您的是撫慰您那孤獨的裸體的心的幸福。
　　您的玉蘭花，像那半開花瓣的玫瑰花般，感恩綻放出永遠無盡的芳香。

　　這兩段，寫出了陳姑媽人生路途（特別是感情生活）的坎坷不順，也寫出了陳姑媽以文學創作成就其不朽生命的幸福。讀著讀著，我彷彿又聽到陳姑媽以沙啞的嗓聲唱著〈美麗島〉的歌，水牛、稻米、香蕉、玉蘭花，這次她沒有故意唱錯了。

——選自《文訊雜誌》，第 330 期，2013 年 4 月

讀《玉蘭花》

◎龍瑛宗[*]

　　詩人陳秀喜跟我一樣,是新竹出身而且住在舊名竹塹的大城市。

　　她這個跨越時代的詩人,於民國 60 年英文譯詩"My Pen"獲美國國際詩獎第二名,同時遷居於白河鎮關子嶺明清別墅。不過,與 36 年共同生活的愛人結束了她的生活。

　　民國 68 年,前往韓國參加世界詩人會議,並轉往日本各地旅行。民國 70 年,中文詩集《灶》出版。據她說灶是封建時代的象徵。到了今年陽春,《玉蘭花》出版。《玉蘭花》收錄了詩 20 首,小說一篇〈母親的願望〉而由名翻譯家鍾肇政譯成中文。其他收錄了散文十篇,並由趙天儀寫序文。

> 思想天空的少女知道
> 哈雷慧星是
> 海王星的八個俘虜之一
> 少女想向太陽借引力
> 夢想捕捉它
> 怕它帶著大小尾巴跑掉
> 天下已佈滿浪漫氣氛
> 慧星越接近地球

---

[*]龍瑛宗(1911~1999),小說家、詩人、評論家。臺灣新竹人。本名劉榮宗。發表文章時已退休,專事寫作。

少女煩惱的花也綻開了

　　想起年前，我與《玉蘭花》作者以及葉石濤，劉捷、王昶雄等諸兄，一塊兒南下去恆春，三更半夜抓著哈雷尾巴，而哈雷慧星卻沒有開展美麗尾巴，使得諸先生大所失望。

　　竹塹的詩人呦！您於八年間作詩 20 首，您覺得少許些否？或是詩的泉源竟於乾涸的地步？

——選自《自立早報》，1989 年 5 月 24 日，16 版

輯五◎
研究評論資料目錄

作家、作品評論專書與學位論文

專書

1. 李魁賢主編　陳秀喜全集・評論集　新竹　新竹市立文化中心　1997 年 5 月 458 頁

本書為《陳秀喜全集》第 8 冊，內容包含「詩人論」和「作品論」。「詩人論」，收錄郭成義〈媽媽三種〉、大野芳〈詩人陳秀喜女士的事〉、林煥彰〈陳秀喜的畫像〉、穆無天〈詩情斗室・人間風土〉、李魁賢〈賀陳秀喜榮獲國際詩獎〉、莊金國〈陳秀喜幽居關仔嶺〉、陳芳明〈給秀喜姑媽的一封信〉、林芳年〈送陳秀喜步上紅絨地毯〉、黃平堅〈祝陳秀喜女士結婚之頌〉、文惠〈永不褪色的畫〉、方溪良〈女詩人與法律〉、利玉芳〈陳秀喜印象〉、佐野千穗子〈奇女子！女史〉、吳晉榮〈愛國愛鄉愛家的女詩人陳秀喜軼事〉、杜潘芳格〈訪「笠園」女主人記〉、張典婉〈自修寫作・快樂辦詩社〉、劉登翰〈以冥思含咀我沉重的苦哀〉，共 17 篇。「作品論」包含 3 部分：1.綜論，收錄柳文哲〈笠下影——陳秀喜〉、陳德恩〈從《覆葉》到《樹的哀樂》——論陳秀喜詩中的執著和語言〉、李瑞騰〈常青樹——從《覆葉》到《樹的哀樂》〉、林外〈以愛心燃亮詩燈的陳秀喜〉、李敏勇〈死與生的抒情——杜潘芳格和陳秀喜的詩（摘錄）〉、王瑞香〈血淚翩然化為詩——詩人陳秀喜〉、李元貞〈陳秀喜詩中的母親意象〉、莫渝〈陳秀喜的詩世界〉、莫渝〈廢園心事——陳秀喜的青春戀曲〉，共 9 篇；2.集論，收錄林煥彰〈覆葉的光輝——讀陳秀喜的《覆葉》〉、陳芳明〈語言的征服——陳秀喜的《覆葉》〉、李魁賢〈陳秀喜詩集《覆葉》出版紀念會後記〉、笠詩社〈覆葉小輯〉、陳鴻森〈因愛而頑強——評陳秀喜詩集《覆葉》〉、李魁賢〈陳秀喜詩集《覆葉》讀後感〉、陳學培〈《覆葉》讀後感〉、郭成義〈評介陳秀喜詩集《覆葉》〉、林鍾隆〈《樹的哀樂》的魅力〉、旅人〈陳秀喜《樹的哀樂》〉、郭成義〈美人魚的歌聲——評陳秀喜詩集《樹的哀樂》〉、黃一容〈陳秀喜的詩——《樹的哀樂》讀後〉、趙天儀〈崇高的母性——評陳秀喜詩集《樹的哀樂》〉、巫永福等〈陳秀喜詩集《灶》出版紀念會〉、龍瑛宗〈我讀陳秀喜的詩集《灶》〉、羅公元〈這裡，窗外也有月亮——陳秀喜先生詩文集《玉蘭花》〉，共 16 篇；3.賞析，收錄陳明台，蔡榮勇〈嫩葉〉、林煥彰〈等候〉、林煥彰〈愛情〉、林鍾隆，利玉芳〈魚〉、林煥彰〈耳環〉、林煥彰，李敏勇〈覆葉〉、林亨泰〈花絮〉、莫渝〈歸來〉、姚玉光，袁泉〈榕樹啊！我只想念你〉、姚玉光〈造訪禪寺〉、趙玉琳〈今日掃墓時〉、蕭蕭〈樹的哀樂〉，共 17 篇。

2. 李魁賢主編　　陳秀喜全集・追思集　新竹　新竹市立文化中心　1997 年 5 月 235 頁

本書為《陳秀喜全集》第 9 冊，收錄友人回憶陳秀喜的追悼詩文。全書包含 2 部分：1.悼詩，收有詹冰〈戴「笠」昇天〉、林亨泰〈走上永恆〉、錦連〈會者常離〉、白萩〈旅次驚聞〉、趙天儀〈笠園的懷念〉、趙天儀〈悲愴的輓歌〉、趙天儀〈愛惜〉、趙天儀〈肅穆的安魂曲〉、林宗源〈笠園開出一蕊寂寞的花〉、拾虹〈詩的母親〉、吳夏暉〈悼念陳秀喜社長〉、杜子〈版權所有〉、蔡榮勇〈玉蘭花〉、莊伯林〈詩人的鄉愁〉、江自得〈堆積〉、江自得〈斑駁的一生〉、江自得〈一絲綠意〉、利玉芳〈化妝的玉蘭〉、江平〈隱去〉、張瓊文〈告別〉、黃樹根〈泥土欲言無語〉、莊世和〈詩魂〉、黃學溫〈哀詩人陳秀喜〉，共 23 篇；2.悼文，收錄李翠瑩〈陳秀喜——現代詩壇「臺灣精神」典範〉、葉石濤〈悼秀喜女士〉、鄭炯明〈一個洋溢著母性光輝的詩人〉、莊金國〈清香如故〉、許振江〈關仔嶺的永生之戀〉、蔡文章〈由《灶》想起〉、陳若曦〈詩人陳姑媽〉、陳艷秋〈關仔嶺寂寞的黃昏〉、龔顯榮〈姑媽，我知道您要說什麼〉、謝碧修〈無言的邀約〉、李篤恭〈豐裕的心靈〉、李敏勇〈覆葉與嫩葉〉、海瑩〈玉蘭花香〉、莫渝〈憾——未完之稿、未赴之約〉、郭成義〈斷了根的玫瑰還活著〉、陳艷秋〈關仔嶺寂寞詩人〉、林煥彰〈因為詩的緣故〉、岩上〈詩的覆葉〉、杜潘芳格〈秀喜姊，您的玉蘭花〉、王昶雄〈無限淒冷悼秀喜〉、李魁賢〈懷念臺灣奇女子〉、桓夫〈稀有的女詩人〉、王瑞香〈最幸福的養女〉、方溪良〈痛別女詩人〉、趙天儀〈笠園的造訪〉、張彥勳〈「姑媽」本色〉、羅浪〈永恆的思慕〉、巫永福〈安息吧！秀喜妹〉、沙白〈多才多藝的陳秀喜〉、張德本〈永遠的覆葉〉、利玉芳〈大鄧伯玉蘭花與其他〉、蕭翔文〈玉蘭花的回憶〉、張芳慈〈堆積如山的懷念〉、陳芳明〈微雨松江路〉、王浩威〈我的記憶隨著您的死亡而展開〉、王瑞香〈誕生於風城的傳奇女詩人〉、紀弦〈陳秀喜二三事〉、劉捷〈關仔嶺玉蘭花香〉，共 38 篇。

3. 李魁賢主編　　陳秀喜全集・資料集　新竹　新竹市立文化中心　1997 年 5 月 296 頁

本書為《陳秀喜全集》第 10 冊，為編者及其他作者對陳秀喜文學創作及資料之整理。全書包含 5 部分：1.陳秀喜自傳；2.回憶錄；3.陳秀喜詩獎；4.陳秀喜年表（李魁賢著）；5.《陳秀喜全集》總目。

學位論文

4. 李笙帆　　陳秀喜及其詩研究　高雄師範大學國文學系回流中文碩士班　碩士

論文 曾進豐教授指導 2008 年 1 月 174 頁

本論文以陳秀喜生平、詩作、評論等為研究範圍，探討其生平、心路歷程及詩作主
題與藝術經營。全文共 6 章：1.緒論；2.陳秀喜的生平與著作；3.陳秀喜與笠詩社及
其詩觀；4.陳秀喜詩的主題思想；5.陳秀喜詩的藝術經營；6.結論。

5. 張珍珍　　陳秀喜及其作品研究　高雄師範大學國文學系回流中文碩士班　碩
　　　　士論文　林文欽教授指導　2008 年 7 月　310 頁

本論文探討陳秀喜的一生及文學歷程，並探究其作品的藝術特色、形式架構及意識
內涵。全文共 6 章：1.緒論；2.陳秀喜的一生及文學歷程；3.陳秀喜作品的藝術特
色；4.陳秀喜作品的形式架構；5.陳秀喜作品的意識內涵；6.結論。

6. 王瓊芬　　臺灣前行代女詩人之研究——陳秀喜和杜潘芳格　中正大學臺灣文
　　　　學系　碩士論文　陳明台教授指導　2009 年 6 月　172 頁

本論文採用大量後殖民與女性主義相關論述做為本論文的基本論述，研究同屬
《笠》詩社陳秀喜和杜潘芳格的詩創作，探討其本土現實風格及臺灣意識。全文共 6
章；1.緒論；2.臺灣前行代女詩人之研究——陳秀喜和杜潘芳格；3.陳秀喜的詩；4.
杜潘芳格的詩；5.陳秀喜和杜潘芳格詩的比較研究；6.結論。

7. 黃俐娟　　笠詩社女詩人政治詩研究——以陳秀喜、杜潘芳格、利玉芳和張芳
　　　　慈為例　臺北教育大學臺灣文化研究所　碩士論文　林于弘教授指
　　　　導　2010 年 6 月　214 頁

本論文是透過「笠詩社」、「女詩人」、「政治詩」三元素交集，探討笠詩社女詩
人——陳秀喜、杜潘芳格、利玉芳和張芳慈的政治詩書寫內涵和寫作特色。經由對
女詩人政治詩的整理、分析和比較，彰顯政治詩於此四人筆下和笠詩社男詩人、社
外女詩人寫作的共相與殊相，建構笠詩社四位女詩人對政治抱持的觀點和關注的面
向。全文共 6 章：1.緒論；2.政治詩的起源與發展；3.笠詩社及四位女詩人的創作概
述；4.笠詩社四位女詩人政治詩書寫意涵；5.笠詩社四位女詩人政治詩的綜合比較；
6.結論與建議。

8. 劉維瑛　　陳秀喜評傳　高雄　春暉出版社　2010 年 8 月　223 頁

本書全面剖析陳秀喜的生平、為人處事之風格，並討論其文學特質和成就。正文前
有陳秀喜影像收錄多張照片，以及李魁賢〈《陳秀喜評傳》序〉、劉維瑛自序〈她
擁有一個肥沃的花園〉。全書共 11 章：1.孩提與青少年時期；2.女子公學校與青年
團的生活點滴；3.青春步履與初戀情事；4.走入婚姻與中國經驗；5.荊棘與覆葉；6.

文壇創作與進入笠詩社；7.幾段令人動容的情誼；8.婚姻變奏與南下蟄居；9.生命終章；10.母性視域下的書寫；11.她的鄉土・她的家園。

作家生平資料篇目

自述

9.　陳秀喜　　後記　覆葉　臺北　笠詩刊社　1971 年 12 月　頁 146—148

10.　陳秀喜　　後記　覆葉　臺北　笠詩刊社　1975 年 12 月　頁 149—151

11.　陳秀喜　　《覆葉》後記　陳秀喜全集・詩集 2　新竹　新竹市立文化中心　1997 年 5 月　頁 163—164

12.　陳秀喜　　尋詩的人[1]　臺灣文藝　第 54 期　1977 年 3 月　頁 99

13.　陳秀喜　　生活的智慧　玉蘭花　高雄　春暉出版社　1989 年 3 月　頁 98—99

14.　陳秀喜　　尋詩的人　陳秀喜全集・文集　新竹　新竹市立文化中心　1997 年 5 月　頁 61—62

15.　陳秀喜　　詩歷・詩觀　美麗島詩集　臺北　笠詩社　1979 年 6 月　頁 223—224

16.　陳秀喜　　詩天九重　笠　第 130 期　1985 年 12 月　頁 4

17.　陳秀喜　　詩天九重　陳秀喜全集・文集　新竹　新竹市立文化中心　1997 年 5 月　頁 97

18.　陳秀喜　　詩的萌芽　笠　第 130 期　1985 年 12 月　頁 5

19.　陳秀喜　　詩的萌芽　陳秀喜全集・文集　新竹　新竹市立文化中心　1997 年 5 月　頁 98—99

20.　陳秀喜　　詩的心　笠　第 130 期　1985 年 12 月　頁 6

21.　陳秀喜　　詩的心　陳秀喜全集・文集　新竹　新竹市立文化中心　1997 年 5 月　頁 100—101

22.　陳秀喜　　《我的母親》序　陳秀喜全集・文集　新竹　新竹市立文化中心

---

[1]本文後改篇名爲〈生活的智慧〉。

1997 年 5 月　頁 48—49

23. 陳秀喜　　《樹的哀樂》後記　陳秀喜全集‧詩集 2　新竹　新竹市立文化中心　1997 年 5 月　頁 170—172

24. 陳秀喜　　《斗室》後記　陳秀喜全集‧歌集　新竹　新竹市立文化中心　1997 年 5 月　頁 93—94

25. 陳秀喜　　陳秀喜自傳　陳秀喜全集‧資料集　新竹　新竹市立文化中心　1997 年 5 月　頁 3—8

26. 陳秀喜　　回憶錄　陳秀喜全集‧資料集　新竹　新竹市立文化中心　1997 年 5 月　頁 11—85

27. 陳秀喜　　詩觀　笠　第 208 期　1998 年 12 月　〔1〕頁

他述

28. 柳文哲〔趙天儀〕　　笠下影：陳秀喜　笠　第 45 期　1971 年 10 月　頁 32—34

29. 柳文哲　　笠下影——陳秀喜　陳秀喜全集‧評論集　新竹　新竹市立文化中心　1997 年 5 月　頁 135—144

30. 劉文三　　女詩人陳秀喜女士　臺灣時報　1972 年 5 月 29 日　9 版

31. 大野芳　　詩人陳秀喜女士的事　樹的哀樂　臺北　笠詩刊社　1974 年 12 月　頁 107—110

32. 大野芳著；陳秀喜譯　　詩人陳秀喜女士的事　陳秀喜全集‧評論集　新竹　新竹市立文化中心　1997 年 5 月　頁 5—9

33. 〔書評書目資料室〕　　陳秀喜　書評書目　第 31 期　1975 年 11 月　頁 91—93

34. 〔張　默編〕　　陳秀喜小傳、小評　剪成碧玉葉層層　臺北　爾雅出版社　1981 年 6 月　頁 59

35. 林煥彰　　陳秀喜的畫像　灶　高雄　春暉出版社　1981 年 12 月　頁 111—114

36. 林煥彰　　陳秀喜的畫像　陳秀喜全集‧評論集　新竹　新竹市立文化中心

1997 年 5 月　頁 10—14

37. 蕭　蕭　　陳秀喜　現代詩入門　臺北　故鄉出版社　1982 年 2 月　頁 113—114

38. 陳嘉農〔陳芳明〕　　給秀喜姑媽的一封信　文學界　第 6 期　1983 年 4 月　頁 100—102

39. 陳嘉農　給秀喜姑媽的一封信　受傷的蘆葦　臺北　林白出版社　1988 年 1 月　頁 111—114

40. 陳芳明　給秀喜姑媽的一封信　陳秀喜全集・評論集　新竹　新竹市立文化中心　1997 年 5 月　頁 44—48

41. 陳芳明　給秀喜姑媽的一封信　風中蘆葦　臺北　聯合文學出版公司　1998 年 9 月　頁 129—132

42. 陳芳明　給秀喜姑媽的一封信　風中蘆葦　臺北　聯合文學出版公司　2008 年 4 月　頁 129—132

43. 許振江　關仔嶺的黃昏之戀　自立晚報　1985 年 3 月 28 日　10 版

44. 利玉芳　陳秀喜印象——剛柔相濟的母性詩人　笠　第 144 期　1988 年 4 月　頁 98—101

45. 利玉芳　陳秀喜印象——剛柔相濟的母性詩人　陳秀喜全集・評論集　新竹　新竹市立文化中心　1997 年 5 月　頁 89—93

46. 向　明　女詩人群像——陳秀喜　文訊雜誌　第 39 期　1988 年 12 月　頁 11

47. 陳若曦　關仔嶺一夜——紀念詩人陳姑媽　中時晚報　1991 年 3 月 10 日　5 版

48. 李翠瑩　陳秀喜：現代詩壇「臺灣精神」典範　中國時報　1991 年 3 月 22 日　27 版

49. 李翠瑩　陳秀喜——現代詩壇「臺灣精神」典範　陳秀喜全集・追思集　新竹　新竹市立文化中心　1997 年 5 月　頁 57—60

50. 王瑞香　「最幸福的養女」：追悼詩人陳秀喜女士　中國時報　1991 年 3 月

24 日　31 版

51. 王瑞香　最幸福的養女——追悼詩人陳秀喜女士　陳秀喜全集・追思集　新竹　新竹市立文化中心　1997 年 5 月　頁 158—162

52. 葉石濤　悼秀喜女士　民眾日報　1991 年 3 月 4 日　9 版

53. 葉石濤　悼秀喜女士　陳秀喜全集・追思集　新竹　新竹市立文化中心　1997 年 5 月　頁 61—63

54. 葉石濤　悼秀喜女士　葉石濤全集・隨筆卷三　臺南，高雄　國立臺灣文學館，高雄市文化局　2008 年 3 月　頁 359—360

55. 莫　渝　憾——未完之稿，未赴之約　自由時報　1991 年 3 月 17 日　18 版

56. 莫　渝　憾——未完之稿，未赴之約　笠　第 162 期　1991 年 4 月　頁 66—67

57. 莫　渝　憾——未完之稿，未赴之約　讀詩錄　苗栗　苗栗縣立文化中心　1992 年 6 月　頁 93—94

58. 莫　渝　憾——未完之稿，未赴之約　陳秀喜全集・追思集　新竹　新竹市立文化中心　1997 年 5 月　頁 113—116

59. 莫　渝　憾——未完之稿，未赴之約　莫渝詩文集・漫漫隨筆集　苗栗　苗栗縣文化局　2005 年 4 月　頁 282—283

60. 岩　上　詩的覆葉　臺灣日報　1991 年 3 月 22 日　9 版

61. 岩　上　詩的覆葉　笠　第 162 期　1991 年 4 月　頁 46—47

62. 岩　上　詩的覆葉　陳秀喜全集・追思集　新竹　新竹市立文化中心　1997 年 5 月　頁 130—134

63. 張彥勳　「姑媽」本色——悼念陳秀喜女士　臺灣日報　1991 年 3 月 23 日　9 版

64. 張彥勳　「姑媽」本色——悼念陳秀喜女士　笠　第 162 期　1991 年 4 月　頁 38—39

65. 張彥勳　「姑媽」本色——悼念陳秀喜女士　陳秀喜全集・追思集　新竹　新竹市立文化中心　1997 年 5 月　頁 175—177

66. 桓　夫　稀有的女詩人　臺灣日報　1991 年 3 月 24 日　9 版

67. 桓　夫　稀有的女詩人　笠　第 162 期　1991 年 4 月　頁 34—35

68. 桓　夫　稀有的女詩人　陳秀喜全集・追思集　新竹　新竹市立文化中心
　　1997 年 5 月　頁 155—157

69. 江　兒　詩人陳秀喜病逝　文訊雜誌　第 66 期　1991 年 4 月　頁 81

70. 許振江　嶺上一朵不墜的雲——悼念陳姑媽秀喜女士　文訊雜誌　第 66 期
　　1991 年 4 月　頁 125—126

71. 趙天儀　笠園的造訪——懷念詩人陳秀喜女士　笠　第 162 期　1991 年 4 月
　　頁 35—37

72. 趙天儀　笠園的造訪——懷念詩人陳秀喜女士　陳秀喜全集・追思集　新竹
　　新竹市立文化中心　1997 年 5 月　頁 170—174

73. 趙天儀　笠園的造訪——懷念詩人陳秀喜女士　風雨樓再筆：臺灣文化的漣
　　漪　臺中　臺中市文化局　2000 年 11 月　頁 155—158

74. 羅　浪　永恆的思慕——悼念陳秀喜女士　笠　第 162 期　1991 年 4 月　頁
　　39—41

75. 羅　浪　永恆的思慕——悼念陳秀喜女士　陳秀喜全集・追思集　新竹　新
　　竹市立文化中心　1997 年 5 月　頁 178—181

76. 杜潘芳格　秀喜姊，您的玉蘭花　笠　第 162 期　1991 年 4 月　頁 41—43

77. 杜潘芳格　秀喜姊，您的玉蘭花　陳秀喜全集・追思集　新竹　新竹市立文
　　化中心　1997 年 5 月　頁 135—139

78. 李魁賢　懷念臺灣奇女子——詩人陳秀喜　笠　第 162 期　1991 年 4 月　頁
　　44—45

79. 李魁賢　懷念臺灣奇女子——詩人陳秀喜　陳秀喜全集・追思集　新竹　新
　　竹市立文化中心　1997 年 5 月　頁 150—154

80. 李魁賢　懷念臺灣奇女子——詩人陳秀喜　詩的紀念冊　臺北　草根出版社
　　1998 年 4 月　頁 130—133

81. 李魁賢　臺灣奇女子——懷念詩人陳秀喜　李魁賢文集 2　臺北　行政院文

建會　2002 年 10 月　頁 116—118

82. 李敏勇　覆葉與嫩葉——悼念陳秀喜女士，抒記她的詩世界　笠　第 162 期 1991 年 4 月　頁 48—52

83. 李敏勇　覆葉與嫩葉——悼念陳秀喜女士，抒記她的詩世界　陳秀喜全集・追思集　新竹　新竹市立文化中心　1997 年 5 月　頁 102—109

84. 鄭炯明　一個洋溢著母性光輝的詩人　笠　第 162 期　1991 年 4 月　頁 52 —54

85. 鄭炯明　一個洋溢著母性光輝的詩人　陳秀喜全集・追思集　新竹　新竹市立文化中心　1997 年 5 月　頁 64—68

86. 巫永福　安息吧！秀喜妹　笠　第 162 期　1991 年 4 月　頁 54—56

87. 巫永福　安息吧！秀喜妹　陳秀喜全集・追思集　新竹　新竹市立文化中心 1997 年 5 月　頁 182—185

88. 沙　白　多才多藝的陳秀喜　笠　第 162 期　1991 年 4 月　頁 56—58

89. 沙　白　多才多藝的陳秀喜　陳秀喜全集・追思集　新竹　新竹市立文化中心　1997 年 5 月　頁 186—190

90. 郭成義　斷了根的玫瑰還活著　笠　第 162 期　1991 年 4 月　頁 58—60

91. 郭成義　斷了根的玫瑰還活著　陳秀喜全集・追思集　新竹　新竹市立文化中心　1997 年 5 月　頁 117—120

92. 郭成義　斷了根的玫瑰還活著　詩人的作業　臺北　秀威資訊科技公司 2011 年 12 月　頁 142—144

93. 李篤恭　豐裕的心靈　笠　第 162 期　1991 年 4 月　頁 60—61

94. 李篤恭　豐裕的心靈　陳秀喜全集・追思集　新竹　新竹市立文化中心 1997 年 5 月　頁 99—101

95. 龔顯榮　姑媽，我知道您要說什麼　笠　第 162 期　1991 年 4 月　頁 62—63

96. 龔顯榮　姑媽，我知道您要說什麼　陳秀喜全集・追思集　新竹　新竹市立文化中心　1997 年 5 月　頁 94—96

97. 謝碧修　無言的邀約　笠　第 162 期　1991 年 4 月　頁 63

98. 謝碧修　無言的邀約　陳秀喜全集・追思集　新竹　新竹市立文化中心
1997 年 5 月　頁 97—98

99. 利玉芳　大鄧伯玉蘭花與其他——悼笠園女詩人陳秀喜　笠　第 162 期
1991 年 4 月　頁 64—66

100. 利玉芳　大鄧伯玉蘭花與其他——悼笠園女詩人陳秀喜　陳秀喜全集・追
思集　新竹　新竹市立文化中心　1997 年 5 月　頁 195—198

101. 張德本　永遠的覆葉——悼念詩人陳秀喜女士　笠　第 162 期　1991 年 4
月　頁 68—69

102. 張德本　永遠的覆葉——悼念詩人陳秀喜女士　陳秀喜全集・追思集　新
竹　新竹市立文化中心　1997 年 5 月　頁 191—194

103. 蕭翔文　玉蘭花的回憶　笠　第 162 期　1991 年 4 月　頁 70—72

104. 蕭翔文　玉蘭花的回憶　陳秀喜全集・追思集　新竹　新竹市立文化中心
1997 年 5 月　頁 199—204

105. 張芳慈　堆積如山的懷念　笠　第 162 期　1991 年 4 月　頁 73

106. 張芳慈　堆積如山的懷念　陳秀喜全集・追思集　新竹　新竹市立文化中
心　1997 年 5 月　頁 205

107. 王昶雄　無限淒冷悼秀喜　笠　第 162 期　1991 年 4 月　頁 73—78

108. 王昶雄　無限淒冷悼秀喜　陳秀喜全集・追思集　新竹　新竹市立文化中
心　1997 年 5 月　頁 140—149

109. 陳芳明　微雨松江路——悼記祖母詩人陳秀喜　笠　第 162 期　1991 年 4
月　頁 79—84

110. 陳芳明　微雨松江路　荊棘的閘門　臺北　自立晚報社文化出版部　1992
年 9 月　頁 227—235

111. 陳芳明　微雨松江路——悼記祖母詩人陳秀喜　陳秀喜全集・追思集　新
竹　新竹市立文化中心　1997 年 5 月　頁 206—216

112. 陳芳明　微雨松江路　夢的終點　臺北　聯合文學出版社　1998 年 9 月

頁 222—229

113. 陳芳明　微雨松江路　夢的終點　臺北　聯合文學出版社　2008 年 6 月
　　　頁 222—229

114. 海　瑩　玉蘭花香　笠　第 162 期　1991 年 4 月　頁 84—85

115. 海　瑩　玉蘭花香　陳秀喜全集・追思集　新竹　新竹市立文化中心
　　　1997 年 5 月　頁 110—112

116. 北原政吉　憶詩與詩人的交流（陳秀喜部分）　臺灣日報　1991 年 6 月 16
　　　日　9 版

117. 紀　弦　陳秀喜二三事　笠　第 165 期　1991 年 10 月　頁 110

118. 紀　弦　陳秀喜二三事　陳秀喜全集・追思集　新竹　新竹市立文化中心
　　　1997 年 5 月　頁 229—230

119. 鍾逸人　陳秀喜與她的閨友　自立晚報　1992 年 3 月 24 日　19 版

120. 鍾逸人　陳秀喜與她的閨友　文學臺灣　第 69 期　2009 年 1 月　頁 57—
　　　64

121. 陳若曦　詩人陳姑媽　柏克萊郵簡　香港　天地圖書公司　1993 年　頁
　　　135—138

122. 陳若曦　詩人陳姑媽　域外傳真　北京　人民文學出版社　1996 年 4 月
　　　頁 225—228

123. 陳若曦　詩人陳姑媽　我們那一代臺大人　臺北　臺北縣立文化中心
　　　1996 年 7 月　頁 3—5

124. 陳若曦　詩人陳姑媽　陳秀喜全集・追思集　新竹　新竹市立文化中心
　　　1997 年 5 月　頁 84—89

125. 劉　捷　關仔嶺玉蘭花香——憶詩人陳秀喜　臺灣新聞報　1995 年 5 月 16
　　　日　19 版

126. 劉　捷　關仔嶺玉蘭花香——憶詩人陳秀喜　陳秀喜全集・追思集　新竹
　　　新竹市立文化中心　1997 年 5 月　頁 231—235

127. 林煥彰　因為詩的緣故——陳秀喜、姑媽、《笠》和我　詩情・友情　宜蘭

宜蘭縣立文化中心　1995 年 6 月　頁 146—149

128. 林煥彰　因爲詩的緣故——陳秀喜、姑媽、《笠》和我　陳秀喜全集・追思集　新竹　新竹市立文化中心　1997 年 5 月　頁 126—129

129. 王昶雄　又幸又舛的女詩人陳秀喜　阮若打開心內的門窗　臺北　草根出版公司　1996 年 3 月　頁 218—226

130. 王昶雄　又幸又舛的女詩人陳秀喜　阮若打開心內的門窗　臺北　前衛出版社　1998 年 4 月　頁 218—226

131. 王昶雄　又幸又舛的女詩人陳秀喜　王昶雄全集・散文卷 2　臺北　臺北縣文化局　2002 年 10 月　頁 245—251

132. 王昶雄　還我當初美少年——樂天豁達的「益壯」一群人〔陳秀喜部分〕　阮若打開心內的門窗　臺北　草根出版公司　1996 年 3 月　頁 247

133. 王昶雄　還我當初美少年——樂天豁達的「益壯」一群人〔陳秀喜部分〕　阮若打開心內的門窗　臺北　前衛出版社　1998 年 4 月　頁 247

134. 王昶雄　還我當初美少年——樂天豁達的「益壯」一群人〔陳秀喜部分〕　王昶雄全集・散文卷 2　臺北　臺北縣文化局　2002 年 10 月　頁 260

135. 鄭羽書　我至愛的文壇尊長〔陳秀喜部分〕　風範——文壇前輩素描　臺北　正中書局　1996 年 10 月　頁 164—167

136. 〔李魁賢主編〕　關於陳秀喜女士　陳秀喜全集・詩集 1　新竹　新竹市立文化中心　1997 年 5 月　頁 1—2

137. 郭成義　媽媽三種　陳秀喜全集・評論集　新竹　新竹市立文化中心　1997 年 5 月　頁 3—4

138. 莊金國　陳秀喜幽居關仔嶺：修真養性寫詩篇　陳秀喜全集・評論集　新竹　新竹市立文化中心　1997 年 5 月　頁 33—43

139. 黃平堅　祝陳秀喜女士結婚之頌　陳秀喜全集・評論集　新竹　新竹市立文化中心　1997 年 5 月　頁 63—64

140. 方溪良　　女詩人與法律　陳秀喜全集・評論集　新竹　新竹市立文化中心
　　　　1997 年 5 月　頁 68—88

141. 佐野千穗子　　奇女子！女史　陳秀喜全集・評論集　新竹　新竹市立文
　　　　中心　1997 年 5 月　頁 94—98

142. 廖火成，吳晉榮　　愛國愛鄉愛家的女詩人——陳秀喜軼事　陳秀喜全集・
　　　　評論集　新竹　新竹市立文化中心　1997 年 5 月　頁 99—113

143. 張典婉　　自修寫作，快樂辦詩社——陳秀喜走出痛苦婚姻，開朗有抱負
　　　　陳秀喜全集・評論集　新竹　新竹市立文化中心　1997 年 5 月
　　　　頁 119—121

144. 王瑞香　　血淚翩然化爲詩——詩人陳秀喜　陳秀喜全集・評論集　新竹
　　　　新竹市立文化中心　1997 年 5 月　頁 194—205

145. 詹　冰　　戴《笠詩刊》升天吧——以十字詩十首追悼女詩人陳秀喜社長
　　　　陳秀喜全集・追思集　新竹　新竹市立文化中心　1997 年 5 月
　　　　頁 1—2

146. 林亨泰　　走上永恆　陳秀喜全集・追思集　新竹　新竹市立文化中心
　　　　1997 年 5 月　頁 3—4

147. 錦　連　　會者常離——悼笠詩社社長陳秀喜女士　陳秀喜全集・追思集
　　　　新竹　新竹市立文化中心　1997 年 5 月　頁 5—6

148. 白　萩　　旅次驚聞——懷弔陳秀喜女士　陳秀喜全集・追思集　新竹　新
　　　　竹市立文化中心　1997 年 5 月　頁 7—8

149. 趙天儀　　笠園的懷念——悼念陳秀喜女士　陳秀喜全集・追思集　新竹
　　　　新竹市立文化中心　1997 年 5 月　頁 9—10

150. 趙天儀　　悲愴的輓歌——悼念陳秀喜女士　陳秀喜全集・追思集　新竹
　　　　新竹市立文化中心　1997 年 5 月　頁 11—12

151. 趙天儀　　愛惜——悼念陳秀喜女士　陳秀喜全集・追思集　新竹　新竹市
　　　　立文化中心　1997 年 5 月　頁 13—14

152. 趙天儀　　肅穆的安魂曲——悼念陳秀喜女士　陳秀喜全集・追思集　新竹

新竹市立文化中心　1997 年 5 月　頁 15—16

153. 林宗源　《笠》詩刊園開出一蕊寂寞的花　陳秀喜全集・追思集　新竹
　　　新竹市立文化中心　1997 年 5 月　頁 17—19

154. 拾　虹　詩的母親──敬悼笠詩社社長陳秀喜女士　陳秀喜全集・追思集
　　　新竹　新竹市立文化中心　1997 年 5 月　頁 20—21

155. 吳夏暉　悼念陳秀喜社長　陳秀喜全集・追思集　新竹　新竹市立文化中
　　　心　1997 年 5 月　頁 22—24

156. 杜　仔　版權所有──悼陳秀喜女士　陳秀喜全集・追思集　新竹　新竹
　　　市立文化中心　1997 年 5 月　頁 25—26

157. 蔡榮勇　玉蘭花──悼念陳秀喜女士　陳秀喜全集・追思集　新竹　新竹
　　　市立文化中心　1997 年 5 月　頁 27—28

158. 莊柏林　詩人的鄉愁──參加陳秀喜社長告別式　陳秀喜全集・追思集
　　　新竹　新竹市立文化中心　1997 年 5 月　頁 29—30

159. 江自得　堆積──敬悼念女詩人陳秀喜　陳秀喜全集・追思集　新竹　新
　　　竹市立文化中心　1997 年 5 月　頁 31—32

160. 江自得　斑駁的一生──敬悼女詩人陳秀喜　陳秀喜全集・追思集　新竹
　　　新竹市立文化中心　1997 年 5 月　頁 33—34

161. 江自得　一絲綠意──敬悼女詩人陳秀喜　陳秀喜全集・追思集　新竹
　　　新竹市立文化中心　1997 年 5 月　頁 35—36

162. 利玉芳　化妝的玉蘭──悼陳社長秀喜女士　陳秀喜全集・追思集　新竹
　　　新竹市立文化中心　1997 年 5 月　頁 37—40

163. 江　平　隱去──給繆司鍾愛的女兒　陳秀喜全集・追思集　新竹　新竹
　　　市立文化中心　1997 年 5 月　頁 41—42

164. 張瓊文　告別　陳秀喜全集・追思集　新竹　新竹市立文化中心　1997 年
　　　5 月　頁 43—45

165. 黃樹根　泥土欲言無語　陳秀喜全集・追思集　新竹　新竹市立文化中心
　　　1997 年 5 月　頁 46—48

166. 莊世和　　　詩魂──悼陳秀喜社長　陳秀喜全集・追思集　新竹　新竹市立
　　　　　　　　　文化中心　1997 年 5 月　頁 49─52

167. 黃學溫　　　哀詩人陳秀喜　陳秀喜全集・追思集　新竹　新竹市立文化中心
　　　　　　　　　1997 年 5 月　頁 53─54

168. 莊金國　　　清香如故　陳秀喜全集・追思集　新竹　新竹市立文化中心
　　　　　　　　　1997 年 5 月　頁 69─74

169. 許振江　　　關仔嶺的永生之戀　陳秀喜全集・追思集　新竹　新竹市立文化
　　　　　　　　　中心　1997 年 5 月　頁 75─79

170. 蔡文章　　　由《灶》想起──悼念陳秀喜女士　陳秀喜全集・追思集　新竹
　　　　　　　　　新竹市立文化中心　1997 年 5 月　頁 80─83

171. 陳艷秋　　　關仔嶺寂寞的黃昏──詩人陳秀喜　陳秀喜全集・追思集　新竹
　　　　　　　　　新竹市立文化中心　1997 年 5 月　頁 90─93

172. 陳艷秋　　　關仔嶺寂寞詩人　陳秀喜全集・追思集　新竹　新竹市立文化中
　　　　　　　　　心　1997 年 5 月　頁 121─125

173. 方溪良　　　痛別女詩人　陳秀喜全集・追思集　新竹　新竹市立文化中心
　　　　　　　　　1997 年 5 月　頁 163─169

174. 王浩威　　　我的記憶隨著您的死亡而展開──懷念陳秀喜姑媽　陳秀喜全
　　　　　　　　　集・追思集　新竹　新竹市立文化中心　1997 年 5 月　頁 217─
　　　　　　　　　221

175. 王瑞香　　　誕生於風城的傳奇女詩人──陳秀喜　陳秀喜全集・追思集　新
　　　　　　　　　竹　新竹市立文化中心　1997 年 5 月　頁 222─228

176. 李敏勇　　　詩的重量，愛的見證──紀念詩人陳秀喜辭世週年　陳秀喜全
　　　　　　　　　集・資料集　新竹　新竹市立文化中心　1997 年 5 月　頁 89─92

177. 李魁賢　　　《陳秀喜全集》編輯感言　陳秀喜全集〔全 10 集〕　新竹　新竹
　　　　　　　　　市立文化中心　1997 年 5 月　頁 7─9

178. 李魁賢　　　《陳秀喜全集》編輯感言　笠　第 206 期　1998 年 8 月　頁 129
　　　　　　　　　─140

179. 李魁賢　　《陳秀喜全集》編輯感言　李魁賢文集 9　臺北　行政院文建會
　　　　　　　　2002 年 10 月　頁 224—225

180. 〔岩　上主編〕　　陳秀喜（1921—1991）　笠下影：1997 笠詩社同仁著譯
　　　　　　　　書目集　臺北　笠詩社　1997 年 8 月　頁 18

181. 李魁賢　步道上的詩碑——陳秀喜　笠　第 203 期　1998 年 2 月　頁 194

182. 李魁賢　步道上的詩碑——陳秀喜　李魁賢文集 8　臺北　行政院文建會
　　　　　　　　2002 年 10 月　頁 89

183. 彭瑞金　傳佈愛與溫暖的詩人陳秀喜²　臺灣時報　1998 年 7 月 20 日　29
　　　　　　　　版

184. 彭瑞金　陳秀喜——洋溢母性光輝的詩人　臺灣文學步道　高雄　高雄縣
　　　　　　　　立文化中心　1998 年 7 月　頁 176—180

185. 彭瑞金　陳秀喜——洋溢母性光輝的詩人　臺灣文學 50 家　臺北　玉山社
　　　　　　　　出版公司　2005 年 7 月　頁 261—268

186. 王昶雄　悲歡歲月女詩人　民眾日報　1998 年 10 月 29 日　19 版

187. 王昶雄　悲歡歲月女詩人　王昶雄全集・散文卷 2　臺北　臺北縣文化局
　　　　　　　　2002 年 10 月　頁 423—425

188. 施叔青　詩是遍地的小草　世紀女性・臺灣第一　臺北　麥田出版公司
　　　　　　　　1999 年 12 月　頁 190—195

189. 簡偉斯　真心真意過生活　世紀女性・臺灣第一　臺北　麥田出版公司
　　　　　　　　1999 年 12 月　頁 196—217

190. 簡偉斯　詩的女中豪傑　世紀女性・臺灣第一　臺北　麥田出版公司
　　　　　　　　1999 年 12 月　頁 218—230

191. 簡偉斯　閱讀陳秀喜的生命軌跡　世紀女性・臺灣第一　臺北　麥田出版
　　　　　　　　公司　1999 年 12 月　頁 231—238

192. 林　鷺　詩緣情緣——記憶中的陳秀喜女士　自由時報　2000 年 12 月 14
　　　　　　　　日　39 版

---

² 本文後改篇名為〈陳秀喜——洋溢母性光輝的詩人〉。

193. 邱貴芬　　　紀錄片的歷史想像（上、下）〔陳秀喜部分〕　臺灣日報　2001
　　　　　　　　年 3 月 23—24 日　31 版

194. 邱貴芬　　　陳秀喜紀錄片　自由時報　2002 年 9 月 26 日　39 版

195. 林政華　　　散播愛國愛土自修有成的女詩豪——陳秀喜　臺灣新聞報　2002
　　　　　　　　年 11 月 8 日　9 版

196. 林政華　　　散播愛國愛土自修有成的女詩豪——陳秀喜　臺灣古今文學名家
　　　　　　　　桃園　開南管理學院通識教育中心　2003 年 3 月　頁 54

197. 邵心杰　　　陳秀喜關懷臺灣詩文傳頌不輟　自由時報　2003 年 2 月 6 日　10
　　　　　　　　版

198. 陳千武　　　我記憶裡的女詩人〔陳秀喜部分〕　詩的呼喚：文學評論集　南
　　　　　　　　投　南投縣立文化中心　2005 年 12 月　頁 118—121

199. 張香華　　　姑媽詩人陳秀喜　偶然讀幾行好詩　臺北　遠流出版公司　2006
　　　　　　　　年 6 月　頁 53—57

200. 邱若山　　　我懂日語是悲哀的故鄉被殖民的傷痕——陳秀喜與崛口大學的見
　　　　　　　　面傳說考　趙天儀教授榮退紀念文集‧論文集　臺北　富春文化
　　　　　　　　公司　2007 年 12 月　頁 78—84

201. 〔封德屏主編〕　　陳秀喜　2007 臺灣作家作品目錄　臺南　國立臺灣文學
　　　　　　　　館　2008 年 7 月　頁 863

202. 〔路寒袖編著〕　　作者介紹／陳秀喜　青少年臺灣文庫 2——散文讀本 2：
　　　　　　　　狂歌正年少　臺北　國立編譯館　2008 年 12 月　頁 41

203. 邱若山　　　「我懂日語是悲哀的故鄉被殖民的傷痕」——陳秀喜與堀口大學
　　　　　　　　的見面傳說考　臺灣文學評論　第 9 卷第 3 期　2009 年 7 月　頁
　　　　　　　　117—128

204. 邱祖胤　　　陳秀喜、楊千鶴‧勇於衝破困境　中國時報　2009 年 8 月 29 日
　　　　　　　　A14 版

205. 丘祖胤　　　陳秀喜詩作‧成〈美麗島〉名曲　中國時報　2009 年 8 月 29 日
　　　　　　　　A14 版

206. 錦　連　　錦連回憶錄（四）——我的年代和文學記憶——陳秀喜女士　文
　　　　　　　　學臺灣　第 76 期　2010 年 10 月　頁 90—91

207. 方　梓　　笠園亮麗的身影——陳秀喜　誰領風騷一百年：女作家　臺北
　　　　　　　　天下遠見出版公司　2011 年 9 月　頁 96—100

208. 〔莫渝，利玉芳，林鷺〕　陳秀喜簡介　笠園玫瑰：笠女詩人選集　高雄
　　　　　　　　春暉出版社　2012 年 4 月　頁 2

209. 林　鷺　　笠的玫瑰花園〔陳秀喜部分〕　笠　第 288 期　2012 年 4 月　頁
　　　　　　　　106—107

訪談、對談

210. 李仙生　　拜訪詩人陳秀喜　詩人季刊　第 3 期　1975 年 9 月　頁 31—32

211. 陳秀喜等[3]　詩情斗室・人間風土：訪陳秀喜談文論詩　笠　第 83 期　1978
　　　　　　　　年 2 月　頁 53—56

212. 陳秀喜等　　訪陳秀喜談文論詩：詩情斗室・人間風土　陳秀喜全集・評論
　　　　　　　　集　新竹　新竹市立文化中心　1997 年 5 月　頁 15—26

213. 陳秀喜等[4]　陳秀喜詩集《灶》出版紀念會　笠　第 107 期　1982 年 2 月
　　　　　　　　頁 38—41

214. 陳秀喜等　　陳秀喜詩集《灶》出版紀念會　陳秀喜全集・評論集　新竹
　　　　　　　　新竹市立文化中心　1997 年 5 月　頁 364—374

215. 杜潘芳格　　訪「笠園」女主人記　笠　第 153 期　1989 年 10 月　頁 117—
　　　　　　　　119

216. 杜潘芳格　　訪「笠園」女主人記　陳秀喜全集・評論集　新竹　新竹市立
　　　　　　　　文化中心　1997 年 5 月　頁 114—118

217. 文　惠　　永不褪色的畫（關仔嶺頂訪陳姑媽）　陳秀喜全集・評論集　新
　　　　　　　　竹　新竹市立文化中心　1997 年 5 月　頁 65—67

218. 黃于穎　　在世紀末邂逅女詩人陳秀喜　自由時報　2000 年 12 月 14 日　39

---

[3]與會者：陳秀喜、徐熙、果隱、陌上春、穆無天。
[4]與會者：巫永福、黃騰輝、陳秀喜、趙天儀、李魁賢、北影一、梁景峰、拾虹、李敏勇（傅敏）、
　李勇吉；紀錄：趙迺定。

版

年表

219. 李魁賢　陳秀喜年表初編　陳秀喜全集‧資料集　新竹　新竹市立文化中心　1997 年 5 月　頁 165—225

220. 李魁賢　陳秀喜年表初編　李魁賢文集 [9]　臺北　行政院文建會　2002 年 10 月　頁 226—266

221. 〔趙天儀編〕　陳秀喜寫作生平簡表　陳秀喜集　臺南　國立臺灣文學館　2008 年 12 月　頁 128—131

222. 李魁賢　陳秀喜年表　陳秀喜詩全集　新竹　新竹市文化局　2009 年 7 月　頁 343—390

其他

223. 島岡晨　臺北的砧板──給陳秀喜女士的信　樹的哀樂　臺北　笠詩刊社　1974 年 12 月　頁 119—126

224. 邱秋容整理　「新竹第一」人物資料展──（印順導師、陳秀喜、陳進、蘇紹文、李劉玉英、蔡式穀、曾張臻臻、李克承）　竹塹文獻　第 19 期　2001 年 4 月　頁 121—138

作品評論篇目

綜論

225. 周伯乃　母性的象徵──陳秀喜　自由青年　第 47 卷第 1 期　1972 年 1 月　頁 76—81

226. 鐵英〔張良澤〕　陳秀喜的詩　鳳凰樹專欄　臺北　遠景出版社　1979 年 3 月　頁 38—39

227. 林　外　以愛心燃亮詩燈的陳秀喜　笠　第 101 期　1981 年 2 月　頁 42—44

228. 林　外　以愛心燃亮詩燈的陳秀喜　灶　高雄　春暉出版社　1981 年 12 月　頁 93—100

229. 林　外　以愛心燃亮詩燈的陳秀喜　陳秀喜全集‧評論集　新竹　新竹市立文化中心　1997 年 5 月　頁 179—188

230. 沙　穗　剪成碧玉葉層層——我讀《現代女詩人選集》〔陳秀喜部分〕　臺灣時報　1981 年 8 月 8 日　12 版

231. 鍾　玲　五十年代清越的女高音：陳秀喜　現代中國繆司——臺灣女詩人作品析論　臺北　聯經出版公司　1989 年 6 月　頁 196—199

232. 古繼堂　陳秀喜　臺灣新詩發展史　臺北　文史哲出版社　1989 年 7 月　頁 68—73

233. 李元貞　陳秀喜詩中的母性意象　新竹風　第 3 期　1991 年 10 月　頁 273—278

234. 李元貞　陳秀喜詩中的母親形象　女人詩眼　臺北　臺北縣立文化中心　1995 年 6 月　頁 273—277

235. 李元貞　陳秀喜詩中的母親意象　陳秀喜全集‧評論集　新竹　新竹市立文化中心　1997 年 5 月　頁 206—211

236. 莫　渝　陳秀喜的詩世界　文學臺灣　第 2 期　1992 年 3 月　頁 83—96

237. 莫　渝　陳秀喜的詩世界　讀詩錄　苗栗　苗栗縣立文化中心　1992 年 6 月　頁 95—105

238. 莫　渝　陳秀喜的詩世界　陳秀喜全集‧評論集　新竹　新竹市立文化中心　1997 年 5 月　頁 212—227

239. 王志健　瀛臺詩人與播種者——陳秀喜　中國新詩淵藪（中）　臺北　正中書局　1993 年 7 月　頁 1360—1370

240. 陳玉玲　女性童年的烏托邦——童年的烏托邦〔陳秀喜部分〕　中外文學　第 25 卷第 4 期　1996 年 9 月　頁 114—116

241. 劉登翰　以冥思含咀我沉重的苦衷——陳秀喜論　彼岸的繆斯：臺灣詩歌論　南昌　百花洲文藝出版社　1996 年 12 月　頁 155—159

242. 劉登翰　以冥思含咀我沉重的苦衷——陳秀喜論札　陳秀喜全集‧評論集　新竹　新竹市立文化中心　1997 年 5 月　頁 122—129

243. 林芳年　　送陳秀喜步上紅絨地毯——評她的詩與其人其事　陳秀喜全集・評論集　新竹　新竹市立文化中心　1997 年 5 月　頁 49—62

244. 阮美慧　　愛的探求者——陳秀喜　笠詩社跨越語言一代詩人研究　東海大學中國文學系　碩士論文　陳鴻森教授指導　1997 年 5 月　頁 201—223

245. Carol Louise Abell Platthy　　POEMS OF HSIU-HISCHEN　陳秀喜全集・外譯詩集　新竹　新竹市立文化中心　1997 年 5 月　頁 5—6

246. Carol Abell Platthy　　THOUGHTS ON HSIU-HISCHEN'S POEMS　陳秀喜全集・外譯詩集　新竹　新竹市立文化中心　1997 年 5 月　頁 7—8

247. 陳玉玲　　陳秀喜的新詩世界　臺灣日報　1997 年 7 月 17 日　27 版

248. 陳玉玲　　臺灣女性的內在花園：陳秀喜新詩研究[5]　竹塹文獻　第 4 期　1997 年 7 月　頁 6—25

249. 陳玉玲　　臺灣女性的內在花園——陳秀喜新詩研究　臺灣文學的國度：女性・本土・反殖民論述　臺北　博揚文化公司　2000 年 7 月　頁 7—37

250. 陳玉玲　　臺灣女性的內在花園——陳秀喜新詩研究　陳秀喜詩全集　新竹　新竹市文化局　2009 年 7 月　頁 311—342

251. 李元貞　　從「文化母親」的觀點論——陳秀喜與杜潘芳格兩位前輩女詩人的精神映照　竹塹文獻　第 4 期　1997 年 7 月　頁 26—30

252. 舒　蘭　　七〇年代詩人詩作——陳秀喜　中國新詩史話（四）　臺北　渤海堂文化公司　1998 年 10 月　頁 331—334

253. 江文瑜　　我渴望一根火柴：陳秀喜的女性告白詩及其歷史意義　陳秀喜作品討論會　新竹　新竹市立文化中心主辦　1998 年 11 月 1 日

254. 曾琮琇　　笠園開出一蕊寂寞的花——詩人陳秀喜　陳秀喜作品討論會　新竹　新竹市立文化中心主辦　1998 年 11 月 1 日

---

[5]本文以女性主義的觀點，探討陳秀喜及其詩作。全文共 6 小節：1.前言；2.花語與心情——自我的影像；3.捧花與荊棘——婚姻之路；4.覆葉與嫩葉——人母的悲歡；5.榕樹與泥土——追尋與回歸；6.結論。

255. 顏芳姿　一個臺灣母親生命的奮進　陳秀喜作品討論會　新竹　新竹市立
　　　文化中心主辦　1998 年 11 月 1 日

256. 王昶雄　生命與詩的接合　陳秀喜作品討論會　新竹　新竹市立文化中心
　　　主辦　1998 年 11 月 1 日

257. 王昶雄　生命與詩的接合　王昶雄全集・散文卷 2　臺北　臺北縣文化局
　　　2002 年 10 月　頁 427—448

258. 莫　渝　詩的療傷・療傷的詩——讀陳秀喜詩的筆記　陳秀喜作品討論會
　　　新竹　新竹市立文化中心主辦　1998 年 11 月 1 日

259. 莫　渝　詩的療傷・療傷的詩——讀陳秀喜詩的筆記（上、中、下）　臺
　　　灣新聞報　1999 年 1 月 15—17 日　13 版

260. 莫　渝　詩的療傷・療傷的詩——讀陳秀喜詩的筆記　臺灣新詩筆記　臺
　　　北　桂冠圖書公司　2000 年 11 月　頁 211—223

261. 陳義芝　繆思（Muses）歌唱——臺灣戰前世代女詩人十一家選介〔陳秀喜
　　　部分〕　中日文學交流——臺灣現代文學會議——座談會論文
　　　臺北　行政院文建會主辦，輔仁大學外語學院承辦　1999 年 3 月
　　　21—27 日　頁 28—31

262. 陳義芝　繆思歌唱——臺灣戰前世代女詩人選介——陳秀喜、杜潘芳格、
　　　胡品清、張香華　從半裸到全開——臺灣戰後世代女詩人的性別
　　　意識　臺北　臺灣學生書局　1999 年 9 月　頁 152—154

263. 吳達芸　跨越語言一代女詩人的臺灣意象——以陳秀喜、杜潘芳格為例
　　　臺杏第二屆臺灣文學學術研討會——詩／歌中的臺灣意象　臺南
　　　臺杏文教基金會主辦　2000 年 3 月 11，12 日

264. 劉乃慈整理　陳秀喜詩作　中國女性文學研究室學刊　第 1 期　2000 年 3
　　　月　頁 24—26

265. 林　梵　大家的陳姑媽——陳秀喜的人與詩　聯合文學　第 188 期　2000
　　　年 6 月　頁 55—56

266. 李元貞　臺灣現代女詩人的詩壇顯影〔陳秀喜部分〕　女性詩學　臺北

女書文化公司　2000 年 11 月　頁 349—350，369—370

267. 洪淑苓　陳秀喜詩選（上、下）　國語日報　2002 年 1 月 5，19 日　4，13 版

268. 鄭慧如　陳秀喜詩中的倫理與自我　竹塹文獻　第 13 期　2002 年 1 月　頁 16—37

269. 戴寶珠　一株樹的文化寓言：陳秀喜戰後新詩之反殖民內涵與呈現　靜宜 人文學報　第 17 期　2002 年 12 月　頁 65—90

270. 古繼堂　臺灣新文學的重建——跨語言一代作家的創作〔陳秀喜部分〕 簡明臺灣文學史　北京　時事出版社　2003 年 7 月　頁 205

271. 黃秋芳　從十三首詩談親近陳秀喜的兒童閱讀策略　兒童文學資深作家陳 千武先生及其同輩作家作品研討會　臺中　中華民國兒童文學學 會主辦，靜宜大學中文系承辦　2003 年 11 月 22，23 日

272. 黃秋芳　從十三首詩談親近陳秀喜的兒童閱讀策略　兒童文學資深作家陳 千武及其同輩作家作品研討會論文集　臺北　兒童文學學會 2003 年 11 月　頁 101—125

273. 王德威　鄉愁的想像〔陳秀喜部分〕　臺灣：從文學看歷史　臺北　麥田 出版公司　2005 年 9 月　頁 363

274. 洪淑苓　家・笠園・臺灣——陳秀喜作品中的空間文本與身分認同[6]　臺灣 詩學學刊　第 6 期　2005 年 11 月　頁 39—76

275. 曾貴海　臺灣女性詩的曙光〔陳秀喜部分〕　戰後臺灣反殖民與後殖民詩 學　臺北　前衛出版社　2006 年 6 月　頁 154—158

276. 莫　渝　陳秀喜詩解讀[7]　文學臺灣　第 61 期　2007 年 1 月　頁 289—301

277. 莫　渝　真善美的求道者——讀陳秀喜的詩　臺灣詩人群像　臺北　秀威 資訊科技公司　2007 年 5 月　頁 45—57

278. 古遠清　從鄉土到本土的「笠集團」——《臺灣當代新詩史》之一節〔陳

[6]本文以「家」、「笠園」、「臺灣」為主要空間，探討其身分認同。全文共 4 小節：1.前言；2.「笠 園」的空間文化與女詩人的自我認同；3.「臺灣」的鄉土空間與「臺灣人」的身分認同；4.結語。
[7]本文後改篇名為〈真善美的求道者——讀陳秀喜的詩〉。

秀喜部分〕　笠　第 259 期　2007 年 6 月　頁 189—190

279. 陳沛琪　「灌溉愛的花，收穫一首詩」——論陳秀喜詩作中「愛」的層次
意涵[8]　臺灣文學評論　第 7 卷第 4 期　2007 年 10 月　頁 114—
131

280. 古遠清　跨越語言的一代——閃耀著母性光輝的陳秀喜　臺灣當代新詩史
臺北　文津出版社　2008 年 1 月　頁 181—182

281. 王瑞香　關仔嶺的女詩人——陳秀喜　女人屐痕 2：臺灣女性文化地標
2008 年 8 月　頁 118—133

282. 劉維瑛　女詩人的自白與聆聽——論陳秀喜與杜潘芳格早期作品裡的創作
意識[9]　「笠與七、八〇年代臺灣詩壇關係」學術研討會論文集
高雄　春暉出版社　2008 年 8 月　頁 190—204，226—228

283. 李敏勇　陳秀喜：覆葉和嫩葉的詩情　人本教育札記　第 233 期　2008 年
11 月　頁 102—105

284. 〔趙天儀編〕　解說　陳秀喜集　臺南　國立臺灣文學館　2008 年 12 月
頁 112—127

285. 劉維瑛，陳曉怡　冠冕與枷鎖——論蘇雪林與陳秀喜兩人情誼[10]　「紀念五
四活動九十週年暨蘇雪林教授」國際學術研討會　臺南　成功大
學文學院主辦　2009 年 5 月 9 日

286. 劉維瑛　關子嶺上的肥沃花園——陳秀喜與笠園　我在我不在的地方：文
學現場踏查記　臺南　國立臺灣文學館　2010 年 12 月　頁 112—
128

287. 林皇德　陳秀喜——美麗島上的茉莉花　用愛釀成篇章：臺灣文學家的故

---

[8] 本文探討陳秀喜詩作中不斷強調的「愛」，以及「愛」的層次，進而呈現其詩作獨特性與文學價值。全文共 5 小節：1.前言；2.母姓愛的啟發與轉化；3.追求愛與自由——女性意識的覺醒；4.立足於存在，用之於鄉土的「愛的立場」；5.結語。
[9] 本文藉兩位女詩人早期作品探討其書寫特質及寫作觀。全文共 4 小節：1.前言；2.陳秀喜；母性視域的承擔與自白；3.杜潘芳格；內在精神的步履與體受；4.結語。
[10] 本文藉蘇雪林日記及其與陳秀喜書信來往，以探討兩人之間的情誼。全文共 4 小節：1.前言；2.兩人的初識與熟稔；3.冠冕與枷鎖：從自傳體作品探兩人的生命困境；4.結論。

分論
◆單行本作品
詩
《斗室》

《覆葉》

---

[11]本文透過女性視角深入陳秀喜作品，重新看見文學對人與社會關係的掌握精髓。全文共 5 小節：
　1.前言；2.性別意識沉潛的時代；3.文學態度及創作觀；4.面對女性自身；5.結語：省思文學中的
　性別觀點。

頁 1—10

297. 趙天儀　　《覆葉》的語言　陳秀喜全集‧詩集 2　新竹　新竹市立文化中心　1997 年 5 月　頁 133—142

298. 趙天儀　　《覆葉》的語言　時間的對決：臺灣現代詩評論集　臺北　富春文化公司　2002 年 5 月　頁 85—95

299. 林煥彰　　覆葉的光輝——拜讀姑母中文詩集《覆葉》有感　覆葉　臺北笠詩刊社　1971 年 12 月　頁 129—136

300. 林煥彰　　覆葉的光輝——拜讀姑母中文詩集《覆葉》有感　覆葉　臺北笠詩刊社　1975 年 12 月　頁 132—139

301. 林煥彰　　覆葉的光輝——讀陳秀喜的《覆葉》　詩‧評介和解說　宜蘭宜蘭文化中心　1992 年 6 月　頁 25—32

302. 林煥彰　　覆葉的光輝——拜讀姑母中文詩集《覆葉》有感　陳秀喜全集‧詩集 2　新竹　新竹市立文化中心　1997 年 5 月　頁 143—151

303. 林煥彰　　覆葉的光輝——拜讀姑母中文詩集《覆葉》有感　陳秀喜全集‧評論集　新竹　新竹市立文化中心　1997 年 5 月　頁 239—247

304. 施善繼　　媒人——謹以本文紀念五十歲的秀喜姑媽出版她的第一本中文詩集《覆葉》　覆葉　臺北　笠詩刊社　1971 年 12 月　頁 137—145

305. 施善繼　　媒人——謹以本文紀念五十歲的秀喜姑媽出版她的第一本中文詩集《覆葉》　覆葉　臺北　笠詩刊社　1975 年 12 月　頁 140—148

306. 施善繼　　媒人——謹以本文紀念五十歲的秀喜姑媽出版她的第一本中文詩集《覆葉》　陳秀喜全集‧詩集 2　新竹　新竹市立文化中心　1997 年 5 月　頁 152—162

307. 祝澧蘭等[12]　《覆葉》小輯——《覆葉》的回音　笠　第 47 期　1972 年 2 月　頁 100—102

---

[12]合著者：祝澧蘭、李君晰、江燦琳、沙牧、古丁、王祿松、喬林、李勇吉、傅敏、李魁賢。

308. 祝澧蘭等　　《覆葉》小輯——《覆葉》的回音　陳秀喜全集·評論集　新
　　　竹　新竹市立文化中心　1997 年 5 月　頁 262—268

309. 陳鴻森　　因愛而頑強：評陳秀喜詩集《覆葉》　笠　第 47 期　1972 年 2 月
　　　頁 103—104

310. 陳鴻森　　因愛而頑強：陳秀喜詩集《覆葉》　陳秀喜全集·評論集　新竹
　　　新竹市立文化中心　1997 年 5 月　頁 269—278

311. 李魁賢　　陳秀喜詩集《覆葉》出版紀念會後記　笠　第 47 期　1972 年 2 月
　　　頁 105

312. 李魁賢　　陳秀喜詩集《覆葉》出版紀念會後記　陳秀喜全集·評論集　新
　　　竹　新竹市立文化中心　1997 年 5 月　頁 260—261

313. 陳芳明　　語言的征服——《覆葉》詩集讀後　臺塑企業　第 3 卷第 2 期
　　　1972 年 2 月　頁 68—73

314. 陳芳明　　語言的征服——陳秀喜的《覆葉》　鏡子和影子——現代詩評論
　　　臺北　志文出版社　1974 年 3 月　頁 81—89

315. 陳芳明　　語言的征服：陳秀喜的《覆葉》　陳秀喜全集·評論集　新竹
　　　新竹市立文化中心　1997 年 5 月　頁 248—259

316. 李魁賢　　陳秀喜詩集《覆葉》讀後感[13]　臺灣風物　第 22 卷第 3 期　1972
　　　年 9 月　頁 59—61

317. 李魁賢　　陳秀喜詩集《覆葉》讀後感　灶　高雄　春暉出版社　1981 年 12
　　　月　頁 101—110

318. 李魁賢　　她是詩，她是愛——評陳秀喜詩集《覆葉》　詩的見證　臺北
　　　臺北縣立文化中心　1994 年 6 月　頁 7—16

319. 李魁賢　　陳秀喜詩集《覆葉》讀後感　陳秀喜全集·評論集　新竹　新竹
　　　市立文化中心　1997 年 5 月　頁 279—289

320. 李魁賢　　她是詩，她是愛——評陳秀喜詩集《覆葉》　李魁賢文集 6　臺北
　　　行政院文建會　2002 年 10 月　頁 11—19

---

[13]本文後改篇名為〈她是詩，她是愛——評陳秀喜詩集《覆葉》〉。

321. 陳學培　　《覆葉》讀後感　笠　第 58 期　1973 年 12 月　頁 87—89

322. 陳學培　　《覆葉》讀後感　陳秀喜全集・評論集　新竹　新竹市立文化中
　　　心　1997 年 5 月　頁 290—300

323. 郭亞夫〔郭成義〕　　評介陳秀喜詩集——《覆葉》　笠　第 61 期　1974 年
　　　6 月　頁 68—78

324. 郭成義　　評介陳秀喜詩集《覆葉》　陳秀喜全集・評論集　新竹　新竹市
　　　立文化中心　1997 年 5 月　頁 301—320

325. 郭成義　　評介陳秀喜詩集《覆葉》　詩人的作業　臺北　秀威資訊科技公
　　　司　2011 年 12 月　頁 145—161

326. 莫　渝　　陳秀喜／《覆葉》　笠　第 283 期　2011 年 6 月　頁 132

《樹的哀樂》

327. 林煥彰　　序《樹的哀樂》及其詩選[14]　新文藝　第 223 期　1974 年 10 月
　　　頁 58—63

328. 林煥彰　　真實的世界　陳秀喜全集・詩集 2　新竹　新竹市立文化中心
　　　1997 年 5 月　頁 165—166

329. 林鍾隆　　《樹的哀樂》的魅力　笠　第 65 期　1975 年 2 月　頁 42—43

330. 林鍾隆　　《樹的哀樂》的魅力　灶　高雄　春暉出版社　1981 年 12 月　頁
　　　115—118

331. 林鍾隆　　《樹的哀樂》的魅力　陳秀喜全集・評論集　新竹　新竹市立文
　　　化中心　1997 年 5 月　頁 321—325

332. 旅　人　　對鳴錄（一）——陳秀喜《樹的哀樂》　笠　第 65 期　1975 年 2
　　　月　頁 43—44

333. 郭成義　　美人魚的歌聲：評陳秀喜詩集《樹的哀樂》　青溪　第 94 期
　　　1975 年 4 月　頁 99—106

334. 郭成義　　美人魚的歌聲：評陳秀喜詩集《樹的哀樂》　灶　高雄　春暉出
　　　版社　1981 年 12 月　頁 161—170

---

[14]本文後改篇名為〈真實的世界〉。

335. 郭成義　　　美人魚的歌聲：評陳秀喜詩集《樹的哀樂》　陳秀喜全集・評論集　新竹　新竹市立文化中心　1997 年 5 月　頁 331—343

336. 陳芳明　　　陳秀喜著《樹的哀樂》序[15]　龍族詩刊　第 14 期　1975 年 4 月　頁 5

337. 陳芳明　　　祝福一株不老的樹　陳秀喜全集・詩集 2　新竹　新竹市立文化中心　1997 年 5 月　頁 167—169

338. 黃一容〔黃恆秋〕　　陳秀喜的詩——《樹的哀樂》讀後　笠　第 66 期　1975 年 4 月　頁 78—79

339. 黃一容　　　陳秀喜的詩——《樹的哀樂》讀後　灶　高雄　春暉出版社　1981 年 12 月　頁 151—156

340. 黃恆秋　　　陳秀喜的詩——《樹的哀樂》讀後　臺灣文學與現代詩　苗栗　苗栗縣立文化中心　1992 年 6 月　頁 115—120

341. 黃一容　　　陳秀喜的詩——《樹的哀樂》讀後　陳秀喜全集・評論集　新竹　新竹市立文化中心　1997 年 5 月　頁 344—350

342. 黃恆秋　　　陳秀喜的詩——《樹的哀樂》讀後　臺灣文學與現代詩　臺北　客家臺灣文史工作室　2006 年 2 月　頁 115—120

343. 趙天儀　　　崇高的母性——評陳秀喜詩集《樹的哀樂》　臺灣文藝　第 54 期　1977 年 3 月　頁 185—190

344. 趙天儀　　　崇高的母性——評陳秀喜詩集《樹的哀樂》　灶　高雄　春暉出版社　1981 年 12 月　頁 123—132

345. 趙天儀　　　崇高的母性　陳秀喜全集・評論集　新竹　新竹市立文化中心　1997 年 5 月　頁 351—363

346. 趙天儀　　　崇高的母性——評陳秀喜詩集《樹的哀樂》　時間的對決：臺灣現代詩評論集　臺北　富春文化公司　2002 年 5 月　頁 99—110

347. 旅　人　　　陳秀喜《樹的哀樂》　灶　高雄　春暉出版社　1981 年 12 月

---

[15]本文後改篇名爲〈祝福一株不老的樹〉。

頁 119—122

348. 旅　　人　　陳秀喜《樹的哀樂》　陳秀喜全集・評論集　新竹　新竹市立文
　　　　化中心　1997 年 5 月　頁 326—330

《陳秀喜詩集》

349. 大野芳著；陳秀喜譯　　《陳秀喜詩集》日譯本後記　樹的哀樂　臺北　笠
　　　　詩刊社　1974 年 12 月　頁 171—174

350. 大野芳著；陳秀喜譯　　大野芳譯《陳秀喜詩集》後記　陳秀喜全集・外譯
　　　　詩集　新竹　新竹市立文化中心　1997 年 5 月　頁 125—127

351. 大野芳著；陳秀喜譯　　大野芳譯《陳秀喜詩集》後記　陳秀喜全集・外譯
　　　　詩集　新竹　新竹市立文化中心　1997 年 5 月　頁 128—129

352. 中河與一著；陳秀喜譯　　《陳秀喜詩集》日譯本序　灶　高雄　春暉出版
　　　　社　1981 年 12 月　頁 157—160

353. 中河與一著；大野芳譯　　大野芳譯《陳秀喜詩集》序　陳秀喜全集・外譯
　　　　詩集　新竹　新竹市立文化中心　1997 年 5 月　頁 5—10

354. 中河與一著；陳秀喜譯　　大野芳譯《陳秀喜詩集》序　陳秀喜全集・外譯
　　　　詩集　新竹　新竹市立文化中心　1997 年 5 月　頁 11—15

《灶》

355. 李魁賢　　《灶》序[16]　灶　高雄　春暉出版社　1981 年 12 月　頁 1—6

356. 李魁賢　　詩人的愛心——陳秀喜詩集《灶》序　詩的見證　臺北　臺北縣
　　　　立文化中心　1994 年 6 月　頁 169—174

357. 李魁賢　　《灶》序　陳秀喜全集・詩集 2　新竹　新竹市立文化中心　1997
　　　　年 5 月　頁 173—179

358. 李魁賢　　詩人的愛心——陳秀喜詩集《灶》序　李魁賢文集 6　臺北　行政
　　　　院文建會　2002 年 10 月　頁 150—155

359. 趙天儀　　愛的探索者——評陳秀喜詩集《灶》　笠　第 106 期　1981 年 12
　　　　月　頁 60—64

---

[16]本文後改篇名為〈詩人的愛心——陳秀喜詩集《灶》序〉。

360. 趙天儀　　　愛的探索者──評陳秀喜詩集《灶》　灶　高雄　春暉出版社
　　　　　　　　1981 年 12 月　頁 7─9

361. 趙天儀　　　愛的探索者　嶺頂靜觀（臺灣詩人選集）　臺北　笠詩刊社
　　　　　　　　1986 年 2 月　頁 81─94

362. 趙天儀　　　愛的探索者　陳秀喜全集・詩集 2　新竹　新竹市立文化中心
　　　　　　　　1997 年 5 月　頁 180─195

363. 趙天儀　　　愛的探索者──論陳秀喜的詩　臺灣現代詩鑑賞　臺中　臺中市
　　　　　　　　立文化中心　1998 年 5 月　頁 85─100

364. 龍瑛宗　　　我讀陳秀喜的詩集《灶》　商工日報　1984 年 12 月 16 日　12 版

365. 龍瑛宗　　　我讀陳秀喜的詩集《灶》　陳秀喜全集・評論集　新竹　新竹市
　　　　　　　　立文化中心　1997 年 5 月　頁 375─378

366. 龍瑛宗　　　我讀陳秀喜的詩集《灶》　龍瑛宗全集・中文卷・評論集（5）
　　　　　　　　臺南　國家臺灣文學館籌備處　2006 年 11 月　頁 348─350

文集

《玉蘭花》

367. 龍瑛宗　　　讀《玉蘭花》　自立早報　1989 年 5 月 24 日　16 版

368. 龍瑛宗　　　讀《玉蘭花》　龍瑛宗全集・中文卷・隨筆集（7）　臺南　國家
　　　　　　　　臺灣文學館籌備處　2006 年 11 月　頁 208─209

369. 羅公元　　　這裡，窗外也有月亮──陳秀喜先生詩文集《玉蘭花》　陳秀喜
　　　　　　　　全集・評論集　新竹　新竹市立文化中心　1997 年 5 月　頁 379
　　　　　　　　─382

370. 趙天儀　　　笠園山莊的風采──陳秀喜詩文集《玉蘭花》前記　陳秀喜全
　　　　　　　　集・詩集 2　新竹　新竹市立文化中心　1997 年 5 月　頁 196─
　　　　　　　　201

371. 趙天儀　　　笠園山莊的風采──陳秀喜詩文集《玉蘭花》前記　風雨樓再
　　　　　　　　筆：臺灣文化的漣漪　臺中　臺中市文化局　2000 年 11 月　頁
　　　　　　　　159─163

372. 趙天儀　　笠園山莊的風采──陳秀喜詩文集《玉蘭花》前記　時間的對
　　　　　　　決：臺灣現代詩評論集　臺北　富春文化公司　2002 年 5 月　頁
　　　　　　　113─117

《陳秀喜全集》

373. 李青霖　　《陳秀喜全集》出爐　文訊雜誌　第 141 期　1997 年 7 月　頁 51

374. 李青霖　　《陳秀喜全集》獲「一九九七臺灣本土十大好書」　文訊雜誌
　　　　　　　第 151 期　1998 年 5 月　頁 48

375. 張春榮　　李魁賢編《陳秀喜全集》　1997 臺灣文學年鑑　臺北　行政院文
　　　　　　　建會　1998 年 6 月　頁 277─278

376. 李魁賢　　詩人的遺產　李魁賢文集 8　臺北　行政院文建會　2002 年 10 月
　　　　　　　頁 53─54

377. 洪淑苓　　《陳秀喜全集》及其作品的空間閱讀　臺灣日本韓國東亞文獻資
　　　　　　　源與研究主題學術研討會　臺北　臺灣大學東亞文明研究中心主
　　　　　　　辦　2004 年 5 月 15 日

◆多部作品

《覆葉》、《樹的哀樂》

378. 陳德恩　　從《覆葉》到《樹的哀樂》：論陳秀喜詩中的執著和語言　笠
　　　　　　　第 71 期　1976 年 2 月　頁 69─75

379. 陳德恩　　從《覆葉》到《樹的哀樂》：論陳秀喜詩中的執著和語言　灶
　　　　　　　高雄　春暉出版社　1981 年 12 月　頁 133─150

380. 陳德恩　　從《覆葉》到《樹的哀樂》──論陳秀喜詩中的執著和語言　陳
　　　　　　　秀喜全集・評論集　新竹　新竹市立文化中心　1997 年 5 月　頁
　　　　　　　145─169

381. 李瑞騰　　常青樹──從《覆葉》到《樹的哀樂》　笠　第 78 期　1977 年 4
　　　　　　　月　頁 42─44

382. 李瑞騰　　常青樹──從《樹的哀樂》到《覆葉》　詩的詮釋　臺北　時報
　　　　　　　文化出版公司　1982 年 6 月　頁 229─235

383. 李瑞騰　　常青樹——從《覆葉》到《樹的哀樂》　陳秀喜全集・評論集
　　　　　　　新竹　新竹市立文化中心　1997 年 5 月　頁 170—178

單篇作品

384. 葉　笛　　作品欣賞——〈愛的鞭〉　笠　第 20 期　1967 年 8 月　頁 16

385. 楓　堤　　讀詩隨筆——陳秀喜：〈給農曆五月十九夜之月〉　笠　第 21 期
　　　　　　　1967 年 10 月　頁 17

386. 陳明台　　溫柔的忠告〔〈嫩葉———個母親講給女兒的故事〉〕[17]　笠　第
　　　　　　　25 期　1968 年 6 月　頁 18—19

387. 陳明台　　〈嫩葉———個母親講給女兒的故事〉賞析　陳秀喜全集・評論
　　　　　　　集　新竹　新竹市立文化中心　1997 年 5 月　頁 387—389

388. 蕭　蕭　　〈嫩葉〉導讀　現代詩導讀（導讀篇二）　臺北　故鄉出版社
　　　　　　　1979 年 11 月　頁 38—40

389. 蔡榮勇等[18]　以小見大〔〈嫩葉〉〕　笠　第 165 期　1991 年 10 月　頁
　　　　　　　105—107

390. 蔡榮勇等　　〈嫩葉〉賞析　陳秀喜全集・評論集　新竹　新竹市立文化中
　　　　　　　心　1997 年 5 月　頁 392—394

391. 林煥彰　　現代詩的解說〔〈憐惜這一小片的春〉〕　中華日報　1972 年 2
　　　　　　　月 27 日　9 版

392. 林煥彰　　現代詩的解說——〈憐惜這一小片的春〉　詩・評介和解說　宜
　　　　　　　蘭　宜蘭文化中心　1992 年 6 月　頁 87—90

393. 林鍾隆　　現代詩的思想（二）〔〈魚〉部分〕[19]　臺灣文藝　第 36 期
　　　　　　　1972 年 7 月　頁 87—88

394. 林鍾隆　　現代詩的思想〔〈魚〉〕　樹的哀樂　臺北　笠詩刊社　1974 年
　　　　　　　12 月　頁 111—113

395. 林鍾隆　　〈魚〉解說　陳秀喜全集・評論集　新竹　新竹市立文化中心

---

[17] 本文後改篇名為〈〈嫩葉———個母親講給女兒的故事〉賞析〉。
[18] 合評者：蔡榮勇、李靜宜、劉欣怡、莊真瑋，後改篇名為〈〈嫩葉〉賞析〉。
[19] 本文後改篇名為〈〈魚〉解說〉。

1997 年 5 月　頁 402—404

396. 利玉芳　　〈魚〉賞析　陳秀喜全集·評論集　新竹　新竹市立文化中心
　　　　　　　1997 年 5 月　頁 406—407

397. 林煥彰　　陳秀喜的〈耳環〉[20]　青溪　第 88 期　1974 年 10 月　頁 120—
　　　　　　　123

398. 林煥彰　　陳秀喜的〈耳環〉　樹的哀樂　臺北　笠詩刊社　1974 年 12 月
　　　　　　　頁 114—118

399. 林煥彰　　陳秀喜的〈耳環〉　臺肥月刊　第 16 卷第 8 期　1975 年 8 月　頁
　　　　　　　39—40

400. 林煥彰　　母親民族的觀念——讀陳秀喜的〈耳環〉　善良的語言　宜蘭
　　　　　　　宜蘭縣文化中心　1992 年 6 月　頁 101—106

401. 林煥彰　　〈耳環〉賞析　陳秀喜全集·評論集　新竹　新竹市立文化中心
　　　　　　　1997 年 5 月　頁 410—414

402. 李魁賢　　窺豹札記——賀陳秀喜榮獲國際詩獎〔〈我的筆〉〕　笠　第 85
　　　　　　　期　1978 年 6 月　頁 63—64

403. 李魁賢　　賀陳秀喜榮獲國際詩獎〔〈我的筆〉〕　陳秀喜全集·評論集
　　　　　　　新竹　新竹市立文化中心　1997 年 5 月　頁 27—32

404. 李魁賢　　窺豹札記——賀陳秀喜榮獲國際詩獎〔〈我的筆〉〕　李魁賢文
　　　　　　　集 7　臺北　行政院文建會　2002 年 10 月　頁 280—284

405. 奚　密　　臺灣新疆域——《二十世紀臺灣詩選》導論〔〈我的筆〉部分〕
　　　　　　　二十世紀臺灣詩選　臺北　麥田出版公司　2001 年 8 月　頁 36—
　　　　　　　37

406. 林亨泰　　陳秀喜的〈花絮〉——意象論批評集[21]　笠　第 101 期　1981 年 2
　　　　　　　月　頁 40—41

407. 林亨泰　　陳秀喜的〈花絮〉　灶　高雄　春暉出版社　1981 年 12 月　頁

---

[20]本文後改篇名爲〈母親民族的觀念——讀陳秀喜的〈耳環〉〉、〈〈耳環〉賞析〉。
[21]本文後改篇名爲〈〈花絮〉解說〉。

89—92

408. 林亨泰　〈花絮〉解說　陳秀喜全集・評論集　新竹　新竹市立文化中心　1997 年 5 月　頁 426—429

409. 林亨泰　意象論批評集——陳秀喜的〈花絮〉　林亨泰全集・文學論述卷 3　彰化　彰化縣立文化中心　1998 年 9 月　頁 162—167

410. 李敏勇　願今夜夢見〔〈花絮〉〕　在寂靜的邊緣歌唱：世界女性詩風景　臺北　圓神出版社　2008 年 6 月　頁 171—174

411. 李敏勇　〈花絮〉作品導讀　青少年臺灣文庫 2——新詩讀本 4：我有一個夢　臺北　國立編譯館　2008 年 12 月　頁 106

412. 喬　林　陳秀喜的〈花絮〉　人間福報　2011 年 9 月 5 日　15 版

413. 喬　林　陳秀喜的〈花絮〉　笠　第 293 期　2013 年 2 月　頁 105—107

414. 采　羽　論評——試品《現代女詩人選集》〔〈榕樹啊！我只想念你〉部分〕　中華文藝　第 128 期　1981 年 10 月　頁 168—169

415. 袁　泉　〈榕樹啊！我只想念你〉賞析　世界華人詩歌鑑賞大辭典　太原　書海出版社　1993 年 3 月　頁 60—61

416. 袁　泉　〈榕樹啊！我只想念你〉賞析　陳秀喜全集・評論集　新竹　新竹市立文化中心　1997 年 5 月　頁 443—444

417. 姚玉光　〈榕樹啊！我只想念你〉賞析　陳秀喜全集・評論集　新竹　新竹市立文化中心　1997 年 5 月　頁 437—440

418. 張　默　〈造訪禪寺〉編者按語　七十一年詩選　臺北　爾雅出版社　1985 年 6 月　頁 101

419. 姚玉光　〈造訪禪寺〉賞析　陳秀喜全集・評論集　新竹　新竹市立文化中心　1997 年 5 月　頁 447—450

420. 朱沉冬　真摯的詩——讀〈覆葉〉有感　論詩小品　高雄　中外圖書公司　1987 年 1 月　頁 21—25

421. 林煥彰　〈覆葉〉的象徵——讀陳秀喜的詩[22]　善良的語言　宜蘭　宜蘭縣

---

[22] 本文後改篇名為〈〈覆葉〉解說〉。

文化中心　1992 年 6 月　頁 97—100

422. 林煥彰　〈覆葉〉解說　陳秀喜全集‧評論集　新竹　新竹市立文化中心
　　　1997 年 5 月　頁 416—419

423. 蕭　蕭　略論現代詩人自我生命的鑑照與顯影〔〈覆葉〉部分〕　臺灣詩
　　　學季刊　第 1 期　1992 年 12 月　頁 75

424. 蕭　蕭　略論現代詩人自我生命的鑑照與顯影〔〈覆葉〉部分〕　評論十
　　　家　臺北　爾雅出版社　1993 年 12 月　頁 191—193

425. 李敏勇　親情的禱念——〈覆葉〉　詩情與詩想　臺北　業強出版社
　　　1993 年 8 月　頁 144

426. 李敏勇　〈覆葉〉　陳秀喜全集‧評論集　新竹　新竹市立文化中心
　　　1997 年 5 月　頁 420—421

427. 李敏勇　〈覆葉〉作品導讀　青少年臺灣文庫 2——新詩讀本 3：天門開的
　　　時候　臺北　國立編譯館　2008 年 12 月　頁 4

428. 趙天儀　詩的生活藝術——從生活藝術到生命體驗——陳秀喜的熱情與苦
　　　悶〔〈灶〉〕　笠　第 137 期　1987 年 2 月　頁 112—113

429. 趙天儀　詩的生活藝術——從生活藝術到生命體驗——陳秀喜的熱情與苦
　　　悶〔〈灶〉〕　臺灣文學的週邊　臺北　富春文化公司　2000 年
　　　12 月　頁 161—163

430. 李魁賢　臺灣詩人的反抗精神（上）〔〈灶〉部分〕　臺灣文藝　第 112
　　　期　1988 年 8 月　頁 19—22

431. 李魁賢　臺灣詩人的反抗精神——跨語言的一代〔〈灶〉部分〕　詩的反
　　　抗　臺北　新地出版社　1992 年 12 月　頁 156—160

432. 李魁賢　臺灣詩人的反抗精神——跨語言的一代〔〈灶〉部分〕　李魁賢
　　　文集 10　臺北　行政院文建會　2002 年 10 月　頁 126—129

433. 陳義芝　臺灣女性詩學的建立——臺灣女性主義詩文本舉隅——表現快樂
　　　的性〔〈灶〉部分〕　20 世紀臺灣文學專題 2：創作類型與主題
　　　臺北　萬卷樓圖書公司　2006 年 9 月　頁 67

434. 張　默　　陳秀喜／〈思春期〉　小詩選讀　臺北　爾雅出版社　1987 年 5
月　頁 18—20

435. 蔡榮勇等[23]　　以小見大〔〈市場〉〕　笠　第 153 期　1989 年 10 月　頁 82
—84

436. 李元貞　　自由的女靈談——臺灣現代女詩人的突破——打開婚姻枷鎖
〔〈棘鎖〉〕　解放愛與美　臺北　婦女新知基金會出版部
1990 年 1 月　頁 179—181

437. 李漢偉　　體恤弱勢族群〔〈棘鎖〉部分〕　臺灣新詩的三種關懷　臺北
駱駝出版社　1997 年 10 月　頁 162—164

438. 莫　渝　　笠下的一群〔〈棘鎖〉部分〕　笠　第 210 期　1999 年 4 月　頁
131—133

439. 莫　渝　　陳秀喜的詩〔〈歸來〉〕[24]　臺灣時報　1991 年 4 月 23 日　27 版

440. 莫　渝　　〈歸來〉解說　陳秀喜全集・評論集　新竹　新竹市立文化中心
1997 年 5 月　頁 431—434

441. 莫　渝　　陳秀喜〈歸來〉　笠下的一群；笠詩人作品選讀　臺北　河童出
版社　1999 年 6 月　頁 115—117

442. 林煥彰　　現代詩的解說——〈等候〉[25]　詩・評介和解說　宜蘭　宜蘭文化
中心　1992 年 6 月　頁 103—105

443. 林煥彰　　〈等候〉解說　陳秀喜全集・評論集　新竹　新竹市立文化中心
1997 年 5 月　頁 396—397

444. 林煥彰　　現代詩的解說——〈愛情〉[26]　詩・評介和解說　宜蘭　宜蘭文化
中心　1992 年 6 月　頁 107—109

445. 林煥彰　　〈愛情〉解說　陳秀喜全集・評論集　新竹　新竹市立文化中心
1997 年 5 月　頁 399—400

[23]合評者：蔡榮勇、蘇聖怡、鄭如容、劉芳琪、曾士贏、謝佳惠、賴忠毅、吳佩珊、林宗慶、劉哲
文、林敬泫。
[24]本文後改篇名為〈〈歸來〉解說〉、〈陳秀喜〈歸來〉〉。
[25]本文後改篇名為〈〈等候〉解說〉。
[26]本文後改篇名為〈〈愛情〉解說〉。

446. 李敏勇　內心深處的一幅畫〔〈愛情〉〕　啊，福爾摩沙！　臺北　本土
　　　文化公司　2004 年 1 月　頁 10—13

447. 趙少琳　〈今年掃墓時〉賞析　世界華人詩歌鑑賞大辭典　太原　書海出
　　　版社　1993 年 3 月　頁 62—63

448. 趙少琳　〈今年掃墓時〉賞析　陳秀喜全集・評論集　新竹　新竹市立文
　　　化中心　1997 年 5 月　頁 452—454

449. 李敏勇　島的意象——〈臺灣〉　詩情與詩想　臺北　業強出版社　1993
　　　年 8 月　頁 15—16

450. 吳潛誠　臺灣在地詩人的本土意識及其政治涵義——以《混聲合唱——
　　　「笠」詩選》爲討論對象〔〈臺灣〉部分〕　當代臺灣政治文學
　　　論　臺北　時報文化出版公司　1994 年 7 月　頁 406—407

451. 李敏勇　母親的島〔〈臺灣〉〕　自由時報　1999 年 5 月 20 日　41 版

452. 李敏勇　母親的島〔〈臺灣〉〕　臺灣詩閱讀——探觸五十位臺灣詩人的
　　　心　臺北　玉山社出版公司　2000 年 9 月　頁 19—21

453. 陳幸蕙　簡評〈臺灣〉　小詩森林：現代小詩選 1　臺北　幼獅文化公司
　　　2003 年 11 月　頁 42—44

454. 向　陽　〈臺灣〉賞析　臺灣現代文選　臺北　三民書局　2004 年 5 月
　　　頁 165—167

455. 蔡文斌　「美麗島」在美麗島：以詩〈臺灣〉、詩歌〈美麗島〉的傳播過
　　　程作爲觀察　第二屆臺大、清大臺灣文學研究所研究生學術交流
　　　會　新竹　清華大學臺灣文學研究所主辦　2008 年 4 月 25—26 日

456. 李敏勇　希望頌歌——〈希望〉[27]　詩情與詩想　臺北　業強出版社　1993
　　　年 8 月　頁 130

457. 李敏勇　〈希望〉解說　陳秀喜全集・評論集　新竹　新竹市立文化中心
　　　1997 年 5 月　頁 423—424

458. 蕭　蕭　〈樹的哀樂〉鑑評　新詩三百首（上）　臺北　九歌出版社

---

[27]本文後改篇名爲〈〈希望〉解說〉。

1995 年 9 月　頁 330—333

459. 蕭　蕭　〈樹的哀樂〉鑑評　陳秀喜全集・評論集　新竹　新竹市立文化
中心　1997 年 5 月　頁 456—458

460. 仇小屏　陳秀喜〈樹的哀樂〉　放歌星輝下——中學生新詩閱讀指引　臺
北　三民書局　2002 年 8 月　頁 67—70

461. 李敏勇　扎根在泥土裡才是真的存在〔〈樹的哀樂〉〕　經由一顆溫柔
心：臺灣、日本、韓國詩散步　臺北　圓神出版社　2007 年 10 月
頁 20—22

462. 李敏勇　〈樹的哀樂〉作品導讀　青少年臺灣文庫 2——新詩讀本 4：我有
一個夢　臺北　國立編譯館　2008 年 12 月　頁 75

463. 莫　渝　廢園心事——陳秀喜的青春戀曲〔〈荒廢的花園〉〕　臺灣新聞
報　1996 年 7 月 6 日　19 版

464. 莫　渝　廢園心事——陳秀喜的青春戀曲〔〈荒廢的花園〉〕　愛與和平
的禮讚　臺北　草根出版公司　1997 年 4 月　頁 131—138

465. 莫　渝　廢園心事——陳秀喜的青春戀曲〔〈荒廢的花園〉〕　陳秀喜全
集・評論集　新竹　新竹市立文化中心　1997 年 5 月　頁 228—
236

466. 李元貞　為誰寫詩？——論臺灣現代女詩人詩中的女性身分〔〈淚與我〉
部分〕　中外文學　第 26 卷第 2 期　1997 年 7 月　頁 58

467. 李元貞　為誰寫詩？——論臺灣現代女詩人詩中的女性身分〔〈淚與我〉
部分〕　女性詩學　臺北　女書文化公司　2000 年 11 月　頁 140
—142

468. 李元貞　臺灣現代女詩人作品中的語言實踐——直接描述的語言力道
〔〈也許是一首詩的重量〉部分〕　兩岸女性詩歌學術研討會論
文集　臺北　中國詩歌藝術學會主辦　1999 年 7 月 4 日　頁 13—
15

469. 李元貞　臺灣現代女詩人作品中的語言實踐——直接描述的語言力道

〔〈也許是一首詩的重量〉部分〕　臺灣詩學季刊　第 22 期
1999 年 12 月　頁 113—114

470. 李敏勇　〈也許是一首詩的重量〉作品導讀　青少年臺灣文庫 2——新詩讀
本 3：天門開的時候　臺北　國立編譯館　2008 年 12 月　頁 94

471. 李敏勇　也許是一首詩的重量〔〈也許一首詩的重量〉〕　海角，天涯，
臺灣：心境旅行・詩情散步　臺北　圓神出版社　2009 年 4 月
頁 153—155

472. 李癸雲　他者、主體與流動——臺灣現代女詩人作品中的性別認同〔〈連
影成三個我〉部分〕　中央日報　2001 年 5 月 27 日　18 版

473. 莫　渝　纏綿或者糾葛——臺灣詩人筆下的情愛點滴〔〈薔薇不知〉部
分〕　薔薇不知——臺灣情詩選　臺北　桂冠圖書公司　2001 年
6 月　頁 150—152

474. 莫　渝　臺灣新詩之美——陳秀喜的〈薔薇不知〉，表現情愛追求的無奈
臺灣詩人群像　臺北　秀威資訊科技公司　2007 年 5 月　頁 327
—328

475. 路寒袖　作品導讀／〈綺年・綺思〉　青少年臺灣文庫 2——散文讀本 2：
狂歌正年少　臺北　國立編譯館　2008 年 12 月　頁 47

476. 〔李瑞騰主編〕　陳秀喜手稿——「友愛は…」——手稿／康文榮捐贈
神與物遊——國立臺灣文學館典藏精選集（三）　臺南　國立臺
灣文學館　2012 年 12 月　頁 72

多篇作品

477. 李敏勇　死與生的抒情——杜潘芳格和陳秀喜的詩〔〈也許一首詩的重
量〉、〈花絮〉〕　臺灣詩季刊　第 1 期　1983 年 6 月　頁 40—
43

478. 李敏勇　死與生的抒情——杜潘芳格和陳秀喜的詩〔〈也許一首詩的重
量〉、〈花絮〉〕　詩情與詩想　臺北　業強出版社　1993 年 8
月　頁 36—40

479. 李敏勇　死與生的抒情——杜潘芳格和陳秀喜的詩（摘錄）〔〈也許一首詩的重量〉、〈花絮〉〕　陳秀喜全集・評論集　新竹　新竹市立文化中心　1997 年 5 月　頁 189—193

480. 李元貞　臺灣現代女詩人的自我觀〔〈覆葉〉、〈嫩葉〉、〈灶〉、〈棘鎖〉部分〕　中外文學　第 17 卷第 10 期　1989 年 3 月　頁 27—28，33—34

481. 陳玉玲　陳秀喜〈覆葉〉、〈歸來〉、〈榕樹啊，我只想念你〉、〈盼望〉導讀　臺灣文學讀本（一）　臺北　玉山社出版公司　2000年 11 月　頁 214—215

482. 葉　笛　論《笠》前行代的詩人們——跨越語言的前行代詩人們〔〈覆葉〉、〈臺灣〉部分〕　笠詩社四十週年國際學術研討會論文集　臺南　國家臺灣文學館籌備處　2004 年 11 月　頁 49—52

483. 葉　笛　論《笠》前行代的詩人們——跨越語言的前行代詩人們〔〈覆葉〉、〈臺灣〉部分〕　葉笛全集・評論卷 2　臺南　國家臺灣文學館籌備處　2007 年 5 月　頁 67—70

484. 李元貞　臺灣現代女詩人作品中的國家論述〔〈臺灣〉、〈我的筆〉、〈耳環〉部分〕　認同、情慾與語言　臺北　中研院文哲所 2004 年 12 月　頁 129，132—133

485. 〔林瑞明選編〕　〈樹的哀樂〉、〈臺灣〉賞析　國民文選・現代詩卷 1　臺北　玉山社出版公司　2005 年 2 月　頁 199

486. 黃俐娟　笠詩社女詩人政治詩中殖民經歷反思和客語寫作意涵〔〈泥土〉、〈給牡丹花〉、〈我的筆〉、〈耳環〉部分〕　第七屆全國臺灣文學研究生學術論文研討會論文集　臺南　國立臺灣文學館　2010 年 11 月　頁 495—500

487. 林　鷺　女性詩人對土地與生命的關懷〔〈思春期〉、〈美麗島〉部分〕　笠　第 280 期　2010 年 12 月　頁 145—146

作品評論目錄、索引

488.〔趙天儀編〕　　閱讀進階指引　陳秀喜集　臺南　國立臺灣文學館　2008
　　　　　年 12 月　頁 132—133

489.〔封德屏主編〕　　陳秀喜　臺灣現當代作家評論資料目錄（五）　臺南
　　　　　國立臺灣文學館　2010 年 11 月　頁 2943—2967

國家圖書館出版品預行編目資料

陳秀喜／阮美慧編選. -- 初版. -- 臺南市：臺灣文學
館, 2013.12
　　面；　　公分. -- (臺灣現當代作家研究資料彙編；30)
ISBN 978-986-03-9108-4 (平裝)

1.艾雯　2.作家　3.文學評論

783.3886　　　　　　　　　　　　　　　102024052

【臺灣現當代作家研究資料彙編】30
陳秀喜

發 行 人／　李瑞騰
指導單位／　文化部
出版單位／　國立台灣文學館
　　　　　　地址／70041 台南市中西區中正路 1 號
　　　　　　電話／06-2217201　　　　傳真／06-2218952
　　　　　　網址／www.nmtl.gov.tw　　電子信箱／pba@nmtl.gov.tw

總 策 畫／　封德屏
顧　　問／　林淇瀁　張恆豪　許俊雅　陳信元　陳義芝　須文蔚　應鳳凰
工作小組／　王雅嫻　杜秀卿　汪黛妏　張純昌　張傳欣　莊雅晴　陳欣怡
　　　　　　黃寁婷　練麗敏　蘇琬鈞
編　　選／　阮美慧
責任編輯／　王雅嫻
校　　對／　王雅嫻　汪黛妏　林英勳　張傳欣　黃敏琪　趙慶華　潘佳君
　　　　　　練麗敏　蘇琬鈞
計畫團隊／　財團法人台灣文學發展基金會
美術設計／　翁國鈞‧不倒翁視覺創意
印　　刷／　松霖彩色印刷事業有限公司

著作財產權人／國立台灣文學館
經銷展售／　國家書店松江門市（02-25180207）
　　　　　　國立台灣文學館－雪芙瑞文學咖啡坊（06-2214632）
　　　　　　南天書局（02-23620190）　　　唐山出版社（02-23633072）
　　　　　　府城舊冊店（06-2763093）　　台灣的店（02-23625799）
　　　　　　啓發文化（02-29586713）　　　三民書局（02-23617511）
　　　　　　草祭二手書店（06-2216872）　五南文化廣場（04-22260330）
網路書店／　國家書店網路書店 www.govbooks.com.tw
　　　　　　五南文化廣場網路書店 www.wunanbooks.com.tw
　　　　　　三民書局網路書店 www.sanmin.com.tw

初版　刷／2013 年 12 月
定　　價／新臺幣 330 元整
　　　　　　第一階段 15 冊新臺幣 5500 元整　第二階段 12 冊新臺幣 4500 元整
　　　　　　第三階段 23 冊新臺幣 8500 元整　全套 50 冊新臺幣 18500 元整
　　　　　　全套 50 冊合購特惠新臺幣 16500 元整

GPN／1010202803（單本）　　ISBN／978-986-03-9108-4（單本）
　　　1010000407（套）　　　　　　978-986-02-7266-6（套）